LEY 11/2022,

GENERAL DE TELECOMUNICACIONES

Copyright © Juan José Montero Pascual
Todos los derechos reservados
ISBN: 9798839247413

LEY 11/2022,

GENERAL DE TELECOMUNICACIONES

BOE de 29 de junio de 2022

Índices y notas por
Juan J. Montero Pascual

ÍNDICE

Preámbulo 13

TÍTULO I. DISPOSICIONES GENERALES

Artículo 1. Objeto y ámbito de aplicación. 22

Artículo 2. Las telecomunicaciones como servicios de interés general. 23

Artículo 3. Objetivos y principios de la ley. 23

Artículo 4. Servicios de telecomunicaciones para la seguridad nacional, la defensa nacional, la seguridad pública, la seguridad vial y la protección civil. 25

TÍTULO II. SUMINISTRO DE REDES Y PRESTACIÓN DE SERVICIOS DE COMUNICACIONES ELECTRÓNICAS EN RÉGIMEN DE LIBRE COMPETENCIA

Capítulo I. Disposiciones generales

Artículo 5. Régimen de libre competencia. 27

Artículo 6. Requisitos exigibles para el suministro de las redes y la prestación de los servicios de comunicaciones electrónicas. 27

Artículo 7. Registro de operadores. 30

Artículo 8. Condiciones para el suministro de redes y prestación de servicios de comunicaciones electrónicas. 30

Artículo 9. Obligaciones de suministro de información. 31

Artículo 10. Normas técnicas. 33

Capítulo II. Notificaciones

Artículo 11. Derechos derivados de la notificación. 34

Artículo 12. Obligaciones derivadas de la notificación. 35

Artículo 13. Suministro de redes públicas y prestación de servicios de comunicaciones electrónicas en régimen de prestación a terceros por las administraciones públicas. ... 35

Capítulo III. Acceso a las redes y recursos asociados e interconexión

Artículo 14. Principios generales aplicables al acceso a las redes y recursos asociados y a su interconexión. 38

Capítulo IV. Regulación ex ante de los mercados

Artículo 15. Definición de mercados de referencia. 40

Artículo 16. Análisis de los mercados de referencia. 41

Artículo 17. Procedimiento para la imposición de obligaciones específicas. 42

Artículo 18. Obligaciones específicas aplicables a los operadores con peso significativo en mercados de referencia. 44

Artículo 19. Compromisos de acceso o coinversión ofrecidos por el operador. 48

Artículo 20. Compromisos de coinversión en redes de muy alta capacidad. 50

Artículo 21. Operadores exclusivamente mayoristas. 52

Artículo 22. Migración desde una infraestructura heredada. 53

Artículo 23. Tarifas de terminación de llamadas de voz. 54

Artículo 24. Obligaciones en mercados minoristas. 54

Capítulo V. Separación funcional

Artículo 25. Separación funcional obligatoria. 55

Artículo 26. Separación funcional voluntaria. 57

Artículo 27. Obligaciones específicas adicionales a la separación funcional. 58

Capítulo VI. Resolución de conflictos

Artículo 28. Resolución de conflictos en el mercado español. 58

Artículo 29. Resolución de conflictos transfronterizos. 58

Capítulo VII. Numeración

Artículo 30. Principios generales. 59

Artículo 31. Planes nacionales de numeración. 61

Artículo 32. Acceso a números o servicios. 63

Artículo 33. Conservación de los números por los usuarios finales y fomento de la provisión inalámbrica para facilitar el cambio de operador. 64

Artículo 34. Números armonizados para los servicios armonizados europeos de valor social. 64

TÍTULO III. OBLIGACIONES DE SERVICIO PÚBLICO Y DERECHOS Y OBLIGACIONES DE CARÁCTER PÚBLICO EN EL SUMINISTRO DE REDES Y EN LA PRESTACIÓN DE SERVICIOS DE COMUNICACIONES ELECTRÓNICAS

Capítulo I. Obligaciones de servicio público

Artículo 35. Delimitación de las obligaciones de servicio público. 65

Artículo 36. Categorías de obligaciones de servicio público. 66

Artículo 37. Concepto y ámbito de aplicación. 66

Artículo 38. Asequibilidad del servicio universal. 67

Artículo 39. Accesibilidad del servicio universal. 69

Artículo 40. Designación de los operadores encargados de la prestación del servicio universal. 70

Artículo 41. Control del gasto. 71

Artículo 42. Coste y financiación del servicio universal. 71

Artículo 43. Otras obligaciones de servicio público. 73

Capítulo II. Derechos de los operadores y despliegue de redes públicas de comunicaciones electrónicas

Artículo 44. Derecho de ocupación de la propiedad privada. 73

Artículo 45. Derecho de ocupación del dominio público. 74

Artículo 46. Ubicación compartida y uso compartido de la propiedad pública o privada. 75

Artículo 47. Otras servidumbres y limitaciones a la propiedad. 76

Artículo 48. Estudios geográficos. 76

Artículo 49. Colaboración entre administraciones públicas en la instalación o explotación de las redes públicas de comunicaciones electrónicas. 78

Artículo 50. Mecanismos de colaboración entre el ministerio de asuntos económicos y transformación digital y las administraciones públicas para la instalación y explotación de las redes públicas de comunicaciones electrónicas. 84

Artículo 51. Previsión de infraestructuras de comunicaciones electrónicas en proyectos de urbanización y en obras civiles financiadas con recursos públicos. 87

Artículo 52. Acceso a las infraestructuras susceptibles de alojar redes públicas de comunicaciones electrónicas. 88

Artículo 53. Coordinación de obras civiles. 92

Artículo 54. Acceso o uso de las redes de comunicaciones electrónicas titularidad de los órganos o entes gestores de infraestructuras de transporte de competencia estatal. ... 94

Artículo 55. Infraestructuras comunes y redes de comunicaciones electrónicas en los edificios. 94

Capítulo III. Salvaguardia de derechos fundamentales, secreto de las comunicaciones y protección de los datos personales y derechos y obligaciones de carácter público vinculados con las redes y servicios de comunicaciones electrónicas

Artículo 56. Salvaguardia de derechos fundamentales. 98

Artículo 57. Principio de no discriminación. 99

Artículo 58. Secreto de las comunicaciones. 99

Artículo 59. Interceptación de las comunicaciones electrónicas por los servicios técnicos. 102

Artículo 60. Protección de los datos de carácter personal. 102

Artículo 61. Conservación y cesión de datos relativos a las comunicaciones electrónicas y a las redes públicas de comunicaciones. 104

Artículo 62. Cifrado en las redes y servicios de comunicaciones electrónicas. 104

Artículo 63. Integridad y seguridad de las redes y de los servicios de comunicaciones electrónicas. 105

Capítulo IV. Derechos de los usuarios finales

Artículo 64. Derechos de los usuarios finales y consumidores de servicios de comunicaciones electrónicas. 107

Artículo 65. Derechos específicos de los usuarios finales y consumidores de redes y servicios de comunicaciones electrónicas disponibles al público. 108

Artículo 66. Derecho a la protección de datos personales y la privacidad en relación con las comunicaciones no solicitadas, con los datos de tráfico y de localización y con las guías de abonados. 111

Artículo 67. Contratos. 112

Artículo 68. Transparencia, comparación de ofertas y publicación de información. 116

Artículo 69. Calidad de servicio. 118

Artículo 70. Cambio de operador y conservación de los números por los usuarios finales. 119

Artículo 71. Contratos empaquetados. 120

Artículo 72. Guías de abonados y servicios de información sobre números de abonado. 121

Artículo 73. Regulación de las condiciones básicas de acceso por personas con discapacidad. 123

Artículo 74. Comunicaciones de emergencia y número de emergencia 112. 123

Artículo 75. Sistemas de alertas públicas. 125

Artículo 76. Acceso abierto a internet. 125

Artículo 77. Itinerancia en la unión europea y comunicaciones intracomunitarias reguladas. 128

Artículo 78. Resolución de controversias. 128

TÍTULO IV. EQUIPOS DE TELECOMUNICACIÓN

Artículo 79. Normalización técnica. 129

Artículo 80. Requisitos esenciales y evaluación de conformidad de equipos de telecomunicación. 130

Artículo 81. Reconocimiento mutuo. 130

Artículo 82. Importación, comercialización, puesta en servicio y uso de equipos de telecomunicación. 131

Artículo 83. Vigilancia del mercado de equipos de telecomunicación. 132

Artículo 84. Condiciones que deben cumplir las instalaciones e instaladores. 133

TÍTULO V. DOMINIO PÚBLICO RADIOELÉCTRICO

Artículo 85. De la administración del dominio público radioeléctrico. 135

Artículo 86. Facultades del gobierno para la administración del dominio público radioeléctrico. 137

Artículo 87. Coordinación transfronteriza del espectro radioeléctrico. 139

Artículo 88. Títulos habilitantes para el uso del dominio público radioeléctrico. 140

Artículo 89. Títulos habilitantes otorgados mediante un procedimiento de licitación. 144

Artículo 90. Competencia efectiva en la asignación y uso del dominio público radioeléctrico. 145

Artículo 91. Condiciones asociadas a los títulos habilitantes para el uso del dominio público radioeléctrico. 146

Artículo 92. Uso compartido. 147

Artículo 93. Neutralidad tecnológica y de servicios en el uso del dominio público radioeléctrico. 148

Artículo 94. Duración de los títulos habilitantes para el uso del dominio público radioeléctrico. 149

Artículo 95. Modificación, extinción y revocación de los títulos habilitantes para el uso del dominio público radioeléctrico. 152

Artículo 96. Protección activa del dominio público radioeléctrico. 153

Artículo 97. Mercado secundario en el dominio público radioeléctrico. 154

Título vi. La administración de las telecomunicaciones 155

Artículo 98. Competencias de la administración general del estado y de sus organismos públicos. 155

Artículo 99. Ministerio de asuntos económicos y transformación digital. 156

Artículo 100. La comisión nacional de los mercados y la competencia. 159

Título vii. Tasas en materia de telecomunicaciones 162

Artículo 101. Tasas en materia de telecomunicaciones... 162

TÍTULO VIII. INSPECCIÓN Y RÉGIMEN SANCIONADOR

Artículo 102.   Funciones inspectoras. 163

Artículo 103. Facultades de inspección... 164

Artículo 104. Responsabilidad por las infracciones en materia de telecomunicaciones.
.... 166

Artículo 105. Clasificación de las infracciones. 167

Artículo 106.   Infracciones muy graves. 167

Artículo 107.   Infracciones graves. 168

Artículo 108. Infracciones leves. 173

Artículo 109. Sanciones. 174

Artículo 110. Criterios para la determinación de la cuantía de la sanción. 175

Artículo 111. Medidas previas al procedimiento sancionador. 176

Artículo 112. Medidas cautelares en el procedimiento sancionador. 177

Artículo 113. Prescripción. 178

Artículo 114. Competencias y procedimiento sancionador... 179

Disposición adicional primera. Significado de los términos empleados por esta ley. ... 179

Disposición adicional segunda. Limitaciones y servidumbres. 180

Disposición adicional tercera. Aplicación de la legislación reguladora de las infraestructuras comunes en los edificios. 182

Disposición adicional cuarta. Información confidencial. 183

Disposición adicional quinta. Referencia a servicios de comunicaciones electrónicas en otras normas. 183

Disposición adicional sexta. Multas coercitivas. 183

Disposición adicional séptima. Obligaciones en materia de acceso condicional, acceso a determinados servicios de comunicación audiovisual televisivos y radiofónicos y obligaciones de transmisión. 184

Disposición adicional octava. Interoperabilidad de receptores de servicios de comunicación audiovisual radiofónicos para automóviles, de receptores de servicios de comunicación audiovisual radiofónicos de consumo y equipos de consumo utilizados para la televisión digital. 185

Disposición adicional novena. Mecanismo de notificación. 187

Disposición adicional décima. Mecanismo de consulta. 187

Disposición adicional undécima. Informe sobre las obligaciones a imponer a operadores de redes públicas o de servicios de comunicaciones electrónicas disponibles al público. 187

Disposición adicional decimotercera. Parámetros y requerimientos técnicos esenciales para garantizar el funcionamiento de las distintas redes y servicios de comunicaciones electrónicas. 189

Disposición adicional decimocuarta. Cooperación en la promoción de contenidos lícitos en redes y servicios de comunicaciones electrónicas. 189

Disposición adicional decimoquinta. Garantía de los derechos digitales. 189

Disposición adicional decimosexta. Políticas de impulso de los derechos digitales. ... 189

Disposición adicional decimoséptima. Coordinación de las ayudas públicas a la banda ancha y al desarrollo de la economía y empleo digitales y nuevos servicios digitales. . 189

Disposición adicional decimoctava. Publicación de actos. 190

Disposición adicional decimonovena. Estaciones radioeléctricas de radioaficionado. . 190

Disposición adicional vigésima. Prestación de determinados servicios a los que se refiere el artículo 43 190

Disposición adicional vigésima primera. Comunicación al registro de operadores de los prestadores del servicio de comunicaciones electrónicas interpersonales independientes de la numeración disponible al público. 190

Disposición adicional vigésima segunda. Comunicación al ministerio de asuntos económicos y transformación digital de los puntos de intercambio de internet (ixp). . 191

Disposición adicional vigésima tercera. Comunicación al ministerio de asuntos económicos y transformación digital de los cables submarinos. 192

Disposición adicional vigésima cuarta. Reconversión de la infraestructura de los teléfonos públicos de pago. 192

Disposición adicional vigésima quinta. Datos del registro de operadores puestos a disposición del orece. 192

Disposición adicional vigésima sexta. Reasignación de recursos. 192

Disposición adicional vigésima séptima. Adaptación de la contratación con los usuarios finales por los operadores de comunicaciones electrónicas. 193

Disposición adicional vigésima octava. Creación de la comisión interministerial para la agilización de los mecanismos de colaboración entre administraciones públicas para la instalación y explotación de las redes públicas de comunicaciones electrónicas. 193

Disposición adicional vigésima novena. Beneficios fiscales aplicables al evento «año santo jubilar san isidro labrador». 193

Disposición adicional trigésima. Universalización del acceso a internet a una velocidad mínima de 100 mbit por segundo. 194

Disposición transitoria segunda. Adaptación de los títulos habilitantes del uso del dominio público radioeléctrico. 194

Disposición transitoria tercera. Condiciones ligadas a las concesiones de uso de dominio público radioeléctrico. 195

Disposición transitoria cuarta. Registro de operadores. 195

Disposición transitoria quinta. Prestación transitoria del servicio universal. 195

Disposición transitoria sexta. Planes de precios del servicio universal. 196

Disposición transitoria séptima. Régimen transitorio para la fijación de las tasas establecidas en el anexo i de esta ley. 196

Disposición derogatoria única. Derogación normativa. 197

Disposición final primera. Modificación de la ley 39/2015, de 1 de octubre, del procedimiento administrativo común de las administraciones públicas. 197

Disposición final segunda. Títulos competenciales. 198

Disposición final tercera. Regulación de las condiciones en que los órganos o entes gestores de infraestructuras de transporte de competencia estatal permitirán la ocupación del dominio público que gestionan y de la propiedad privada de que son titulares. 198

Disposición final cuarta. Incorporación de derecho de la unión europea. 199

Disposición final quinta. Habilitación para el desarrollo reglamentario. 199

Disposición final sexta. Entrada en vigor. 200

Anexo I. Tasas en materia de telecomunicaciones. Coeficiente 200

Anexo II. Definiciones 208

Anexo III. 218

ÍNDICE ANALÍTICO 219

PREÁMBULO

I

La Ley 9/2014, de 9 de mayo, General de Telecomunicaciones, introdujo reformas estructurales en el régimen jurídico de las telecomunicaciones dirigidas a facilitar el despliegue de redes y la prestación de servicios por parte de los operadores. Dicha ley estableció las bases para asegurar que la extensión de las redes de nueva generación se llevase a cabo conforme a los principios de fomento de la inversión e impulso de la competencia, garantizando un marco regulatorio claro y estable, que ha proporcionado seguridad jurídica y eliminado barreras que dificultaban el despliegue de redes. Ello ha permitido a los operadores ofrecer a los usuarios servicios innovadores, de mayor calidad y cobertura, a precios competitivos y con mejores condiciones, contribuyendo de este modo a potenciar la competitividad y la productividad de la economía española en su conjunto.

En la actualidad, las redes alcanzan en nuestro país una cobertura del 95,2 por ciento de la población para una velocidad de acceso de 30 Mbps y del 87,6 por ciento para una velocidad de acceso de 100 Mbps, situando a España en una posición buena en el ámbito europeo en lo que se refiere a infraestructuras de conectividad de banda ancha, tal como reconoce la Comisión Europea en su «Índice de la Sociedad y la Economía Digitales 2020 (DESI)» en el que se indica que el despliegue de redes de fibra óptica (FTTP) sigue siendo una característica importante del mercado digital español, con una cobertura del 95,2 por ciento de los hogares, muy por encima de la media de la UE que se sitúa en el 34 por ciento. De acuerdo con datos del Observatorio Nacional del Sector de las Telecomunicaciones y de la Sociedad de la Información, el volumen de negocio del sector de las telecomunicaciones en España se situó en torno a los 28.337 millones de euros en 2020, suponiendo el sector de las Tecnologías de la Información y el Conocimiento el 3,23 por ciento del PIB nacional y dando empleo a 446.881 personas. Además, según datos de evolución del mercado de la Comisión Nacional de los Mercados y la Competencia, existe un elevado grado de despliegue por parte de diferentes operadores en el mercado español.

En estos momentos de incertidumbre internacional, las telecomunicaciones constituyen uno de los sectores más dinámicos de la economía y uno de los que más pueden contribuir, por su carácter transversal, al crecimiento, la productividad y a la generación de empleo, situándose asimismo como palanca de la transformación digital y ecológica y como motor del desarrollo sostenible y el bienestar social.

Con ocasión de la declaración de la pandemia por COVID-19, se ha demostrado que las telecomunicaciones no solo garantizan la prestación de servicios muy necesarios como son el teletrabajo, la telemedicina o la enseñanza online, sino que también favorecen el crecimiento de otros sectores como la industria de los contenidos, el almacenamiento y procesamiento de datos en la nube, el «Internet de las Cosas» o la automoción conectada.

Las telecomunicaciones son también un elemento de impulso a la transición ecológica hacia un nuevo modelo económico y social basado en la eficiencia energética, la movilidad sostenible y la economía circular, dado que al ser un sector que genera un bajo nivel de emisiones relativo, su papel puede ser fundamental en la lucha frente al cambio climático al facilitar un uso más eficiente de los recursos energéticos en otros sectores.

En este sentido, la computación en centros de datos se ha incrementado en más de un 500 por ciento entre los años 2010 y 2018, mientras que el consumo de energía eléctrica por este sector solo ha aumentado un 6 por ciento y es evidente, por ejemplo, que durante la pandemia la traslación de actividad social a las infraestructuras digitales ha supuesto una sustancial mejora de la calidad del aire y del medio ambiente.

Las redes de muy alta capacidad, y en especial la nueva generación de telefonía móvil 5G, son claves para cumplir con los ambiciosos objetivos de descarbonización y reducción de emisiones de gases de efecto invernadero asumidos en el ámbito europeo para el año 2030, ya que facilitan la aparición de nuevos servicios inteligentes máquina a máquina (redes eléctricas inteligentes, logística inteligente, ciudades inteligentes, sistemas de producción inteligente) y la sustitución de determinadas actividades físicas por otras virtuales, evitando desplazamientos innecesarios y contribuyendo a la implantación de nuevas fuentes de energía limpias y renovables.

Dicho proceso de virtualización de la economía supondría la sustitución de procesos, desplazamientos, reuniones y viajes por alternativas virtuales de bajas emisiones con objeto de apostar por salas de reuniones virtuales a las que conectarse a través de las comunicaciones electrónicas, fomentar el uso de productos de telecomunicaciones para que los empleados puedan trabajar a distancia desde su casa o utilizar las comunicaciones móviles para mejorar los procesos de comercio electrónico y facilitar los sistemas de pedido y entrega de las compras. Estas iniciativas no solo permitirían adaptarnos a eventuales medidas de contención sanitaria ante posibles epidemias, sino que también lograrían reducir las emisiones de CO_2 en Europa en más de 22 millones de toneladas, así como un ahorro potencial en consumo energético de 14.100 millones de euros (en España, la reducción alcanzaría los 2 millones de toneladas de emisiones de CO_2, y el ahorro hasta 1.330 millones de euros).

Por tanto, el sector de las comunicaciones electrónicas supone una indudable contribución claramente positiva a la descarbonización de la economía.

Por otro lado, el establecimiento de las nuevas redes, al ser palanca de vertebración territorial, puede ayudar a la fijación de la población en el territorio, combatiendo la despoblación rural, lo que, según el Informe sobre el uso de la tierra y el cambio climático, elaborado en 2019, por el Panel Intergubernamental de Expertos en Cambio Climático (IPCC en adelante) de la

ONU, constituye uno de los medios más eficaces para luchar contra los efectos del cambio climático.

El despliegue de nuevas redes en el medio rural, en especial en los territorios con gran dispersión poblacional y complicada orografía, resulta imprescindible para posibilitar un adecuado desarrollo económico y fomentar el emprendimiento y la creación de empleo.

En cuanto a los efectos económicos de la tecnología 5G, los análisis de la Comisión Europea sobre los beneficios estimados de su introducción en cuatro sectores productivos (automoción, salud, transporte y utilities) prevén un aumento progresivo hasta alcanzar los 62.500 millones de euros de impacto directo anual dentro de la Unión Europea en 2025, lo que se elevaría a 113.000 millones de euros si se suman los impactos indirectos. El mismo estudio estima que en nuestro país se obtendrían unos beneficios indirectos en los cuatro sectores analizados de 14.600 millones de euros y una importante creación de empleo.

II

La aprobación de esta ley constituye una de las medidas incluidas en el Plan de Recuperación, Transformación y Resiliencia de la economía española (PRTR), aprobado por la Comisión Europea el día 16 de junio de 2021, con el objetivo a corto plazo de apoyar la recuperación de la economía española tras la crisis sanitaria, impulsar a medio plazo un proceso de transformación estructural y lograr a largo plazo un desarrollo más sostenible y resiliente desde el punto de vista económico financiero.

Con esta medida incluida dentro de la Componente 15 del PRTR «Conectividad digital, impulso a la ciberseguridad y despliegue del 5G» se pretende la tramitación y aprobación de una nueva Ley General de Telecomunicaciones, transposición de la Directiva 2018/1972 del Código Europeo de Comunicaciones Electrónicas.

En concreto, la aprobación de esta ley constituye la ejecución de la medida C15.R1 del PRTR consistente en la «Reforma del marco normativo de telecomunicaciones: Ley General, instrumentos regulatorios e Instrumentos de aplicación». En cumplimiento de lo dispuesto en el Plan de Recuperación, Transformación y Resiliencia, en el Reglamento (UE) 2021/241 del Parlamento Europeo y del Consejo, de 12 de febrero de 2021, por el que se establece el Mecanismo de Recuperación y Resiliencia, y su normativa de desarrollo, en particular la Comunicación de la Comisión Guía técnica (2021/C 58/01) sobre la aplicación del principio de «no causar un perjuicio significativo», así como lo requerido en la Decisión de Ejecución del Consejo relativa a la aprobación de la evaluación del Plan de Recuperación, Transformación y Resiliencia de España (CID) y su documento anexo, todas las actuaciones que se lleven a cabo en cumplimiento de la presente ley deben respetar el principio de no causar un perjuicio significativo al medioambiente (principio DNSH por sus siglas en inglés, «Do No Significant Harm»). Ello incluye el cumplimiento de las condiciones específicas asignadas en la Componente 15, así como en la medida R1 en la que se enmarcan dichas actuaciones en lo referido al principio DNSH y especialmente las recogidas en los apartados 3 y 8 del documento del Componente del Plan y en el anexo a la CID.

Igualmente, la aprobación de esta ley constituye una de las principales medidas del Plan España Digital 2025, presentado por el Gobierno el 24 de julio de 2020, y que tiene por objetivo impulsar el proceso de transformación digital del país, de forma alineada con la estrategia digital de la Unión Europea, mediante la colaboración público-privada y con la participación de todos los agentes económicos y sociales.

En concreto, dicho Plan pretende movilizar 140.000 millones de euros de inversión pública y privada durante los próximos cinco años, a fin de impulsar la digitalización de la economía española.

España Digital 2025 centra sus objetivos en el impulso a la transformación digital del país como una de las palancas fundamentales para relanzar el crecimiento económico, la reducción de la desigualdad, el aumento de la productividad y el aprovechamiento de las oportunidades que brindan las nuevas tecnologías, con respeto a los valores constitucionales y europeos, y la protección de los derechos individuales y colectivos.

El Plan consta de unas 50 medidas que se articulan en torno a diez ejes estratégicos. El primero es el eje de la conectividad digital, encuadrándose como medida número 2 la aprobación de una nueva Ley General de Telecomunicaciones, la cual tiene como objetivo fundamental la transposición al ordenamiento jurídico español de la Directiva (UE) 2018/1972 del Parlamento Europeo y del Consejo, de 11 de diciembre de 2018, por la que se establece el Código Europeo de las Comunicaciones Electrónicas (en adelante, el Código).

El Código sitúa a las comunicaciones electrónicas como pilar de la transformación digital de la economía, la cual es uno de los ejes prioritarios de la política europea para la recuperación sostenible tras la pandemia por COVID-19, tal y como se refleja en el Plan de recuperación y en el marco financiero plurianual 2021-2027, acordado por los líderes de la Unión Europea el 21 de julio de 2020.

El Código refunde y actualiza, conforme a la Estrategia de Mercado Único Digital del año 2015, en un único texto, el paquete de Directivas comunitarias del año 2002 (modificadas en el año 2009), la Directiva 2002/19/CE del Parlamento Europeo y del Consejo, de 7 de marzo de 2002, relativa al acceso a las redes de comunicaciones electrónicas y recursos asociados, y a su interconexión (Directiva acceso),la Directiva 2002/20/CE del Parlamento Europeo y del Consejo, de 7 de marzo de 2002, relativa a la autorización de redes y servicios de comunicaciones electrónicas (Directiva autorización), la Directiva 2002/21/CE del Parlamento Europeo y del Consejo, de 7 de marzo de 2002, relativa a un marco regulador común de las redes y los servicios de comunicaciones electrónicas (Directiva marco), la Directiva 2002/22/CE del Parlamento Europeo y del Consejo, de 7 de marzo de 2002, relativa al servicio universal y los derechos de los usuarios en relación con las redes y los servicios de comunicaciones electrónicas (Directiva servicio universal).

El Código no refunde la Directiva 2002/58/CE, del Parlamento Europeo y del Consejo, de 12 de julio de 2002, relativa al tratamiento de los datos personales y a la protección de la intimidad en el sector de las comunicaciones electrónicas (Directiva sobre la privacidad y las comunicaciones electrónicas) por cuanto se encuentra en tramitación un proyecto de Reglamento sobre esta materia, dirigido a actualizar y sustituir a la Directiva actualmente vigente. No obstante, la presente ley sí recoge lo establecido en dicha Directiva que sigue estando vigente. Esta ley aborda también otros aspectos incluidos dentro del concepto amplio de telecomunicaciones, de forma que incluye las novedades que en materia de equipos radioeléctricos introdujo la Directiva 2014/53/UE, del Parlamento Europeo y del Consejo, de 16 de abril de 2014, relativa a la armonización de las legislaciones de los Estados Miembros sobre la comercialización de equipos radioeléctricos y por la que se deroga la Directiva 1999/5/CE (Directiva RED) transpuesta al ordenamiento jurídico español por Real Decreto 188/2016, de 6 de mayo, por el que se aprueba el Reglamento por el que se establecen los requisitos para la comercialización, puesta en servicio y uso de equipos radioeléctricos, y se regula el procedimiento para la evaluación de conformidad, la vigilancia del mercado y el régimen sancionador de los equipos de telecomunicación, que mantiene su vigencia, en desarrollo de lo establecido en el título IV.

Asimismo, y aunque se trata de normativa directamente aplicable o que ya ha sido transpuesta al ordenamiento jurídico español, a fin de introducir coherencia y seguridad jurídica, se incluyen también en esta ley general del sector, los principales aspectos de la normativa contenida en el Real Decreto 330/2016, de 9 de septiembre, relativo a medidas para reducir el coste de despliegue de las redes de comunicaciones electrónicas de alta velocidad, por el que se transpone la Directiva 2014/61/UE, de 15 de mayo de 2014 (Directiva BBCost, en adelante), que mantiene también su vigencia como norma de desarrollo, las garantías sobre neutralidad de red incorporadas al Reglamento (UE) 2015/2120, del Parlamento Europeo y del Consejo, de 25 de noviembre de 2015, por el que se establecen medidas en relación con el acceso a una internet abierta y tarifas al por menor para comunicaciones intracomunitarias reguladas y se modifican la Directiva 2002/22/CE y el Reglamento (UE) 531/2012 (Reglamento TSM), así como determinados aspectos de la Directiva 2014/30/UE, del Parlamento Europeo y del Consejo, de 26 de febrero de 2014, sobre la armonización de las legislaciones de los Estados miembros en materia de compatibilidad electromagnética y del Reglamento (UE) 531/2012, del Parlamento Europeo y del Consejo, de 13 de junio de 2012, relativo a la itinerancia en las redes públicas de comunicaciones móviles en la Unión.

III

El principal objetivo de la ley es el fomento de la inversión en redes de muy alta capacidad, introduciendo figuras como la de los estudios geográficos o la de la coinversión, lo que podrá tenerse en cuenta en el ámbito de los análisis de mercado. Con este mismo objetivo de incentivar los despliegues se garantiza la utilización compartida del dominio público o la propiedad privada, el uso compartido de las infraestructuras y recursos asociados y la utilización compartida de los tramos finales de las redes de acceso.

También se introducen importantes novedades en materia de dominio público radioeléctrico, incorporando medidas que facilitan el uso compartido del espectro radioeléctrico por operadores y evitando restricciones indebidas a la implantación de puntos de acceso inalámbrico para pequeñas áreas.

Adicionalmente, con el ánimo de promover la previsibilidad regulatoria y la recuperación de las inversiones, se amplían los plazos de duración mínimos y máximos de las concesiones de uso privativo del dominio público radioeléctrico con limitación de número, de manera que estas concesiones tendrán una duración mínima de veinte años y podrán tener una duración máxima, si se otorga el plazo máximo de prórroga, de hasta cuarenta años.

La ley incorpora, asimismo, avances en materia de protección de los derechos de los usuarios finales de los servicios de telecomunicaciones, reforzando, por ejemplo, las obligaciones de transparencia y regulando los contratos empaquetados.

Además, se revisa la normativa sobre acceso y análisis de mercado, se actualiza la normativa sobre servicio universal de telecomunicaciones y se introducen medidas en materia de seguridad destinadas a gestionar los nuevos riesgos a los que se ven sometidos las redes y los servicios.

Recoge, conforme al Código, la posibilidad de que la Comisión Europea establezca tarifas únicas máximas de terminación de llamadas de voz a escala europea, y se refuerza el funcionamiento del número 112 como número de llamada de emergencia en toda Europa, estableciendo la obligación de que dicho número sea accesible a personas con discapacidad. Se introduce, asimismo un sistema de alertas públicas a través de los servicios móviles en caso de grandes catástrofes o emergencias inminentes o en curso.

Por último, se incorpora a la ley la clasificación de los servicios de comunicaciones electrónicas contenida en el Código. De esta forma, se distingue entre servicios de acceso a internet, servicios de comunicaciones interpersonales y servicios consistentes, en su totalidad o principalmente, en el transporte de señales, como son los servicios de transmisión utilizados para la prestación de servicios máquina a máquina y para la radiodifusión. A su vez, dentro de los servicios de comunicaciones interpersonales se diferencian los servicios de comunicaciones interpersonales basados en numeración y los servicios de comunicaciones interpersonales independientes de la numeración, según permitan o no, respectivamente comunicaciones con recursos de numeración pública asignados, es decir, de un número o números de los planes de numeración nacional o internacional.

IV

La ley consta de ciento catorce artículos, agrupados en ocho títulos, treinta disposiciones adicionales, siete disposiciones transitorias, una disposición derogatoria, seis disposiciones finales y tres anexos.

El título I, «Disposiciones generales», establece el objeto de la ley, que aborda, de forma integral, el régimen de las «telecomunicaciones» al amparo de la competencia exclusiva estatal establecida en el artículo 149.1.21.ª de la Constitución Española.

La ley excluye expresamente de su regulación los contenidos difundidos a través de servicios de comunicación audiovisual, que constituyen parte del régimen de los medios de comunicación social, así como los servicios de intercambio de vídeos a través de plataforma. No obstante, las redes utilizadas como soporte de estos servicios y los recursos asociados sí son parte integrante de las comunicaciones electrónicas reguladas en esta ley.

Igualmente, queda excluida de la regulación de esta ley la prestación de servicios sobre las redes de telecomunicaciones que no consistan principalmente en el transporte de señales a través de dichas redes, la cual se regula en la Ley 34/2002, de 11 de julio, de servicios de la sociedad de la información y de comercio electrónico.

En relación con los objetivos y principios, la ley reordena los ya enumerados en la anterior ley, contribuyendo a su mejor comprensión y a una mejor visualización de aquellos que deben ser considerados como prioritarios. Asimismo, añade determinados principios nuevos como el de promover la conectividad y el acceso a las redes de muy alta capacidad, así como su adopción por los ciudadanos y empresas.

Por último, se establecen aquellos servicios de telecomunicaciones que tienen la consideración de servicio público como son los servicios de telecomunicaciones para la seguridad y defensa nacionales, la seguridad pública, la seguridad vial y la protección civil.

El título II regula el régimen general de suministro de redes y de prestación de servicios y establece que la habilitación para instalar y explotar redes o prestar servicios en régimen de libre competencia, viene concedida con carácter general e inmediato por la ley, con el único requisito de notificación al Registro de operadores, dependiente de la Comisión Nacional de los Mercados y la Competencia. No obstante, para evitar distorsiones a la competencia que puedan derivarse de la participación de operadores públicos en el mercado de comunicaciones electrónicas, la ley establece limitaciones concretas para la instalación y explotación de redes y la prestación de servicios por parte de las Administraciones públicas.

El título II recoge asimismo el derecho de acceso de los operadores a redes y recursos asociados y regula la interconexión y las obligaciones que, de acuerdo con la normativa de la Unión Europea, pudiera llegar a imponer la Comisión Nacional de los Mercados y la Competencia a los operadores con peso significativo en el ámbito de regulación ex ante de los mercados.

Por último, este título regula las competencias de la Comisión Nacional de los Mercados y la Competencia en materia de resolución de conflictos entre operadores y el derecho de acceso de los operadores a la numeración.

El título III, relativo a obligaciones de servicio público y derechos y obligaciones de carácter público en la instalación y explotación de redes y en la prestación de servicios de comunicaciones electrónicas, obliga a las Administraciones públicas a que el planeamiento urbanístico prevea la necesaria dotación de infraestructuras de telecomunicaciones y garantiza, de acuerdo con la citada Directiva BBCost, el derecho de acceso de los operadores a infraestructuras de Administraciones públicas y a infraestructuras lineales como electricidad, gas, agua, saneamiento o transporte, estableciendo, con carácter general, un régimen de declaración responsable en relación con los despliegues, reduciendo los tiempos de respuesta y las cargas administrativas relacionadas con los mismos.

Asimismo, se recogen en este título III las obligaciones de servicio universal y las relacionadas con la integridad y seguridad de las redes, así como los derechos de los usuarios de las telecomunicaciones y las garantías de acceso a las comunicaciones de emergencia y al número 112, de emergencias de ámbito europeo.

En relación con los derechos de los usuarios de comunicaciones electrónicas es de significar que su protección viene garantizada además de por las disposiciones específicas establecidas en esta ley, que regulan los derechos específicos de los usuarios de comunicaciones electrónicas, que se refuerzan en esta ley, por la normativa general de protección de los derechos de consumidores y usuarios. Las disposiciones que esta ley y su desarrollo reglamentario contiene en materia de derechos específicos de los usuarios finales y consumidores de servicios de comunicaciones electrónicas serán de aplicación preferente a las disposiciones que regulen con carácter general los derechos de los consumidores y usuarios. Esta complementariedad de normativas convierte a las telecomunicaciones en uno de los sectores cuyos usuarios gozan de un mayor nivel de protección, tal como ha destacado de manera expresa la jurisprudencia del Tribunal Constitucional (STC 72/2014).

En este ámbito de reconocimiento y protección de los derechos de los usuarios de comunicaciones electrónicas ha de afirmarse que esta ley está en línea con la Carta de Derechos Digitales presentada por el Gobierno el 14 de julio de 2021, como marco para la producción normativa y las políticas públicas que garantice la protección de los derechos individuales y colectivos ante las nuevas situaciones y circunstancias generadas en el entorno digital.

En la presente ley se incluyen mecanismos de colaboración entre el Ministerio de Asuntos Económicos y Transformación Digital y las Administraciones públicas, dirigidos a facilitar y fomentar la instalación y explotación de las redes públicas de comunicaciones electrónicas. Así, el conjunto de Administraciones públicas debe facilitar el despliegue de infraestructuras de redes de comunicaciones electrónicas en su ámbito territorial, para lo que deben dar debido cumplimiento a los deberes de información recíproca y de colaboración y cooperación mutua en el ejercicio de sus actuaciones y competencias. Pese a ello, en ocasiones el acuerdo puede no resultar posible, por lo que la propia ley prevé mecanismos para solucionar los desacuerdos, como que finalmente el Gobierno pueda autorizar la ubicación o el itinerario concreto de una infraestructura de red de comunicaciones electrónicas, si bien en este caso, habida cuenta de las especialidades que rodean la instalación de una red de comunicaciones electrónicas, y en aras de respetar las competencias de otras Administraciones públicas, se establece la necesidad de tener en cuenta ciertos aspectos que condicionan el ejercicio de dicha potestad, siempre y cuando se garantice el despliegue efectivo de la red.

En el título IV, relativo a los equipos de telecomunicación, se regulan los requisitos esenciales que han de cumplir estos equipos, la evaluación de su conformidad con dichos requisitos y la vigilancia del mercado, estableciéndose, además, las condiciones que deben cumplir las instalaciones y los instaladores.

En relación con la administración del dominio público radioeléctrico, el título V introduce como objetivo del uso del espectro lograr la cobertura del territorio nacional y de la población y de los corredores nacionales y europeos así como la previsibilidad para favorecer inversiones a largo plazo. Para ello, racionaliza la adjudicación y gestión del dominio público radioeléctrico, establece medidas que faciliten el uso compartido del espectro por operadores móviles y eviten restricciones indebidas a la implantación de puntos de acceso inalámbrico para pequeñas áreas y prevé una duración mínima de las concesiones para banda ancha inalámbrica de veinte años.

El título VI, bajo la rúbrica «La administración de las telecomunicaciones» determina las competencias que tiene atribuidas la Comisión Nacional de los Mercados y la Competencia como Autoridad Nacional de Reglamentación independiente y las que corresponden al Ministerio de Asuntos Económicos y Transformación Digital como Autoridad Competente.

En el título VII, «Tasas en materia de telecomunicaciones» se mantiene la regulación anterior con algunas mejoras derivadas de la experiencia adquirida en su aplicación.

El título VIII, relativo a inspección y régimen sancionador, mantiene y refuerza las potestades inspectoras, recoge la tipificación de infracciones y la clasificación y cuantía de las sanciones, proporcionando criterios para la determinación de la cuantía de la sanción, y facilitando la adopción de medidas cautelares que podrán acordarse incluso antes de iniciar el expediente sancionador.

Las disposiciones adicionales se refieren entre otras cuestiones a la interoperabilidad de receptores de servicios de comunicación audiovisual radiofónicos para automóviles, de receptores de servicios de radio de consumo y equipos de consumo utilizados para la televisión digital, la seguridad de las redes y servicios de comunicaciones electrónicas de quinta generación o la coordinación de las ayudas públicas a la banda ancha y al desarrollo de la economía y empleo digitales y nuevos servicios digitales.

Por su parte, las disposiciones transitorias regulan diferentes aspectos que facilitarán la transición hacia la aplicación de esta nueva ley, como los planes de precios del servicio universal o el régimen transitorio para la fijación de las tasas.

En las disposiciones finales se modifica la Ley 39/2015, de 1 de octubre, del Procedimiento Administrativo Común de las Administraciones Públicas y se hace referencia a los títulos competenciales, a la habilitación para el desarrollo reglamentario, a la incorporación de derecho europeo y la entrada en vigor.

Finalmente, los anexos se refieren a las tasas en materia de Telecomunicaciones, a las definiciones de términos recogidos en la ley y al conjunto mínimo de los servicios que deberá soportar el servicio de acceso adecuado a internet de banda ancha.

TÍTULO I. DISPOSICIONES GENERALES

Artículo 1. Objeto y ámbito de aplicación.
1. El objeto de esta ley es la regulación de las telecomunicaciones, que comprende la instalación y explotación de las redes de comunicaciones electrónicas, la prestación de los servicios de comunicaciones electrónicas, sus recursos y servicios asociados, los equipos radioeléctricos y los equipos terminales de telecomunicación, de conformidad con el artículo 149.1.21.ª de la Constitución.

En particular, esta ley es de aplicación al dominio público radioeléctrico utilizado por parte de todas las redes de comunicaciones electrónicas, ya sean públicas o no, y con independencia del servicio que haga uso del mismo.

2. Quedan excluidos del ámbito de esta ley los servicios de comunicación audiovisual, los servicios de intercambio de vídeos a través de plataforma, los contenidos audiovisuales transmitidos a través de las redes, así como el régimen básico de los medios de comunicación social de naturaleza audiovisual a que se refiere el artículo 149.1.27.ª de la Constitución.

Asimismo, se excluyen del ámbito de esta ley los servicios que suministren contenidos transmitidos mediante redes y servicios de comunicaciones electrónicas, las actividades que consistan en el ejercicio del control editorial sobre dichos contenidos y los servicios de la Sociedad de la Información, regulados en la Ley 34/2002, de 11 de julio, de Servicios de la Sociedad de la

Información y de Comercio Electrónico, en tanto en cuanto no sean asimismo servicios de comunicaciones electrónicas.

> El art. 149.1.21° C.E. establece que el Estado tiene competencia exclusiva sobre "[…] régimen general de comunicaciones, […] correos y telecomunicaciones; cables aéreos, submarinos y radiocomunicación".
> Los términos "telecomunicaciones", "explotación de una red de comunicaciones electrónicas y "servicios de comunicaciones electrónicas" son definidos en el Anexo II de esta Ley.

Artículo 2.   Las telecomunicaciones como servicios de interés general.
1.   Las telecomunicaciones son servicios de interés general que se prestan en régimen de libre competencia.
2.   Sólo tienen la consideración de servicio público o están sometidos a obligaciones de servicio público los servicios regulados en el artículo 4 y en el título III, respectivamente.

> En la línea ya introducida en la LGTel 1998, los servicios de telecomunicaciones ya no se definen como servicio público, sino como servicios de interés general, según la terminología en el TFUE. La misma evolución se identifica en los servicios de energía, transporte y postal.

Artículo 3. Objetivos y principios de la ley.
Los objetivos y principios de esta ley son los siguientes:
a)   fomentar la competencia efectiva y sostenible en los mercados de telecomunicaciones para potenciar al máximo los intereses y beneficios para las empresas y los consumidores, principalmente en términos de bajada de los precios, calidad de los servicios, variedad de elección e innovación, teniendo debidamente en cuenta la variedad de condiciones en cuanto a la competencia y los consumidores que existen en las distintas áreas geográficas, y velando por que no exista falseamiento ni restricción de la competencia en la explotación de redes o en la prestación de servicios de comunicaciones electrónicas, incluida la transmisión de contenidos;
b)   desarrollar la economía y el empleo digital, promover el desarrollo del sector de las telecomunicaciones y de todos los nuevos servicios digitales que las nuevas redes de alta y muy alta capacidad permiten, impulsando la cohesión social y territorial, mediante la mejora y extensión de las redes, especialmente las de muy alta capacidad, así como la prestación de los servicios de comunicaciones electrónicas y el suministro de los recursos asociados a ellas;
c)   promover, en aras a la consecución del fin de interés general que supone, el despliegue de redes y la prestación de servicios de comunicaciones electrónicas, fomentando la conectividad, el acceso a las redes de muy alta capacidad, incluidas las redes fijas, móviles e inalámbricas y la interoperabilidad de extremo a extremo, en condiciones de igualdad y no discriminación;
d)   impulsar la innovación en el despliegue de redes y la prestación de servicios de comunicaciones, en aras a garantizar el servicio universal y la reducción de la desigualdad en el acceso a internet y las Tecnologías de la Información y la

Comunicación (TIC), con especial consideración al despliegue de redes y servicios a la ciudadanía vinculados a la mejora del acceso funcional a internet, del teletrabajo, del medioambiente, de la salud y la seguridad públicas y de la protección civil; así como cuando faciliten la vertebración y cohesión social y territorial o contribuyan a la sostenibilidad de la logística urbana.

e) promover el desarrollo de la ingeniería, así como de la industria de productos y equipos de telecomunicaciones;

f) contribuir al desarrollo del mercado interior de servicios de comunicaciones electrónicas en la Unión Europea, facilitando la convergencia de las condiciones que permitan la inversión en redes de comunicaciones electrónicas y en su suministro, en servicios de comunicaciones electrónicas, en recursos asociados y servicios asociados en toda la Unión;

g) promover la inversión eficiente en materia de infraestructuras, especialmente en las redes de muy alta capacidad, incluyendo, cuando proceda y con carácter prioritario, la competencia basada en infraestructuras, reduciendo progresivamente la intervención ex ante en los mercados, posibilitando la coinversión y el uso compartido y fomentando la innovación, teniendo debidamente en cuenta los riesgos en que incurren las empresas inversoras;

h) hacer posible el uso eficaz y eficiente de los recursos limitados de telecomunicaciones, como la numeración y el espectro radioeléctrico, la adecuada protección de este último, y el acceso a los derechos de ocupación de la propiedad pública y privada;

i) fomentar la neutralidad tecnológica en la regulación;

j) garantizar el cumplimiento de las obligaciones de servicio público en la explotación de redes y la prestación de servicios de comunicaciones electrónicas a las que se refiere el título III, en especial las de servicio universal;

k) defender los intereses de los usuarios, asegurando su derecho al acceso a los servicios de comunicaciones electrónicas en condiciones adecuadas de elección, precio y buena calidad, promoviendo la capacidad de los usuarios finales para acceder y distribuir la información o utilizar las aplicaciones y los servicios de su elección, en particular a través de un acceso abierto a internet. En la prestación de estos servicios deben salvaguardarse los imperativos constitucionales de no discriminación, de respeto a los derechos al honor y a la intimidad, la protección a la juventud y a la infancia, la protección a las personas con discapacidad, la protección de los datos personales y el secreto en las comunicaciones;

l) salvaguardar y proteger en los mercados de telecomunicaciones la satisfacción de las necesidades de grupos sociales específicos, las personas con discapacidad, las personas mayores, las personas en situación de dependencia y usuarios con necesidades sociales especiales, atendiendo a los principios de igualdad de oportunidades y no discriminación. En lo relativo al acceso a los servicios de comunicaciones electrónicas de las personas con discapacidad y personas en situación de dependencia, se fomentará el cumplimiento de las normas o las especificaciones pertinentes relativas a normalización técnica publicadas de acuerdo con la normativa comunitaria y se facilitará el acceso de los usuarios con discapacidad a los servicios de comunicaciones electrónicas y al uso de equipos terminales;

m) impulsar la universalización del acceso a las redes y servicios de comunicaciones electrónicas de banda ancha y contribuir a alcanzar la mayor vertebración territorial y social posible mediante el despliegue de redes y la prestación de servicios de comunicaciones electrónicas en las distintas zonas del territorio español, especialmente en aquellas que necesitan de la instalación de redes de comunicaciones electrónicas y la mejora de las existentes para permitir impulsar distintas actividades económicas y sociales.

Los objetivos son similares a los definidos en el art. 3 de la Directiva 2018/1972.

Artículo 4. Servicios de telecomunicaciones para la seguridad nacional, la defensa nacional, la seguridad pública, la seguridad vial y la protección civil.

1. Sólo tienen la consideración de servicio público los servicios regulados en este artículo.
2. Las redes, servicios, instalaciones y equipos de telecomunicaciones que desarrollen actividades esenciales para la seguridad y defensa nacionales integran los medios destinados a éstas, se reservan al Estado y se rigen por su normativa específica.
3. El Ministerio de Asuntos Económicos y Transformación Digital es el órgano de la Administración General del Estado con competencia, de conformidad con la legislación específica sobre la materia y lo establecido en esta ley, para ejecutar, en la medida en que le afecte, la política de defensa nacional en el sector de las telecomunicaciones, con la debida coordinación con el Ministerio de Defensa y siguiendo los criterios fijados por éste.

En el marco de las funciones relacionadas con la defensa civil, corresponde al Ministerio de Asuntos Económicos y Transformación Digital estudiar, planear, programar, proponer y ejecutar cuantas medidas se relacionen con su aportación a la defensa nacional en el ámbito de las telecomunicaciones.

A tales efectos, los Ministerios de Defensa y de Asuntos Económicos y Transformación Digital coordinarán la planificación del sistema de telecomunicaciones de las Fuerzas Armadas, a fin de asegurar, en la medida de lo posible, su compatibilidad con los servicios civiles. Asimismo, elaborarán los programas de coordinación tecnológica precisos que faciliten la armonización, homologación y utilización, conjunta o indistinta, de los medios, sistemas y redes civiles y militares en el ámbito de las telecomunicaciones. Para el estudio e informe de estas materias, se constituirán los órganos interministeriales que se consideren adecuados, con la composición y competencia que se determinen mediante real decreto.

4. En los ámbitos del orden público, la seguridad pública, seguridad vial y de la

protección civil, en su específica relación con el uso de las telecomunicaciones, el Ministerio de Asuntos Económicos y Transformación Digital cooperará con el Ministerio del Interior y con los órganos responsables de las Comunidades Autónomas con competencias sobre las citadas materias.

5. Los bienes muebles o inmuebles vinculados a los centros, establecimientos y dependencias afectos a la instalación y explotación de las redes y a la prestación de los servicios de comunicaciones electrónicas dispondrán de las medidas y sistemas de seguridad, vigilancia, difusión de información, prevención de riesgos y protección que se determinen por el Gobierno, a propuesta de los Ministerios de Defensa, del Interior o de Asuntos Económicos y Transformación Digital, dentro del ámbito de sus respectivas competencias. Estas medidas y sistemas deberán estar disponibles en las situaciones de normalidad o en las de crisis, así como en los supuestos contemplados en la Ley Orgánica 4/1981, de 1 de junio, reguladora de los Estados de Alarma, Excepción y Sitio, la Ley 8/2011, de 28 de abril, por la que se establecen medidas para la Protección de las Infraestructuras Críticas, la Ley 17/2015, de 9 de julio, del Sistema Nacional de Protección Civil y el Real Decreto-ley 12/2018, de 7 de septiembre, de seguridad de las redes y sistemas de información.

6. El Gobierno, con carácter excepcional y transitorio, podrá acordar la asunción por la Administración General del Estado de la gestión directa de determinados servicios de comunicaciones electrónicas disponibles al público, distintos de los servicios de comunicaciones interpersonales, independientes de la numeración o de la explotación de ciertas redes públicas de comunicaciones electrónicas, para garantizar la seguridad pública y la seguridad nacional, en los términos en que dichas redes y servicios están definidos en el anexo II, excluyéndose en consecuencia las redes y servicios que se exploten o presten íntegramente en autoprestación. Esta facultad excepcional y transitoria de gestión directa podrá afectar a cualquier infraestructura, recurso asociado o elemento o nivel de la red o del servicio que resulte necesario para preservar o restablecer la seguridad pública y la seguridad nacional.

En ningún caso esta intervención podrá suponer una vulneración de los derechos fundamentales y libertades públicas reconocidas en el ordenamiento jurídico.

Asimismo, en el caso de incumplimiento de las obligaciones de servicio público a las que se refiere el título III, el Gobierno, previo informe preceptivo de la Comisión Nacional de los Mercados y la Competencia, e igualmente con carácter excepcional y transitorio, podrá acordar la asunción por la Administración General del Estado de la gestión directa de los correspondientes servicios o de la explotación de las correspondientes redes. En este último caso, podrá, con las mismas condiciones, intervenir la prestación de los servicios de comunicaciones electrónicas.

Los acuerdos de asunción de la gestión directa del servicio y de intervención de este o los de intervenir o explotar las redes a los que se refieren los párrafos anteriores se adoptarán por el Gobierno por propia iniciativa o a instancia de una Administración Pública competente. En este último caso, será preciso que la Administración Pública tenga competencias en materia de seguridad o para la prestación de los servicios públicos afectados por el anormal funcionamiento del servicio o de la red de comunicaciones electrónicas. En el supuesto de que el procedimiento se inicie a instancia de una Administración distinta de la del Estado, aquella tendrá la consideración de interesada y podrá evacuar informe con carácter previo a la resolución final.

Los acuerdos de asunción de la gestión directa del servicio y de intervención de este o los de intervenir o explotar las redes a los que se refiere este apartado deberán ser comunicados por el Gobierno en el plazo de veinticuatro horas al órgano jurisdiccional competente para que, en un plazo de cuarenta y ocho horas, establezca si los mismos resultan acordes con los derechos fundamentales y libertades públicas reconocidas en el ordenamiento jurídico, procediendo a su anulación en caso negativo.

7. La regulación contenida en esta ley se entiende sin perjuicio de lo previsto en la normativa específica sobre las telecomunicaciones relacionadas con el orden público, la seguridad pública, la defensa nacional y la seguridad nacional.

TÍTULO II. SUMINISTRO DE REDES Y PRESTACIÓN DE SERVICIOS DE COMUNICACIONES ELECTRÓNICAS EN RÉGIMEN DE LIBRE COMPETENCIA

Capítulo I. Disposiciones generales

Artículo 5.   Régimen de libre competencia.

La instalación y explotación de las redes y la prestación de los servicios de comunicaciones electrónicas se realizará en régimen de libre competencia sin más limitaciones que las establecidas en esta ley y su normativa de desarrollo.

Artículo 6. Requisitos exigibles para el suministro de las redes y la prestación de los servicios de comunicaciones electrónicas.

1. Podrán suministrar redes públicas y prestar servicios de comunicaciones electrónicas disponibles al público las personas físicas o jurídicas nacionales de un Estado miembro de la Unión Europea o de un país perteneciente al Espacio Económico Europeo. Asimismo, podrán suministrar redes públicas y prestar servicios de comunicaciones electrónicas disponibles al público las personas físicas o jurídicas de otra nacionalidad, cuando así esté previsto en los acuerdos internacionales que vinculen al Reino de España, sin perjuicio de la aplicación de la normativa reguladora de las inversiones extranjeras. Para el resto de personas físicas o jurídicas, el Gobierno podrá autorizar excepciones de carácter general o particular a la regla anterior.

2. Los interesados en el suministro de una determinada red pública o en la

prestación de un determinado servicio de comunicaciones electrónicas disponible al público deberán, con anterioridad al inicio de la actividad, notificarlo previamente al Registro de operadores previsto en el artículo 7, sometiéndose a las condiciones previstas para el ejercicio de la actividad que pretendan realizar. Esta obligación de notificación no resultará de aplicación a los interesados en la prestación de servicios de comunicaciones electrónicas interpersonales independientes de la numeración, así como para quienes suministren redes y presten servicios de comunicaciones electrónicas en régimen de autoprestación.

En la notificación se deberá proporcionar la siguiente información mínima:

a) nombre y apellidos o, en su caso, denominación o razón social y nacionalidad del operador;
b) datos de inscripción en el registro mercantil u otro registro público similar en el que figure el operador y número de identificación fiscal;
c) domicilio social y el señalado a los efectos de notificaciones;
d) el sitio web del proveedor, de haberlo, asociado al suministro de redes o servicios de comunicaciones electrónicas; nombre, apellidos, número de documento nacional de identidad o pasaporte de su representante y de la persona responsable a los efectos de notificaciones, incluyendo, respecto a esta última la dirección de correo electrónico y número de teléfono móvil para poder recibir los avisos de puesta a disposición de las notificaciones que le sean enviadas;
e) una exposición sucinta de las redes y servicios que se propone suministrar;
f) una estimación de la fecha estimada de inicio de la actividad;
g) Estados miembros afectados.

3. Se regularán mediante real decreto los requisitos, la información a proporcionar y el procedimiento para efectuar las notificaciones a que se refiere el apartado anterior. En todo caso, cuando el Registro de operadores constate que las notificaciones no reúnen las condiciones y requisitos establecidos dictará resolución motivada en un plazo máximo de quince días hábiles desde su presentación, no teniendo por realizadas aquéllas.

4. Los datos de las notificaciones contempladas en el apartado 2 que deban ser incluidos en la base de datos de la Unión Europea mencionada en el artículo 12 del Código Europeo de las Comunicaciones Electrónicas deberán ser puestos a disposición del Organismo de Reguladores Europeos de las Comunicaciones Electrónicas (ORECE). La remisión de la citada información se realizará en los términos y plazos que se acuerden por el ORECE.

5. Cuando el suministro de acceso a una red pública de comunicaciones electrónicas a través de una red de área local radioeléctrica (RLAN) no forme parte de una actividad económica o sea accesorio respecto de otra actividad económica o un servicio público que no dependa del transporte de señales por esas redes, las empresas, las Administraciones públicas o usuarios finales que suministren el acceso no deberán efectuar la notificación a que se refiere el apartado 2 ni deberán inscribirse en el Registro de operadores.

6. Los interesados en la prestación de un determinado servicio de comunicaciones electrónicas interpersonales independientes de la numeración disponible al público deberán comunicarlo previamente al Registro de operadores, a efectos puramente estadísticos y censales.

7. Las Administraciones públicas comunicarán al Ministerio de Asuntos Económicos y Transformación Digital toda instalación o explotación de redes de comunicaciones electrónicas en régimen de autoprestación que haga uso del dominio público, tanto si dicha instalación o explotación se realiza de manera directa, a través de cualquier entidad o sociedad dependiente de ella o a través de cualquier entidad o sociedad a la que se le haya otorgado una concesión o habilitación al efecto.

El régimen de autoprestación en la instalación o explotación de dicha red puede ser total o parcial, y por tanto dicha comunicación deberá efectuarse aun cuando la capacidad excedentaria de la citada red pueda utilizarse para su explotación por terceros o para la prestación de servicios de comunicaciones electrónicas disponibles al público.

En el caso de que se utilice o esté previsto utilizar, directamente por la Administración Pública o por terceros, la capacidad excedentaria de estas redes de comunicaciones electrónicas en régimen de autoprestación, el Ministerio de Asuntos Económicos y Transformación Digital verificará el cumplimiento de lo previsto en el artículo 13. A tal efecto, la Administración Pública deberá proporcionar al Ministerio de Asuntos Económicos y Transformación Digital toda la información que le sea requerida a efecto de verificar dicho cumplimiento.

Mediante real decreto podrán especificarse aquellos supuestos en que, en atención a las características, la dimensión de la instalación o la naturaleza de los servicios a prestar, no resulte necesario que las Administraciones públicas efectúen la comunicación a que se refiere este apartado sobre la instalación de redes de comunicaciones electrónicas en régimen de autoprestación que haga uso del dominio público.

8. También deberá comunicarse al Ministerio de Asuntos Económicos y Transformación Digital la instalación o explotación de los puntos de intercambio de internet (IXP) ubicados en territorio español, a efecto de poder conocer y analizar la capacidad global de gestión y transmisión de todo el tráfico de comunicaciones electrónicas con origen, tránsito o destino en España.

9. Asimismo, deberá comunicarse al Ministerio de Asuntos Económicos y Transformación Digital la instalación o explotación de cables submarinos cuyo enganche, acceso o interconexión a redes de comunicaciones electrónicas se produzca en territorio español.

10. Mediante real decreto, que se aprobará en un plazo máximo de tres meses tras la publicación de la presente ley, se determinarán los datos que deberán aportarse y los plazos en los que efectuar las comunicaciones al Ministerio de Asuntos Económicos y Transformación Digital referidas en los apartados

anteriores.
> Sobre las notificaciones previas ver lo dispuesto en el art. 12 Directiva 2018/1972, el régimen general en el art. 69 de la Ley 39/2015, y el desarrollo reglamentario en los arts. 5 y 6 del Real Decreto 424/2005. Resulta novedosa la referencia a los IXPs y a los cables submarinos.
>
> Ya en la Ley 11/1998 las notificaciones se realizaban al regulador independiente (antes CMT), pero posteriormente se traslado esta competencia al Ministerio, si bien nunca llegó a ejercer la y la CNMC se encargó siempre de las notificaciones. Con la Ley 11/2022 la CNMC vuelve a asumir la competencia.

Artículo 7. Registro de operadores.
1. Se crea, dependiente de la Comisión Nacional de los Mercados y la Competencia, el Registro de operadores. Dicho Registro será de carácter público y su regulación se hará por real decreto. Se garantizará que el acceso a dicho Registro pueda efectuarse por medios electrónicos.
2. En el Registro deberán inscribirse los datos que se determinen mediante real decreto relativos a las personas físicas o jurídicas que hayan notificado, en los términos indicados en el apartado 2 del artículo 6, su intención de suministrar redes públicas o prestar servicios de comunicaciones electrónicas disponibles al público, las condiciones para desarrollar la actividad y sus modificaciones. Una vez realizada la notificación, el interesado adquirirá la condición de operador y podrá comenzar la prestación del servicio o el suministro de la red, sin perjuicio de lo dispuesto en el artículo 6.3.
3. A petición del operador inscrito, el Registro de operadores emitirá, en el plazo de una semana desde la presentación de dicha petición, una declaración normalizada que confirme que ha presentado la notificación la persona interesada en el suministro de una determinada red pública o en la prestación de un determinado servicio de comunicaciones electrónicas disponible al público. Dicha declaración detallará las circunstancias en que los operadores tienen derecho a solicitar derechos de suministro de redes y recursos, negociar la interconexión y obtener el acceso o la interconexión para así facilitar el ejercicio de estos derechos.
4. Quienes resultasen seleccionados para la prestación de servicios de comunicaciones electrónicas armonizados en procedimientos de licitación convocados por las instituciones de la Unión Europea serán inscritos de oficio en el Registro de operadores.
5. No será preciso el consentimiento del interesado para el tratamiento de los datos de carácter personal que haya de contener el Registro ni para la comunicación de dichos datos que se derive de su publicidad.
> Sobre el Registro de operadores, ver los arts. 12.4 y 14 de la Directiva 2018/1972, y el desarrollo reglamentario en los arts. 7 a 14 del Real Decreto 424/2005.

Artículo 8. Condiciones para el suministro de redes y prestación de

servicios de comunicaciones electrónicas.
1. El suministro de redes y la prestación de los servicios de comunicaciones electrónicas se sujetarán a las condiciones previstas en esta ley y su normativa de desarrollo, entre las cuales se incluirán las de salvaguarda de los derechos de los usuarios finales.
2. La adquisición de los derechos de uso del dominio público radioeléctrico, de ocupación del dominio público o de la propiedad privada y de los recursos de numeración necesarios para la instalación y explotación de redes y para la prestación de servicios de comunicaciones electrónicas deberá realizarse conforme a lo dispuesto en esta ley y en lo no contemplado en la misma por su normativa específica.

> Sobre las condiciones aparejadas a la notificación, ver el art. 13 Directiva 2018/1972 y su Anexo I, así como el desarrollo reglamentario en los artículos 16 a 20 del Real Decreto 424/2005.
> En materia de derechos de los operadores, ver siempre en esta misma Ley, en materia de dominio público radioeléctrico los artículos 85-97, en materia de ocupación del dominio público y privado, los arts. 44-55 y en materia de numeración los arts. 30-34.

Artículo 9. Obligaciones de suministro de información.
1. El Ministerio de Asuntos Económicos y Transformación Digital y la Comisión Nacional de los Mercados y la Competencia podrán, en el ámbito de su actuación, requerir a las personas físicas o jurídicas que suministren redes o presten servicios de comunicaciones electrónicas, recursos asociados, servicios asociados e infraestructuras digitales, incluyendo los puntos de intercambio de internet (IXP) y centros de proceso de datos (CPD), en especial en éstos últimos, los que estén directamente vinculados al suministro de redes o a la prestación de servicios de comunicaciones electrónicas, así como a aquellos otros agentes que intervengan en este mercado o en mercados y sectores estrechamente relacionados, incluyendo los proveedores de contenidos y de servicios digitales, la información necesaria, incluso financiera, para el cumplimiento de alguna de las siguientes finalidades:
a) satisfacer necesidades estadísticas o de análisis y para la elaboración de estudios e informes de seguimiento sectoriales;
b) comprobar el cumplimiento de las condiciones establecidas para la prestación de servicios o el suministro de redes de comunicaciones electrónicas, en particular, cuando la explotación de las redes conlleve emisiones radioeléctricas;
c) comprobar que la prestación de servicios o el suministro de redes de comunicaciones electrónicas por parte de operadores controlados directa o indirectamente por Administraciones públicas cumplen las condiciones establecidas por esta ley y sus normas de desarrollo;
d) evaluar la procedencia de las solicitudes de derechos de uso del dominio público radioeléctrico y de la numeración;
e) comprobar el uso efectivo y eficiente de frecuencias y números y el

cumplimiento de las obligaciones que resulten de los derechos de uso del dominio público radioeléctrico, de la numeración o de la ocupación del dominio público o de la propiedad privada;

f) elaborar análisis que permitan la definición de los mercados de referencia, el establecimiento de condiciones específicas a los operadores con peso significativo de mercado en aquéllos y conocer el modo en que la futura evolución de las redes o los servicios puede repercutir en los servicios mayoristas que las empresas ponen a disposición de sus competidores. Asimismo, podrá exigirse a las empresas con un peso significativo en los mercados mayoristas que presenten datos sobre los mercados descendentes o minoristas asociados con dichos mercados mayoristas, incluyendo datos contables, así como sobre otros mercados estrechamente relacionados;

g) comprobar el cumplimiento de las obligaciones específicas impuestas en el marco de la regulación ex ante y el cumplimiento de las resoluciones dictadas para resolver conflictos entre operadores;

h) comprobar el cumplimiento de las obligaciones de servicio público y obligaciones de carácter público, así como determinar los operadores encargados de prestar el servicio universal;

i) comprobar el cumplimiento de las obligaciones que resulten necesarias para garantizar un acceso equivalente para los usuarios finales con discapacidad y que éstos se beneficien de la posibilidad de elección de empresas y servicios disponibles para la mayoría de los usuarios finales;

j) la puesta a disposición de los ciudadanos de información o aplicaciones interactivas que posibiliten realizar comparativas sobre precios, cobertura y calidad de los servicios, en interés de los usuarios;

k) la adopción de medidas destinadas a facilitar la coubicación o el uso compartido de elementos de redes públicas de comunicaciones electrónicas y recursos asociados;

l) evaluar la integridad y la seguridad de las redes y servicios de comunicaciones electrónicas;

m) planificar de manera eficiente el uso de fondos públicos destinados, en su caso, al despliegue de infraestructuras de telecomunicaciones;

n) evaluar la futura evolución de la red o del servicio que pueda tener repercusiones sobre los servicios al por mayor puestos a disposición de la competencia, sobre la cobertura territorial, la conectividad a disposición de los usuarios finales o en la determinación de zonas para el uso de fondos públicos destinados al despliegue de infraestructuras de telecomunicaciones;

ñ) efectuar estudios geográficos;

o) cumplir los requerimientos que vengan impuestos en el ordenamiento jurídico, incluyendo la información que pueda resultar necesaria para responder a solicitudes motivadas de información del ORECE y de la Comisión Europea;

p) comprobar el cumplimiento del resto de obligaciones establecidas en esta ley y su normativa de desarrollo, así como en la normativa comunitaria.

La información a la que se refiere este apartado, excepto aquella a la que se refieren las letras d) y m), no podrá exigirse antes del inicio de la actividad y se suministrará en el plazo y forma que se establezca en cada requerimiento, atendidas las circunstancias del caso.
2. Las Administraciones públicas podrán solicitar la información que sea necesaria en el ejercicio de sus competencias.
Las Administraciones públicas, antes de solicitar información en materia de telecomunicaciones a las personas físicas o jurídicas que suministren redes o presten servicios de comunicaciones electrónicas para el ejercicio de sus funciones, deberán recabar dicha información del Ministerio de Asuntos Económicos y Transformación Digital o de la Comisión Nacional de los Mercados y la Competencia. Únicamente en el caso de que estas autoridades no dispongan de la información solicitada o la misma no pueda ser proporcionada al ser confidencial por razones de seguridad o de secreto comercial o industrial, los órganos competentes de las Administraciones públicas podrán solicitar dicha información en materia de telecomunicaciones de las personas físicas o jurídicas que suministren redes o presten servicios de comunicaciones electrónicas.
3. La Comisión Nacional de los Mercados y la Competencia podrá solicitar información del punto de información único establecido de acuerdo al Real Decreto 330/2016, de 9 de septiembre, relativo a medidas para reducir el coste del despliegue de las redes de comunicaciones electrónicas de alta velocidad.
4. Las solicitudes de información que se realicen de conformidad con los apartados anteriores habrán de ser motivadas, proporcionadas al fin perseguido y se indicarán los fines concretos para los que va a utilizarse dicha información.
5. En todo caso, se garantizará la confidencialidad de la información suministrada que pueda afectar a la seguridad e integridad de las redes y de los servicios de comunicaciones electrónicas o al secreto comercial o industrial.

> Sobre los requerimientos de información ver el art. 20 de la Directiva 2018/1972, el art. 28 de la Ley 3/2013 y el art. 21 del RD 424/2005.

Artículo 10. Normas técnicas.
1. El Ministerio de Asuntos Económicos y Transformación Digital garantizará la utilización de las normas o especificaciones técnicas cuya aplicación declare obligatoria la Comisión Europea, de conformidad con lo establecido en la normativa de la Unión Europea.
Asimismo, el Ministerio de Asuntos Económicos y Transformación Digital fomentará el uso de las normas o especificaciones técnicas identificadas en la relación que la Comisión Europea elabore como base para fomentar la armonización del suministro de redes de comunicaciones electrónicas, servicios de comunicaciones electrónicas y recursos y servicios asociados, en la medida estrictamente necesaria para garantizar la interoperabilidad de los servicios y la conectividad de extremo a extremo, la facilitación del cambio de proveedor y la conservación de la numeración, y para mejorar la libertad de elección de los usuarios.

En ausencia de normas o especificaciones técnicas identificadas por la Comisión Europea para fomentar la armonización, se promoverá la aplicación de las normas o especificaciones aprobadas por los organismos europeos de normalización.

A su vez, en ausencia de dichas normas o especificaciones, el Ministerio de Asuntos Económicos y Transformación Digital promoverá la aplicación de las normas o recomendaciones internacionales aprobadas por la Unión Internacional de Telecomunicaciones (UIT), la Conferencia Europea de Administraciones de Correos y Telecomunicaciones (CEPT), el Instituto Europeo de Normas de Telecomunicaciones (ETSI), el Comité Europeo de Normalización (CEN), el Comité Europeo de Normalización Electrotécnica (CENELEC), la Comisión Internacional de Normalización (ISO) y la Comisión Electrotécnica Internacional (CEI).

Mediante real decreto se podrán determinar las formas de elaboración y, en su caso, de adopción de las especificaciones técnicas aplicables a redes y servicios de comunicaciones electrónicas, en particular, a efectos de garantizar el cumplimiento de requisitos en materia de despliegue de redes, obligaciones de servicio público, interoperabilidad, integridad y seguridad de redes y servicios.

Mediante real decreto se establecerá el procedimiento de comunicación de las citadas especificaciones a la Comisión Europea de conformidad con la normativa de la Unión Europea.

2. La Comisión Nacional de los Mercados y la Competencia también fomentará y garantizará el uso de las normas o especificaciones técnicas en los términos señalados en el apartado anterior en el ejercicio de sus funciones.

Capítulo II. Notificaciones

Artículo 11. Derechos derivados de la notificación.

1. La notificación a que se refiere el artículo 6.2 habilita a ejercer los derechos establecidos en esta ley y su normativa de desarrollo.

2. En particular, la notificación habilita a la siguiente lista mínima de derechos:

a) suministrar redes y prestar servicios de comunicaciones electrónicas;

b) poder obtener derechos de uso y ocupación de propiedad privada y de dominio público en los términos indicados en el título III;

c) poder obtener derechos de uso de dominio público radioeléctrico en los términos indicados en el título V;

d) poder obtener derechos de uso de los recursos de numeración, en los términos indicados en el capítulo VII;

e) negociar la interconexión y, en su caso, obtener el acceso o la interconexión a partir de otros proveedores de redes públicas de comunicaciones electrónicas o de servicios de comunicaciones electrónicas disponibles al público habilitados;

f) tener oportunidad de ser designados para suministrar diferentes elementos de servicio universal de telecomunicaciones o cubrir diferentes partes del territorio nacional;

g) poder resultar seleccionados para el suministro de redes y la prestación de servicios de comunicaciones electrónicas en procedimientos de licitación convocados por las Administraciones públicas.

Artículo 12. Obligaciones derivadas de la notificación.
1. La notificación a que se refiere el artículo 6.2 obliga a cumplir con las cargas y obligaciones establecidas en esta ley y su normativa de desarrollo.
2. Las obligaciones específicas que se impongan en materia de acceso e interconexión en virtud de lo dispuesto en el título II y las que se impongan en la prestación del servicio universal de telecomunicaciones a tenor de lo establecido en el título III son jurídicamente independientes de los derechos y obligaciones que se derivan de la notificación a que se refiere el artículo 6.2.
3. Los operadores que, de acuerdo con la legislación vigente, tengan derechos especiales o exclusivos para la prestación de servicios en otro sector económico y que exploten redes públicas o presten servicios de comunicaciones electrónicas disponibles al público deberán llevar cuentas separadas y auditadas para sus actividades de comunicaciones electrónicas, o establecer una separación estructural efectiva para las actividades asociadas con la explotación de redes o la prestación de servicios de comunicaciones electrónicas. Mediante real decreto podrá establecerse la exención de esta obligación para las entidades cuyos ingresos brutos de explotación anuales por actividades asociadas con las redes o servicios de comunicaciones electrónicas sea inferior a 50 millones de euros en la Unión Europea.

Artículo 13. Suministro de redes públicas y prestación de servicios de comunicaciones electrónicas en régimen de prestación a terceros por las Administraciones públicas.
1. La instalación y explotación de redes públicas o la prestación de servicios de comunicaciones electrónicas disponibles al público por operadores controlados directa o indirectamente por Administraciones públicas se regirá de manera específica por lo dispuesto en el presente artículo. En su actuación, las Administraciones públicas deberán velar por el cumplimiento de los principios generales contemplados en la Ley 40/2015, de 1 de octubre, de Régimen Jurídico del Sector Público, incluyendo en particular los principios de eficacia, de economía, suficiencia y adecuación estricta de los medios a los fines institucionales, y de eficiencia en la asignación y utilización de los recursos públicos.
2. La instalación y explotación de redes públicas o la prestación de servicios de comunicaciones electrónicas disponibles al público por operadores controlados directa o indirectamente por Administraciones públicas se realizará dando cumplimiento al principio de inversor privado, con la debida separación de

cuentas, con arreglo a los principios de neutralidad, transparencia, no distorsión de la competencia y no discriminación, y cumpliendo con la normativa sobre ayudas de Estado a que se refieren los artículos 107 y 108 del Tratado de Funcionamiento de la Unión Europea.

Mediante real decreto, previo informe de la Comisión Nacional de los Mercados y la Competencia, se determinarán las condiciones en que los operadores controlados directa o indirectamente por Administraciones públicas deberán llevar a cabo la instalación y explotación de redes públicas o la prestación de servicios de comunicaciones electrónicas disponibles al público y, en especial, los criterios, condiciones y requisitos para que dichos operadores actúen con sujeción al principio de inversor privado en una economía de mercado. En particular, en dicho real decreto se establecerán los supuestos en los que, como excepción a la exigencia de actuación con sujeción al principio de inversor privado en una economía de mercado, los operadores controlados directa o indirectamente por Administraciones públicas podrán instalar, desplegar y explotar redes públicas y prestar servicios de comunicaciones electrónicas disponibles al público que no distorsionen la competencia o cuando se confirme fallo del mercado y no exista interés de concurrencia en el despliegue del sector privado por ausencia o insuficiencia de inversión privada, ajustándose la inversión pública al principio de necesidad, con la finalidad de garantizar la necesaria cohesión territorial y social.

En las iniciativas llevadas a cabo por los órganos competentes de las Administraciones públicas y entidades dependientes de ellas para la difusión a los ciudadanos del servicio de televisión digital en zonas donde no exista cobertura del servicio de televisión digital terrestre, se considera que se produce una situación de fallo de mercado. Por ello, estas iniciativas no deben sujetarse al principio de inversor privado ni deben comunicarse al Registro de operadores, salvo que la red de comunicaciones electrónicas que sirva de soporte para efectuar la difusión del servicio de televisión digital en zonas donde no exista cobertura del servicio de televisión digital terrestre se ponga a disposición de terceros, a título oneroso o gratuito, o que a través de la misma se presten otros servicios disponibles al público distintos del mencionado servicio de televisión digital, en cuyo caso se deberá cumplir lo establecido en este artículo.

3. Una Administración Pública podrá instalar, desplegar y explotar redes públicas de comunicaciones electrónicas o prestar servicios de comunicaciones disponibles al público directamente o a través de entidades o sociedades que tengan entre su objeto social o finalidad la instalación y explotación de redes o la prestación de servicios de comunicaciones electrónicas.

La instalación o explotación de redes públicas de comunicaciones electrónicas y la prestación de servicios de comunicaciones electrónicas disponibles al público por los órganos o entes gestores de infraestructuras de transporte de competencia estatal, se realizará en las condiciones establecidas en el artículo 54.

4. La instalación y explotación de redes públicas o la prestación de servicios de comunicaciones electrónicas disponibles al público por operadores controlados directa o indirectamente por Administraciones públicas deberán llevarse a cabo en las condiciones establecidas en el artículo 8 y, en particular, en las siguientes condiciones:

a) los operadores tienen reconocido directamente el derecho a acceder en condiciones neutrales, objetivas, transparentes, equitativas y no discriminatorias a las infraestructuras y recursos asociados utilizados por los operadores controlados directa o indirectamente por Administraciones públicas para la instalación y explotación de redes de comunicaciones electrónicas;

b) los operadores tienen reconocido directamente el derecho de uso compartido de las infraestructuras de red de comunicaciones electrónicas y sus recursos asociados instaladas por los operadores controlados directa o indirectamente por Administraciones públicas en condiciones neutrales, objetivas, transparentes, equitativas y no discriminatorias;

c) si las Administraciones públicas reguladoras o titulares del dominio público ostentan la propiedad, total o parcial, o ejercen el control directo o indirecto de operadores que explotan redes públicas de comunicaciones electrónicas o servicios de comunicaciones electrónicas disponibles para el público, deberán mantener una separación estructural entre dichos operadores y los órganos encargados de la regulación y gestión de los derechos de utilización del dominio público correspondiente.

5. Se permite a las Administraciones públicas el suministro al público de acceso a RLAN, sin ajustarse a los requisitos establecidos en el apartado 3:

a) cuando dicho suministro es accesorio respecto de los servicios públicos suministrados en los locales ocupados por las Administraciones públicas o en espacios públicos cercanos a estos locales, que se determinen reglamentariamente.

b) cuando se desarrollen iniciativas que agregan y permiten el acceso recíproco o de otra forma a sus RLAN por parte de diferentes usuarios finales.

c) cuando el suministro de acceso a una red pública de comunicaciones electrónicas a través de una RLAN no forme parte de una actividad económica o sea accesorio respecto de otra actividad económica o un servicio público que no dependa del transporte de señales por esas redes, las Administraciones públicas que suministren el acceso no deberán efectuar la notificación a que se refiere el artículo 6.2 ni deberán inscribirse en el Registro de operadores.

6. La instalación y explotación de redes públicas o la prestación de servicios de comunicaciones electrónicas disponibles al público por parte de Administraciones públicas que se lleve a cabo en el marco de programas de ayudas otorgadas directamente por la Comisión Europea y sus Servicios o entidades se regirá en exclusiva por el instrumento que regule el otorgamiento

de las ayudas y el resto de normativa europea, no siendo necesaria la inscripción de la Administración Pública en el Registro de operadores.

Capítulo III. Acceso a las redes y recursos asociados e interconexión

Artículo 14. Principios generales aplicables al acceso a las redes y recursos asociados y a su interconexión.

1. Este capítulo y su desarrollo reglamentario serán aplicables a la interconexión y a los accesos a redes públicas de comunicaciones electrónicas y a sus recursos asociados, salvo que el beneficiario del acceso sea un usuario final, de acuerdo con la definición que se da a los conceptos de acceso e interconexión en el anexo II.

2. Los operadores de redes públicas de comunicaciones electrónicas tendrán el derecho y, cuando se solicite por otros operadores de redes de comunicaciones electrónicas, la obligación de negociar la interconexión mutua con el fin de prestar servicios de comunicaciones electrónicas disponibles al público, con el objeto de garantizar así la prestación de servicios y su interoperabilidad.

Las empresas, autoridades públicas o usuarios finales que suministren el acceso a una red pública de comunicaciones electrónicas a través de RLAN, cuando dicho suministro no forme parte de una actividad económica o sea accesorio respecto de otra actividad económica o un servicio público que no dependa del transporte de señales por esas redes, no estarán sujetos a la obligación de interconectar su red RLAN.

3. No existirán restricciones que impidan que los operadores negocien entre sí acuerdos de acceso e interconexión.

4. La persona física o jurídica habilitada para suministrar redes o prestar servicios en otro Estado miembro de la Unión Europea que solicite acceso o interconexión en España no necesitará llevar a cabo la notificación a la que se refiere el artículo 6.2 cuando no suministre redes ni preste servicios de comunicaciones electrónicas en el territorio nacional.

5. El Ministerio de Asuntos Económicos y Transformación Digital y la Comisión Nacional de los Mercados y la Competencia fomentarán y, cuando sea pertinente, garantizarán, de conformidad con lo dispuesto en la presente ley y su normativa de desarrollo, la adecuación del acceso, la interconexión y la interoperabilidad de los servicios, y ejercerán sus responsabilidades de tal modo que se promueva la eficiencia, la competencia sostenible, el despliegue de redes de muy alta capacidad, la innovación e inversión eficientes y el máximo beneficio para los usuarios finales.

6. En particular, el Ministerio de Asuntos Económicos y Transformación Digital podrá imponer:

a) en casos justificados y en la medida en que sea necesario, obligaciones a los operadores que controlen el acceso a los usuarios finales para que sus servicios sean interoperables;

b) en casos justificados, cuando la conectividad de extremo a extremo entre usuarios finales esté en peligro debido a una falta de interoperabilidad entre los servicios de comunicaciones interpersonales, y en la medida en que sea necesario para garantizar la conectividad de extremo a extremo entre usuarios finales, obligaciones a los proveedores de servicios de comunicaciones interpersonales independientes de la numeración para que sus servicios sean interoperables. Estas obligaciones únicamente podrán imponerse cuando se den las dos circunstancias siguientes:

1.º en la medida necesaria para garantizar la interoperabilidad de los servicios de comunicaciones interpersonales, y podrán incluir, para los proveedores de dichos servicios, obligaciones proporcionadas de publicar y autorizar la utilización, modificación y redistribución de información pertinente por parte de las autoridades y de otros proveedores, o la obligación de utilizar o aplicar normas de armonización o cualesquiera otras normas europeas o internacionales pertinentes;

2.º cuando la Comisión Europea, previa consulta al ORECE y teniendo especialmente en cuenta su dictamen, haya encontrado una amenaza considerable para la conectividad de extremo a extremo entre los usuarios finales y haya adoptado medidas de ejecución para especificar la naturaleza y el alcance de cualesquiera obligaciones que puedan imponerse.

7. A su vez, y sin perjuicio de las medidas que puedan adoptarse en relación con las empresas que tengan un peso significativo en el mercado de acuerdo con lo previsto en el artículo 18, la Comisión Nacional de los Mercados y la Competencia podrá imponer:

a) en la medida en que sea necesario garantizar la posibilidad de conexión de extremo a extremo, obligaciones a operadores que controlen el acceso a los usuarios finales, incluida, en casos justificados, la obligación de interconectar sus redes cuando no lo hayan hecho;

b) en la medida en que sea necesario para garantizar el acceso de los usuarios finales a los servicios digitales de comunicación audiovisual televisivo o radiofónico y los servicios complementarios conexos, obligaciones a los operadores para que faciliten acceso a los interfaces de programa de aplicaciones (API) y guías electrónicas de programación (EPG), en condiciones justas, razonables y no discriminatorias.

8. Las obligaciones y condiciones que se impongan de conformidad con este capítulo serán objetivas, transparentes, proporcionadas y no discriminatorias.

9. Los operadores que obtengan información de otros, con anterioridad, durante o con posterioridad al proceso de negociación de acuerdos de acceso o interconexión, destinarán dicha información exclusivamente a los fines para los que les fue facilitada y respetarán en todo momento la confidencialidad de la información transmitida o almacenada, en especial respecto de terceros, incluidos otros departamentos de la propia empresa, filiales o asociados.

Los conceptos de "acceso", "interconexión", "red pública de comunicaciones electrónicas" "recursos asociados" y "usuario" están definidos en el artículo 2 de la

Directiva 2018/1972 y en el Anexo II de esta Ley.

En este artículo se trasponen los siguientes artículos de la Directiva 2018/1972: 59 (marco general), 60 (derechos y obligaciones), 61 (poderes y responsabilidades).

El desarrollo reglamentario se encuentra en los arts. 22 a 25 del RD 2296/2004.

Este artículo establece el régimen general en materia de acceso a redes, aplicable a todos los operadores de telecomunicaciones (no a os usuarios finales), independientemente del poder de mercado que puedan tener. Resulta novedosa la posibilidad de imponer obligaciones de interoperabilidad a las plataformas digitales.

Capítulo IV. Regulación ex ante de los mercados

Artículo 15. Definición de mercados de referencia.

1. La Comisión Nacional de los Mercados y la Competencia, teniendo en cuenta la Recomendación de la Comisión Europea sobre mercados relevantes de productos y servicios, las Directrices de la Comisión Europea para el análisis del mercado y evaluación del peso significativo en el mercado y los dictámenes y posiciones comunes pertinentes adoptados por el Organismo de Reguladores Europeos de las Comunicaciones Electrónicas (ORECE), definirá, previo informe de la Secretaría de Estado de Economía y Apoyo a la Empresa y de la Secretaría de Estado de Telecomunicaciones e Infraestructuras Digitales y mediante resolución publicada en el «Boletín Oficial del Estado», los mercados de referencia relativos a redes y servicios de comunicaciones electrónicas, entre los que se incluirán los correspondientes mercados de referencia, y el ámbito geográfico de los mismos, cuyas características pueden justificar la imposición de obligaciones específicas. A tal efecto, tendrá en cuenta los resultados del estudio geográfico a que se refiere el artículo 48.

2. La Comisión Nacional de los Mercados y la Competencia podrá presentar junto con la autoridad nacional de reglamentación de otro u otros Estados miembros una solicitud motivada al ORECE, a fin de que este organismo efectúe un análisis relativo a la posible existencia de un mercado transnacional, para su posterior valoración por la Comisión Europea. En el caso de mercados transnacionales determinados por la Comisión Europea, las autoridades nacionales de reglamentación afectadas efectuarán un análisis conjunto de mercado y se pronunciarán concertadamente sobre la imposición, el mantenimiento, la modificación o la supresión de las obligaciones específicas.

3. La Comisión Nacional de los Mercados y la Competencia, junto con la autoridad nacional de reglamentación de otro u otros Estados miembros, también podrán notificar conjuntamente sus proyectos de medidas en relación con el análisis del mercado y cualesquiera obligaciones reglamentarias en ausencia de mercados transnacionales, cuando consideren que las condiciones de mercado en sus respectivas jurisdicciones son suficientemente homogéneas.

4. En todo caso, la Comisión Nacional de los Mercados y la Competencia, en aplicación de la normativa en materia de competencia, en especial, de la Ley 15/2007, de 3 de julio, de Defensa de la Competencia, de los artículos 101 y 102 del Tratado de Funcionamiento de la Unión Europea, y de la Ley 3/2013, de 4

de junio, de creación de la Comisión Nacional de los Mercados y la Competencia, deberá supervisar el funcionamiento de los distintos mercados de comunicaciones electrónicas, así como la actividad de los operadores ya tengan o no peso significativo en el mercado, para preservar, garantizar y promover condiciones de competencia efectiva en los mismos.

> En esta disposición se inicia la ordenación de las obligaciones de acceso a redes a imponer a los operadores con poder significativo de mercado. El proceso se inicia con la definición de los mercados de referencia, siguiendo lo dispuesto en el art. 64 de la Directiva 2018/1972, y el desarrollo reglamentario en el art. 2 del RD 2296/1972. Fundamentales son las Recomendaciones que periódicamente publica la Comisión Europea relativa a los mercados pertinentes de producto y servicios. Este régimen es paralelo al previsto en alas normas de defensa de la competencia, cuya aplicación no queda impedida por la imposición de obligaciones ex ante.

Artículo 16. Análisis de los mercados de referencia.

1. Teniendo en cuenta las referencias citadas en el artículo 15, la Comisión Nacional de los Mercados y la Competencia llevará a cabo un análisis de los citados mercados:

a) En un plazo máximo de cinco años contado desde la adopción de una medida anterior cuando la Comisión Nacional de los Mercados y la Competencia haya definido el mercado pertinente y determinado qué operadores tienen un peso significativo en el mercado.

Con carácter excepcional dicho plazo podrá ampliarse hasta un año adicional previa notificación a la Comisión Europea cuatro meses antes de que expire el plazo inicial de cinco años y sin que ésta haya manifestado objeción alguna en un mes desde la fecha de tal notificación.

En caso de mercados dinámicos, deberá realizarse un análisis del mercado cada tres años. Los mercados deben ser considerados como dinámicos si la evolución tecnológica y las pautas de demanda de los usuarios finales pueden evolucionar de manera tal que las conclusiones del análisis quedarían superadas a medio plazo en un grupo significativo de zonas geográficas o de usuarios finales dentro del mercado geográfico y de producto que defina la Comisión Nacional de los Mercados y la Competencia.

b) En el plazo máximo de tres años desde la adopción de una recomendación revisada sobre mercados pertinentes, para los mercados no notificados previamente a la Comisión Europea.

2. Si la Comisión Nacional de los Mercados y la Competencia considera que no puede concluir o no hubiera concluido su análisis de un mercado relevante que figura en la Recomendación de mercados relevantes dentro de los plazos establecidos, el ORECE le prestará asistencia, a petición de la propia Comisión, para la conclusión del análisis del mercado concreto y la determinación de las obligaciones específicas que deban imponerse. La Comisión Nacional de los Mercados y la Competencia, contando con esta colaboración, notificará el proyecto de medida a la Comisión Europea en un plazo de seis meses.

3. El Ministerio de Asuntos Económicos y Transformación Digital, en virtud de lo dispuesto en el artículo 5.2 de la Ley 3/2013, de 4 de junio, de creación de la Comisión Nacional de los Mercados y la Competencia, podrá solicitar a la Comisión Nacional de los Mercados y la Competencia para que realice el análisis de un mercado determinado de comunicaciones electrónicas cuando concurran razones de interés general, las condiciones competitivas de dicho mercado se hayan modificado sustancialmente o bien se aprecien indicios de falta de competencia efectiva.

4. La Comisión Nacional de los Mercados y la Competencia, en los planes anuales o plurianuales de actuación que apruebe y en los que debe constar sus objetivos y prioridades a tenor de lo dispuesto en el artículo 20.16 de la Ley 3/2013, de 4 de junio, de creación de la Comisión Nacional de los Mercados y la Competencia, deberá identificar los mercados relevantes que vaya a analizar y las actuaciones necesarias para la adecuada realización de dicho análisis dentro de los plazos previstos en este artículo.

5. La persona titular de la Presidencia de la Comisión Nacional de los Mercados y la Competencia, en el marco del control parlamentario anual a que se refiere el artículo 39.1 de la Ley 3/2013, de 4 de junio, de creación de la Comisión Nacional de los Mercados y la Competencia, deberá dar cuenta del resultado de los análisis de los mercados y el cumplimiento de los plazos establecidos en este artículo.

> Corresponde a la CNMC analizar los mercados pertinentes para identificar la existencia de operadores con peso significativo de mercado (concepto definido en el punto 46 del Anexo II de esta Ley). El análisis ha de realizarse según lo dispuesto 67 de la Directiva 2018/1972, y el desarrollo reglamentario en el art. 3 del RD 2296/2004. Si con anterioridad la periodicidad prevista para el análisis de cada mercado era de 3 años, ahora la regla general es el análisis cada 5 años.

Artículo 17. Procedimiento para la imposición de obligaciones específicas.

1. La Comisión Nacional de los Mercados y la Competencia, previo informe de la Secretaría de Estado de Economía y Apoyo a la Empresa y de la Secretaría de Estado de Telecomunicaciones e Infraestructuras Digitales, determinará si en un mercado considerado se justifica la imposición de las obligaciones específicas apropiadas.

Puede considerarse que en un mercado considerado se justifica la imposición de las obligaciones específicas si se cumplen todos los criterios siguientes:

a) la presencia de barreras de entrada, importantes y no transitorias, de tipo estructural, jurídico o reglamentario;

b) la existencia de una estructura del mercado que no tiende hacia una competencia efectiva dentro del horizonte temporal pertinente, teniendo en cuenta el grado de competencia basada en la infraestructura y de otras fuentes de competencia detrás de las barreras de entrada;

c) el hecho de que la legislación en materia de competencia por sí sola resulte insuficiente para abordar adecuadamente las deficiencias del mercado detectadas.

2. Cuando la Comisión Nacional de los Mercados y la Competencia realice un análisis de un mercado incluido en la Recomendación de la Comisión Europea sobre mercados relevantes de productos y servicios, considerará que concurren los criterios establecidos en las letras a), b) y c) del apartado anterior, a menos que, a la vista de las circunstancias nacionales específicas, determine que uno o varios de dichos criterios no se cumplen.

3. A la hora de analizar si se justifica la imposición de las obligaciones específicas en un mercado considerado, la Comisión Nacional de los Mercados y la Competencia considerará la evolución desde una perspectiva de futuro en ausencia de regulación impuesta en dicho mercado pertinente, teniendo en cuenta:

a) la evolución del mercado que afecte a la probabilidad de que el mercado pertinente tienda hacia la competencia efectiva;

b) todas las restricciones competitivas pertinentes, a nivel mayorista y minorista, con independencia de que las causas de dichas restricciones se consideren redes de comunicaciones electrónicas, servicios de comunicaciones electrónicas u otros tipos de servicios o aplicaciones que sean comparables desde la perspectiva del usuario final, y con independencia de que dichas restricciones formen parte del mercado pertinente;

c) otros tipos de reglamentación o medidas impuestas que afecten al mercado pertinente o al mercado o mercados minoristas conexos durante el período pertinente, y la regulación impuesta a otros mercados pertinentes.

4. La Comisión Nacional de los Mercados y la Competencia, una vez determinado si en un mercado considerado se justifica la imposición de las obligaciones específicas, podrá, previo informe de la Secretaría de Estado de Economía y Apoyo a la Empresa y de la Secretaría de Estado de Telecomunicaciones e Infraestructuras Digitales, imponer obligaciones específicas o mantener o modificar obligaciones específicas que tuvieran impuestas.

En los mercados en los que se llegue a la conclusión de que no se justifica la imposición de las obligaciones específicas, la Comisión Nacional de los Mercados y la Competencia no impondrá o mantendrá obligaciones específicas y suprimirá las obligaciones específicas impuestas.

5. Cuando la Comisión Nacional de los Mercados y la Competencia determine que en un mercado considerado se justifica la imposición de las obligaciones específicas, determinará, identificará y hará públicos, previo informe de la Secretaría de Estado de Economía y Apoyo a la Empresa y de la Secretaría de Estado de Telecomunicaciones e Infraestructuras Digitales, el operador u operadores que, individual o conjuntamente, poseen un peso significativo en cada mercado considerado.

Cuando un operador tenga un peso significativo en un mercado determinado, la

Comisión Nacional de los Mercados y la Competencia podrá considerar que tiene también un peso significativo en un mercado estrechamente relacionado con aquel si los vínculos entre los dos mercados son tales que, gracias al efecto de apalancamiento, resulta posible ejercer en el mercado estrechamente relacionado el peso que se tiene en el mercado determinado, reforzando así el peso del operador en el mercado. En este supuesto, podrán imponerse obligaciones específicas adecuadas en el mercado estrechamente relacionado, en virtud del artículo 18.

Artículo 18. Obligaciones específicas aplicables a los operadores con peso significativo en mercados de referencia.
1. La Comisión Nacional de los Mercados y la Competencia, en la forma y en las condiciones que se determinen en desarrollo de lo dispuesto en el apartado 8 de este artículo, podrá imponer a los operadores que hayan sido declarados con peso significativo en el mercado obligaciones específicas en materia de:
a) transparencia, en relación con la interconexión y el acceso, conforme a las cuales los operadores deberán hacer público determinado tipo de información, como la relativa a la contabilidad, los precios, las especificaciones técnicas, las características de las redes y su evolución probable, las condiciones de suministro y utilización, incluidas todas las condiciones que modifiquen el acceso o la utilización de los servicios y aplicaciones, en especial en relación con la migración desde una infraestructura heredada.
En particular, cuando de conformidad con la letra b) de este apartado se impongan a un operador obligaciones de no discriminación, se le podrá exigir que publique una oferta de referencia, que deberá estar suficientemente desglosada para garantizar que no se exija a los operadores pagar por recursos que sean innecesarios para el servicio requerido. Dicha oferta contendrá las ofertas pertinentes subdivididas por componentes de acuerdo con las necesidades del mercado, así como las condiciones correspondientes, incluidos los precios. La Comisión Nacional de los Mercados y la Competencia podrá determinar la información concreta a incluir e imponer cambios en las ofertas de referencia, para hacer efectivas las obligaciones a que se refiere este capítulo.
Asimismo, se garantizará que los operadores a los que de conformidad con las letras d) y e) se impongan obligaciones en relación con el acceso al por mayor a la infraestructura de la red dispongan y publiquen una oferta de referencia, debiendo especificar unos indicadores de rendimiento clave, en su caso, así como los niveles de servicio correspondientes;
b) no discriminación en relación con la interconexión y el acceso, que garantizarán, en particular, que el operador aplique condiciones equivalentes en circunstancias semejantes a otros operadores que presten servicios equivalentes y proporcione a terceros servicios e información de la misma calidad que los que proporcione para sus propios servicios o los de sus filiales o asociados y en las mismas condiciones.

La Comisión Nacional de los Mercados y la Competencia podrá imponer al operador con peso significativo en el mercado obligaciones de suministrar productos y servicios de acceso a todos los operadores, incluido él mismo, en los mismos plazos, términos y condiciones, incluso en lo relacionado con niveles de precios y servicios, y a través de los mismos sistemas y procesos, con el fin de garantizar la equivalencia de acceso;

c) separación de cuentas, en el formato y con la metodología que, en su caso, se especifiquen.

En particular, se podrá exigir a un operador integrado verticalmente que ponga de manifiesto de manera transparente los precios al por mayor y los precios de transferencia internos que practica, para garantizar el cumplimiento de una obligación de no discriminación o, cuando proceda, para impedir las subvenciones cruzadas de carácter desleal;

d) acceso a la obra civil, al efecto de satisfacer las solicitudes razonables de acceso y de uso de obra civil, incluidos, entre otros, edificios o accesos a edificios, cableado, antenas, torres y otras estructuras de soporte, postes, mástiles, conductos, tuberías, cámaras de inspección, bocas de inspección y armarios, en situaciones en las que se llegue a la conclusión de que la denegación de acceso o el acceso otorgado en virtud de términos y condiciones no razonables obstaculizarían el desarrollo de un mercado competitivo sostenible y no responderían al interés del usuario final.

La Comisión Nacional de los Mercados y la Competencia podrá imponer obligaciones a un operador para que facilite acceso a la obra civil, con independencia de si los bienes afectados por la obligación forman parte del mercado pertinente de acuerdo con el análisis del mercado, a condición de que la obligación sea necesaria y proporcionada;

e) acceso a elementos o a recursos específicos de las redes y recursos asociados y a su utilización, a efecto de satisfacer las solicitudes razonables de acceso a estos elementos y recursos, así como las relativas a su utilización, en aquellas situaciones en las que se considere que la denegación del acceso o unas condiciones no razonables de efecto análogo pueden constituir un obstáculo al desarrollo de un mercado competitivo sostenible a escala minorista y que no benefician a los usuarios finales;

f) control de precios, tales como la fijación de precios, la orientación de los precios en función de los costes y el establecimiento de una contabilidad de costes, con objeto de garantizar la formación de precios competitivos y evitar precios excesivos y márgenes no competitivos en detrimento de los usuarios finales.

La Comisión Nacional de los Mercados y la Competencia velará para que estos mecanismos de control de precios que se impongan sirvan para fomentar la competencia efectiva, los beneficios de los usuarios en términos de precios y calidad de los servicios y los intereses a largo plazo de los usuarios finales en relación con el despliegue y la adopción de redes de próxima generación, y en particular de redes de muy alta capacidad. Para favorecer la inversión por parte del operador, en particular en redes de próxima generación, la Comisión Nacional de los Mercados y la Competencia tendrá en cuenta la inversión efectuada, permitiendo una tasa razonable de rendimiento en relación con el capital correspondiente invertido, habida cuenta de todos los riesgos específicos de un nuevo proyecto de inversión concreto.

2. Cuando la Comisión Nacional de los Mercados y la Competencia estudie la conveniencia de imponer las obligaciones específicas de acceso previstas en la letra e) del apartado 1 de este artículo, podrá exigir al operador con peso significativo en el mercado que:

a) permita a terceros el acceso a elementos físicos específicos de la red y de los recursos asociados, según proceda, incluido el acceso desagregado al bucle y a los subbucles locales, y autorizar la utilización de los mismos;
b) conceda a terceros un acceso a elementos y servicios de redes específicos activos o virtuales;
c) negocie de buena fe con los operadores que soliciten el acceso;
d) no revoque una autorización de acceso a recursos previamente concedida;
e) preste servicios específicos en régimen de venta al por mayor para su reventa por terceros;
f) conceda libre acceso a interfaces técnicas, protocolos u otras tecnologías clave que sean indispensables para la interoperabilidad de los servicios o de servicios de redes virtuales;
g) facilite la coubicación u otras modalidades de uso compartido de recursos asociados;
h) preste servicios específicos necesarios para garantizar la interoperabilidad de servicios de extremo a extremo ofrecidos a los usuarios o la itinerancia en redes móviles;
i) proporcione acceso a sistemas de apoyo operativos o a sistemas informáticos similares necesarios para garantizar condiciones equitativas de competencia en la prestación de servicios;
j) interconecte redes o los recursos de estas;
k) proporcione acceso a servicios asociados tales como servicios de identidad, localización y presencia.

3. Cuando la Comisión Nacional de los Mercados y la Competencia estudie la conveniencia de imponer cualesquiera de las posibles obligaciones específicas previstas en el apartado 2, y en particular al evaluar, de conformidad con el principio de proporcionalidad, si dichas obligaciones deberían imponerse y de qué manera, analizará si otras formas de acceso a los insumos al por mayor, bien en el mismo mercado o en un mercado mayorista relacionado, serían suficientes para resolver el problema identificado a nivel minorista en la búsqueda de los intereses de los usuarios finales. Dicho análisis incluirá ofertas de acceso comercial, un acceso regulado nuevo o un acceso regulado existente o previsto a otros insumos al por mayor. En particular, la Comisión Nacional de los

Mercados y la Competencia habrá de considerar los siguientes elementos:

a) la viabilidad técnica y económica de utilizar o instalar recursos que compitan entre sí, a la vista del ritmo de desarrollo del mercado, teniendo en cuenta la naturaleza y el tipo de interconexión o acceso de que se trate, incluida la viabilidad de otros productos de acceso previo, como el acceso a conductos;

b) la evolución tecnológica previsible que afecte al diseño y a la gestión de la red;

c) la necesidad de garantizar una neutralidad tecnológica que permita a las partes diseñar y gestionar sus propias redes;

d) la viabilidad de proporcionar el acceso, en relación con la capacidad disponible;

e) la inversión inicial del propietario de los recursos, sin olvidar las inversiones públicas realizadas ni los riesgos inherentes a las inversiones, con especial atención a las inversiones en redes de muy alta capacidad y a los niveles de riesgo asociados a las mismas;

f) la necesidad de salvaguardar la competencia a largo plazo, prestando especial atención a la competencia económicamente eficiente basada en las infraestructuras y a unos modelos de negocio innovadores que apoyan la competencia sostenible, como los basados en inversiones conjuntas en redes;

g) cuando proceda, los derechos pertinentes en materia de propiedad intelectual;

h) el suministro de servicios paneuropeos.

Cuando la Comisión Nacional de los Mercados y la Competencia estudie, de conformidad con el artículo 17, la imposición de obligaciones previstas en las letras d) o e) del apartado 1 de este artículo, examinará si solo la imposición de obligaciones de acceso a las infraestructuras civiles sería un medio proporcionado para fomentar la competencia y los intereses del usuario final.

4. En circunstancias excepcionales y debidamente justificadas, la Comisión Nacional de los Mercados y la Competencia, previo sometimiento al mecanismo de notificación previsto en la disposición adicional novena, podrá imponer obligaciones específicas relativas al acceso o a la interconexión distintas a las enumeradas en el apartado 1.

A tal efecto, la Comisión Nacional de los Mercados y la Competencia presentará una solicitud a la Comisión Europea, que adoptará decisiones por las que se autorice o impida tomar tales medidas.

5. En la determinación e imposición, mantenimiento o modificación de las obligaciones específicas la Comisión Nacional de los Mercados y la Competencia optará por la forma menos intervencionista posible de resolver los problemas observados en el análisis del mercado, conforme al principio de proporcionalidad. En particular, tomará en cuenta los compromisos relativos a las condiciones de acceso o coinversión que hayan sido ofrecidos por los operadores que hayan sido declarados con peso significativo en el mercado y a los que se les haya otorgado carácter vinculante en los términos indicados en los

artículos 19 y 20.

Las obligaciones específicas a imponer se basarán en la naturaleza del problema identificado, serán proporcionadas y estarán justificadas en el cumplimiento de los objetivos del artículo 3. Dichas obligaciones se mantendrán en vigor durante el tiempo estrictamente imprescindible.

6. La Comisión Nacional de los Mercados y la Competencia, en la imposición, mantenimiento, modificación o supresión de las obligaciones específicas tendrá en consideración el impacto de la nueva evolución del mercado que influya en la dinámica competitiva, para lo cual deberá tener en cuenta, entre otros, los acuerdos comerciales alcanzados entre operadores, incluidos los acuerdos de coinversión.

Si esa evolución no es suficientemente importante para necesitar un nuevo análisis del mercado, la Comisión Nacional de los Mercados y la Competencia valorará sin demora si es necesario revisar las obligaciones impuestas a los operadores que hayan sido declarados con peso significativo en el mercado y modificar cualquier decisión previa, incluidas la supresión de obligaciones o la imposición de nuevas, previa realización de la notificación prevista en la disposición adicional novena.

7. Cuando la Comisión Nacional de los Mercados y la Competencia imponga obligaciones específicas a un operador de redes públicas de comunicaciones electrónicas para que facilite acceso podrá establecer determinadas condiciones técnicas u operativas al citado operador o a los beneficiarios de dicho acceso siempre que ello sea necesario para garantizar el funcionamiento normal de la red, conforme se establezca mediante real decreto. Las obligaciones de atenerse a normas o especificaciones técnicas concretas estarán de acuerdo con las normas a que se refiere el artículo 10.

8. Mediante real decreto, el Gobierno identificará las obligaciones específicas que la Comisión Nacional de los Mercados y la Competencia podrá imponer en los mercados de referencia considerados en este artículo y determinará las condiciones para su imposición, modificación o supresión.

Transposición de la Directiva 2018/1972: art. 68: imposición de obligaciones; art. 69 transparencia; art. 70 no discriminación; art. 71 separación de cuentas; art. 72 acceso a infraestructura de obra civil; art. 73 acceso a elementos específicos e instalaciones accesorias y art. 74 control de precios.

Desarrollo reglamentario en el RD 2296/2004: art 7 transparencia; art. no discriminación; art. 9 separación de cuentas; art. 10 acceso a recursos específicos; art. 11 control de precios y art. 12 otras obligaciones.

Artículo 19. Compromisos de acceso o coinversión ofrecidos por el operador.
1. Los operadores que hayan sido calificados con peso significativo en el mercado podrán ofrecer a la Comisión Nacional de los Mercados y la Competencia compromisos relativos a las condiciones de acceso o de coinversión, o a ambas, que se aplicarán a sus redes en relación, entre otros asuntos, con:

a) los acuerdos de cooperación que sean pertinentes a efectos de la evaluación de la adecuación y proporcionalidad de las obligaciones específicas;
b) la coinversión en redes de muy alta capacidad en virtud del artículo siguiente, o
c) el acceso efectivo y no discriminatorio de terceros en virtud del artículo 26, tanto durante el período de ejecución de una separación voluntaria por parte de un operador integrado verticalmente como después de llevarse a cabo la separación propuesta.

La oferta de compromisos debe ser lo suficientemente detallada, en relación con el calendario y al alcance de la ejecución de los compromisos y a su duración, como para permitir su evaluación por parte de la Comisión Nacional de los Mercados y la Competencia. Tales compromisos podrán extenderse más allá de los plazos para la realización de los análisis del mercado previstos en el artículo 16.

2. A fin de evaluar los compromisos ofrecidos, la Comisión Nacional de los Mercados y la Competencia debe llevar a cabo, salvo cuando esos compromisos incumplan claramente uno de las condiciones o criterios pertinentes, una prueba de mercado, en particular, de las condiciones ofrecidas mediante la realización de una consulta pública a las partes interesadas, en particular los terceros directamente afectados. Los coinversores potenciales o los solicitantes de acceso podrán manifestar sus impresiones sobre si los compromisos propuestos cumplen o no las condiciones fijadas, y podrán proponer cambios a la oferta.

En la valoración de los compromisos, la Comisión Nacional de los Mercados y la Competencia, tendrá especialmente en cuenta:
a) las características que acrediten el carácter justo y razonable de los compromisos ofrecidos;
b) su apertura a todos los participantes del mercado;
c) la disponibilidad oportuna del acceso en condiciones justas, razonables y no discriminatorias, incluido el acceso a redes de muy alta capacidad, antes de que se pongan a la venta los servicios minoristas relacionados, y
d) la idoneidad general de los compromisos ofrecidos para permitir una competencia prolongada en los mercados descendentes y facilitar la cooperación en el despliegue y la adopción de redes de muy alta capacidad en interés de los usuarios finales.

Teniendo en cuenta todas las opiniones manifestadas en la consulta, la Comisión Nacional de los Mercados y la Competencia comunicará al operador que haya sido declarado con peso significativo en el mercado sus conclusiones preliminares sobre si los compromisos ofrecidos cumplen o no los objetivos, criterios y procedimientos previstos en el presente artículo y las condiciones en las que podría otorgar carácter vinculante a los citados compromisos. El operador podrá revisar su oferta inicial para tener en cuenta las conclusiones preliminares de la Comisión Nacional de los Mercados y la Competencia y para cumplir los criterios establecidos.

3. La Comisión Nacional de los Mercados y la Competencia podrá adoptar una decisión por la que otorgue carácter vinculante a los compromisos, en su totalidad o en parte, por un período de tiempo específico, que podrá coincidir con la totalidad del período para el que se ofrecen, sin perjuicio de lo dispuesto en el artículo siguiente para la coinversión en redes de muy alta capacidad, teniendo en cuenta que en este último caso de coinversión dicho carácter vinculante tendrá una duración mínima de siete años.

El otorgamiento de carácter vinculante a los servicios se entenderá sin perjuicio de la aplicación del procedimiento de análisis del mercado previsto en el artículo 16 y la imposición de obligaciones con arreglo a los artículos 17 y 18. En particular, cuando la Comisión Nacional de los Mercados y la Competencia otorgue carácter vinculante a los compromisos, evaluará las consecuencias de tal decisión en el desarrollo del mercado y la idoneidad de las obligaciones que haya impuesto o, en ausencia de tales compromisos, hubiera pretendido imponer con arreglo a los anteriores artículos.

4. La Comisión Nacional de los Mercados y la Competencia controlará, supervisará y velará por la ejecución de los compromisos a los que haya otorgado carácter vinculante de la misma manera en que controle, supervise y vele por la ejecución de las obligaciones específicas y sopesará la prórroga una vez haya expirado el período de tiempo para el cual se les otorgó carácter vinculante.

5. En caso de que la Comisión Nacional de los Mercados y la Competencia concluya que el operador no ha cumplido los compromisos convertidos en vinculantes, podrá imponer las sanciones oportunas. La Comisión Nacional de los Mercados y la Competencia podrá asimismo reevaluar en estos casos las obligaciones impuestas al operador con peso significativo en el mercado, de conformidad con el artículo 18.

6. Las obligaciones relacionadas con los compromisos relativos a las condiciones de acceso y los acuerdos de coinversión se entenderán sin perjuicio de la aplicación a los mismos de la normativa en materia de competencia.

Novedad en la LGTel 2022, fruto de la trasposición del art. 79 de la Directiva 2018/1972.

Artículo 20. Compromisos de coinversión en redes de muy alta capacidad.
1. Los operadores que hayan sido declarados con peso significativo en el mercado en uno o varios mercados pertinentes podrán ofrecer compromisos con arreglo al procedimiento previsto en el artículo anterior para abrir a la coinversión el despliegue de una nueva red de muy alta capacidad que consista en elementos de fibra óptica hasta los locales del usuario final o la estación base. Estos compromisos de coinversión pueden consistir, entre otros, en ofertas de propiedad conjunta, distribución de riesgos a largo plazo mediante cofinanciación o acuerdos de compra que generen derechos específicos de carácter estructural en favor de otros operadores de redes y servicios de comunicaciones electrónicas.

2. Cuando la Comisión Nacional de los Mercados y la Competencia evalúe esos compromisos, deberá determinar en particular si la oferta de coinversión cumple todas las condiciones siguientes:
a) se encuentra abierta a cualquier operador de redes o servicios de comunicaciones electrónicas en cualquier momento de la vida útil de la red;
b) permite a otros coinversores que sean operadores de redes y servicios de comunicaciones electrónicas competir de forma efectiva y prolongada en los mercados descendentes en los que ejerce su actividad el operador con peso significativo en el mercado, en condiciones que incluyan:
1.º condiciones justas, razonables y no discriminatorias que permitan acceder a la plena capacidad de la red en la medida en que sea objeto de coinversión;
2.º flexibilidad en términos del valor y del tiempo de la participación de cada coinversor;
3.º la posibilidad de aumentar dicha participación en el futuro, y
4.º derechos recíprocos conferidos por los coinversores tras el despliegue de la infraestructura objeto de coinversión;
c) el operador la hace pública al menos seis meses antes del inicio del despliegue de la nueva red, salvo que se trate de un operador exclusivamente mayorista en los términos indicados en el artículo 21;
d) los operadores solicitantes de acceso que no participen en la coinversión pueden beneficiarse desde el principio de la misma calidad y velocidad, de las mismas condiciones y de la misma penetración entre los usuarios finales disponible antes del despliegue, acompañados de un mecanismo de adaptación confirmado por la Comisión Nacional de los Mercados y la Competencia a las novedades que se produzcan en los mercados minoristas relacionados y que mantenga los incentivos para participar en la coinversión. El citado mecanismo velará por que los solicitantes de acceso puedan acceder a los elementos de muy alta capacidad de la red en un momento y sobre la base de condiciones transparentes y no discriminatorias que reflejen adecuadamente los niveles de riesgo asumidos por los correspondientes coinversores en las distintas etapas del despliegue y tengan en cuenta la situación de la competencia en los mercados minoristas;
e) satisface como mínimo los criterios que figuran en el anexo IV del Código Europeo de Comunicaciones electrónicas y se hace de buena fe.
3. Si la Comisión Nacional de los Mercados y la Competencia, teniendo en cuenta los resultados de la prueba de mercado llevada a cabo con arreglo al artículo 19, concluye que el compromiso de coinversión propuesto reúne las condiciones del apartado 2, otorgará carácter vinculante a los compromisos y no impondrá obligaciones específicas adicionales en lo que respecta a los elementos de la nueva red de muy alta capacidad que sean objeto de tales compromisos si al menos uno de los potenciales coinversores ha suscrito un acuerdo de coinversión con el operador con peso significativo en el mercado.

No obstante, la Comisión Nacional de los Mercados y la Competencia podrá, en circunstancias debidamente justificadas, imponer, mantener o adaptar obligaciones específicas en lo que respecta a las nuevas redes de muy alta capacidad con el fin de hacer frente a problemas de competencia importantes en mercados específicos cuando considere que, debido a las características específicas de tales mercados, no se podría hacer frente de otro modo a dichos problemas de competencia.

4. La Comisión Nacional de los Mercados y la Competencia deberá supervisar continuamente el cumplimiento de los compromisos de coinversión y podrá exigir al operador con peso significativo en el mercado que le facilite cada año declaraciones de cumplimiento.

5. Lo dispuesto en el presente artículo se entiende sin perjuicio de la facultad de la Comisión Nacional de los Mercados y la Competencia de resolver los conflictos que se le planteen entre empresas en el marco de un acuerdo de coinversión.

> Novedad en la LGTel 2022, fruto de la trasposición del art. 80 de la Directiva 2018/1972. Sobre el concepto de redes de muy alta capacidad ver el art. 82 de la Directiva 2018/1972 y las Directrices de ORECE sobre redes de muy alta capacidad de 1 de octubre de 2020.

Artículo 21. Operadores exclusivamente mayoristas.

1. La Comisión Nacional de los Mercados y la Competencia, cuando designe a un operador que está ausente de los mercados minoristas de servicios de comunicaciones electrónicas como poseedora de peso significativo en uno o varios mercados al por mayor, examinará si dicho operador reúne las siguientes características:

a) todas las sociedades y unidades empresariales del operador, todas las sociedades controladas por el operador y cualquier accionista que ejerza un control sobre el operador, solamente tienen actividades, actuales y previstas para el futuro, en los mercados al por mayor de servicios de comunicaciones electrónicas y, por lo tanto, no tienen ninguna actividad en el mercado al por menor de servicios de comunicaciones electrónicas suministrados a los usuarios finales;

b) el operador no está obligado a negociar con un operador único e independiente que actúe en fases posteriores en un mercado al por menor de servicios de comunicaciones electrónicas prestados a usuarios finales, a causa de un acuerdo exclusivo o un acuerdo que de hecho equivalga a un acuerdo exclusivo.

2. A este tipo de operadores exclusivamente mayoristas, la Comisión Nacional de los Mercados y la Competencia solo les podrá imponer alguna de las obligaciones específicas de no discriminación o de acceso a elementos o a recursos específicos de las redes y recursos asociados y a su utilización, establecidas en el artículo 18.1.b) y e) o en relación con la fijación de precios justos y razonables si así lo justifica un análisis del mercado que incluya una

evaluación prospectiva del comportamiento probable del operador con peso significativo en el mercado.

3. La Comisión Nacional de los Mercados y la Competencia revisará en cualquier momento las obligaciones impuestas al operador exclusivamente mayorista con arreglo al presente artículo si llega a la conclusión de que las condiciones establecidas en el apartado 1 han dejado de cumplirse y, en su caso, le impondrá las obligaciones específicas que corresponda. Los operadores exclusivamente mayoristas informarán sin demora indebida a la Comisión Nacional de los Mercados y la Competencia de cualquier cambio de circunstancias relacionado con el apartado 1, letras a) y b), del presente artículo.

4. La Comisión Nacional de los Mercados y la Competencia también revisará las obligaciones impuestas al operador conforme al presente artículo si, sobre la base de pruebas de las condiciones ofrecidas por el operador a sus clientes finales, llega a la conclusión de que han surgido o es probable que surjan problemas de competencia en detrimento de los usuarios finales y, en su caso, le impondrá las obligaciones específicas que corresponda.

Novedad en la LGTel 2022, fruto de la trasposición del art. 80 de la Directiva 2018/1972.

Artículo 22. Migración desde una infraestructura heredada.

1. Los operadores que hayan sido declarados con peso significativo en uno o varios mercados pertinentes notificarán de antemano y de forma oportuna a la Comisión Nacional de los Mercados y la Competencia cuando tengan previsto clausurar o sustituir por una infraestructura nueva partes de la red, incluida la infraestructura existente necesaria para suministrar una red de cobre, que estén sujetas a las obligaciones contempladas en los capítulos IV y V de este título.

2. La Comisión Nacional de los Mercados y la Competencia velará por que el proceso de desmantelamiento y cierre o sustitución incluya un calendario y condiciones transparentes, incluido un plazo adecuado de notificación para la transición, y establezca la disponibilidad de productos alternativos de una calidad al menos comparable que faciliten el acceso a una infraestructura de red mejorada que sustituya a los elementos remplazados, si ello fuera necesario para preservar la competencia y los derechos de los usuarios finales.

3. La Comisión Nacional de los Mercados y la Competencia podrá retirar las obligaciones específicas impuestas en relación con los bienes cuya clausura o sustitución se propone, tras haberse asegurado de que el operador de acceso:

a) ha establecido las condiciones adecuadas para la migración, incluida la puesta a disposición de un producto de acceso alternativo de una calidad al menos comparable tal como era posible utilizando la infraestructura heredada que permita al solicitante de acceso llegar a los mismos usuarios finales, y

b) ha cumplido las condiciones y procedimientos que fueron notificados a la Comisión Nacional de los Mercados y la Competencia.

4. Este artículo se entenderá sin perjuicio de la disponibilidad de productos regulados impuesta por la Comisión Nacional de los Mercados y la Competencia

en la infraestructura de red mejorada, de conformidad con los procedimientos establecidos en el marco de los procesos de análisis de mercados e imposición de obligaciones específicas.

<small>Novedad en la LGTel 2022, fruto de la trasposición del art. 81 de la Directiva 2018/1972.</small>

Artículo 23. Tarifas de terminación de llamadas de voz.

1. En el caso de que la Comisión Europea no establezca a escala europea tarifas máximas de terminación de llamadas de voz en redes fijas o en redes móviles, o en ambas, la Comisión Nacional de los Mercados y la Competencia podrá realizar un análisis de mercado de los mercados de terminación de llamadas de voz para evaluar si es necesaria la imposición de obligaciones específicas, y, en su caso, podrá acordar su imposición. Si como resultado de tal análisis, la Comisión Nacional de los Mercados y la Competencia impone unas tarifas de terminación orientadas a los costes en un mercado respectivo, seguirá los principios, criterios y parámetros establecidos en el anexo III del Código Europeo de Comunicaciones Electrónicas.

2. La Comisión Nacional de los Mercados y la Competencia supervisará estrechamente y velará por el cumplimiento de la aplicación de las tarifas de terminación de llamadas de voz establecidas a escala europea. En cualquier momento, la Comisión Nacional de los Mercados y la Competencia podrá exigir a un operador de servicios de terminación de llamadas de voz que modifique la tarifa que cobra a otros operadores si no cumple las tarifas máximas de terminación de llamadas de voz en redes fijas y en redes móviles establecidas por la Comisión Europea.

<small>Ver art. 75 de la Directiva 2018/1972 sobre los precios de terminación de llamadas en redes fijas y móviles, y el Reglamento delegado (UE) 2021/654 por el que se ha establecido una tarifa única a escala de la Unión.</small>

Artículo 24. Obligaciones en mercados minoristas.

1. La Comisión Nacional de los Mercados y la Competencia se abstendrá de aplicar mecanismos de control minorista a los mercados geográficos o minoristas en los que considere que existe una competencia efectiva.

2. No obstante lo anterior, la Comisión Nacional de los Mercados y la Competencia podrá imponer obligaciones apropiadas a los operadores que considere que tienen un peso significativo en un mercado minorista dado, cuando:

a) como resultado de un análisis de mercado, determine que un mercado minorista dado no es realmente competitivo, y

b) concluya que las obligaciones específicas impuestas en virtud de lo establecido en el artículo 18 no van a conllevar el logro de los objetivos establecidos en el artículo 3.

3. Las obligaciones impuestas con arreglo al apartado anterior podrán prohibir que los operadores considerados apliquen precios excesivos, obstaculicen la

entrada de otros operadores en el mercado, falseen la competencia mediante el establecimiento de precios abusivos, favorezcan de manera excesiva a usuarios finales específicos o agrupen sus servicios de manera injustificada. Se podrán aplicar medidas apropiadas de limitación de los precios al público, de control de tarifas individuales o de orientación de las tarifas hacia costes o precios de mercados comparables, al objeto de proteger los intereses de los usuarios finales, fomentando al mismo tiempo una competencia real.

Las obligaciones impuestas se basarán en la naturaleza del problema detectado y serán proporcionadas y estarán justificadas habida cuenta de los objetivos establecidos en el artículo 3.

4. En los casos en que un operador vea sometidas a control sus tarifas al público u otros elementos pertinentes, la Comisión Nacional de los Mercados y la Competencia garantizará la aplicación de los sistemas necesarios y apropiados de contabilidad de costes. La Comisión Nacional de los Mercados y la Competencia podrá especificar el formato y la metodología contable que deberá emplearse, si bien un organismo independiente cualificado verificará la observancia del sistema de contabilidad de costes. La Comisión Nacional de los Mercados y la Competencia velará por que se publique anualmente una declaración de conformidad.

> Ver art. 83 de la Directiva 2018/1972. La regulación de los mercados minoristas se condiciona a que la regulación de los mercados mayoristas no sea suficiente para garantizar la competencia en los mercados minoristas.

Capítulo V. Separación funcional

Artículo 25. Separación funcional obligatoria.

1. Cuando la Comisión Nacional de los Mercados y la Competencia llegue a la conclusión de que las obligaciones específicas impuestas, en virtud de lo dispuesto en el artículo 18, no han bastado para conseguir una competencia efectiva y que sigue habiendo problemas de competencia importantes y persistentes o fallos del mercado en relación con mercados al por mayor de productos de acceso, podrá decidir la imposición, como medida excepcional, a los operadores con peso significativo en el mercado integrados verticalmente, de la obligación de traspasar las actividades relacionadas con el suministro al por mayor de productos de acceso a una unidad empresarial que actúe independientemente.

Esa unidad empresarial suministrará productos y servicios de acceso a todas las empresas, incluidas otras unidades empresariales de la sociedad matriz, en los mismos plazos, términos y condiciones, en particular en lo que se refiere a niveles de precios y de servicio, y mediante los mismos sistemas y procesos.

La imposición de la obligación de separación funcional prevista en el presente artículo se entenderá sin perjuicio de las medidas estructurales que se pudieran adoptar en aplicación de la normativa en materia de competencia.

2. Cuando la Comisión Nacional de los Mercados y la Competencia se proponga imponer una obligación de separación funcional, elaborará una propuesta que incluya:
a) motivos que justifiquen las conclusiones a las que ha llegado;
b) razones por las que hay pocas posibilidades, o ninguna, de competencia basada en la infraestructura en un plazo razonable;
c) un análisis del impacto previsto sobre la autoridad reguladora, sobre la empresa, particularmente en lo que se refiere a los trabajadores de la empresa separada y al sector de las comunicaciones electrónicas en su conjunto, sobre los incentivos para invertir en el sector en su conjunto, en especial por lo que respecta a la necesidad de garantizar la cohesión social y territorial, así como sobre otras partes interesadas, incluido en particular el impacto previsto sobre la competencia en infraestructuras y cualquier efecto negativo potencial sobre los consumidores, y
d) un análisis de las razones que justifiquen que esta obligación es el medio más adecuado para aplicar soluciones a los problemas de competencia o fallos del mercado que se hayan identificado.
3. El proyecto de medida incluirá los elementos siguientes:
a) la naturaleza y el grado precisos de la separación, especificando en particular el estatuto jurídico de la entidad empresarial separada;
b) una indicación de los activos de la entidad empresarial separada y de los productos o servicios que debe suministrar esta entidad;
c) los mecanismos de gobernanza para garantizar la independencia del personal empleado por la entidad empresarial separada y la estructura de incentivos correspondiente;
d) las normas para garantizar el cumplimiento de las obligaciones;
e) las normas para garantizar la transparencia de los procedimientos operativos, en particular de cara a otras partes interesadas, y
f) un programa de seguimiento para garantizar el cumplimiento, incluida la publicación de un informe anual.
4. La propuesta de imposición de la obligación de separación funcional, una vez que el Ministerio de Asuntos Económicos y Transformación Digital haya emitido informe sobre la misma, se presentará a la Comisión Europea.
5. Tras la decisión de la Comisión Europea, la Comisión Nacional de los Mercados y la Competencia llevará a cabo, de conformidad con el procedimiento previsto en el artículo 16, un análisis coordinado de los distintos mercados relacionados con la red de acceso. Sobre la base de su evaluación, previo informe de la Secretaría de Estado de Economía y Apoyo a la Empresa y de la Secretaría de Estado de Telecomunicaciones e Infraestructuras Digitales, la Comisión Nacional de los Mercados y la Competencia impondrá, mantendrá, modificará o suprimirá las obligaciones específicas correspondientes.

Trasposición del art. 77 de la Directiva 2018/1972.

Artículo 26. Separación funcional voluntaria.
1. En el supuesto de que un operador que haya sido declarado con peso significativo en uno o varios mercados pertinentes se proponga transferir sus activos de red de acceso local, o una parte sustancial de los mismos, a una persona jurídica separada de distinta propiedad, o establecer una entidad empresarial separada para suministrar a todos los operadores minoristas, incluidas sus propias divisiones minoristas, productos de acceso completamente equivalentes, deberá informar con al menos tres meses de antelación al Ministerio de Asuntos Económicos y Transformación Digital y a la Comisión Nacional de los Mercados y la Competencia.

El operador deberá informar también al Ministerio de Asuntos Económicos y Transformación Digital y a la Comisión Nacional de los Mercados y la Competencia de cualquier cambio de dicho propósito, así como del resultado final del proceso de separación.

2. Dicho operador también puede ofrecer compromisos respecto a las condiciones de acceso que aplicará a su red durante un período de ejecución y una vez se lleve a cabo la forma de separación propuesta, con el fin de garantizar el acceso efectivo y no discriminatorio de terceros. La oferta de compromisos incluirá detalles suficientes, incluso en términos de calendario de ejecución y duración, a fin de permitir a la Comisión Nacional de los Mercados y la Competencia que pueda llevar a cabo sus funciones. Tales compromisos podrán extenderse más allá del período máximo para las revisiones de los mercados relevantes establecidos en el artículo 16.

3. En el caso de que se realice la separación funcional voluntaria, la Comisión Nacional de los Mercados y la Competencia evaluará el efecto de la transacción prevista, junto con los compromisos propuestos en su caso, sobre las obligaciones reglamentarias impuestas a esa entidad, llevando a cabo, de conformidad con el procedimiento previsto en el artículo 16, un análisis coordinado de los distintos mercados relacionados con la red de acceso.

En dicho análisis, la Comisión Nacional de los Mercados y la Competencia tendrá en cuenta los compromisos ofrecidos por el operador, con especial atención a los objetivos establecidos en el artículo 3, para lo cual consultará a terceros y se dirigirá particularmente a aquellos terceros que estén directamente afectados por la transacción propuesta.

Sobre la base de su evaluación, previo informe de la Secretaría de Estado de Economía y Apoyo a la Empresa y de la Secretaría de Estado de Telecomunicaciones e Infraestructuras Digitales, la Comisión Nacional de los Mercados y la Competencia impondrá, mantendrá, modificará o suprimirá las obligaciones específicas correspondientes, aplicando si procede las obligaciones del artículo 21. En su decisión, la Comisión Nacional de los Mercados y la Competencia podrá dar carácter vinculante a los compromisos ofrecidos por el operador, en su totalidad o en parte, pudiendo acordar que algunos o todos los compromisos sean vinculantes para la totalidad del período para el cual se ofrecen.

La Comisión Nacional de los Mercados y la Competencia supervisará la ejecución de los compromisos ofrecidos por el operador que haya considerado vinculantes y sopesará su prórroga, una vez expirado el período para el cual fueron inicialmente ofrecidos.

Trasposición del art. 78 de la Directiva 2018/1972.

Artículo 27. Obligaciones específicas adicionales a la separación funcional.
Los operadores a los que se haya impuesto o que hayan decidido la separación funcional podrán estar sujetos a cualquiera de las obligaciones específicas enumeradas en el artículo 18 en cualquier mercado de referencia en que hayan sido declarados con peso significativo en el mercado.

Capítulo VI. Resolución de conflictos

Artículo 28. Resolución de conflictos en el mercado español.
1. La Comisión Nacional de los Mercados y la Competencia resolverá los conflictos que se susciten, a petición de cualquiera de las partes interesadas, en relación con las obligaciones existentes en virtud de la presente ley y su normativa de desarrollo entre operadores, entre operadores y otras entidades que se beneficien de las obligaciones de acceso e interconexión o entre operadores y proveedores de recursos asociados.
2. La Comisión Nacional de los Mercados y la Competencia, previa audiencia de las partes, dictará resolución vinculante sobre los extremos objeto del conflicto, en el plazo de cuatro meses desde la recepción de toda la información, sin perjuicio de que puedan adoptarse medidas provisionales hasta el momento en que se dicte la resolución definitiva.
3. Al dictar la resolución que resuelva el conflicto, la Comisión Nacional de los Mercados y la Competencia perseguirá la consecución de los objetivos establecidos en el artículo 3. Las obligaciones que se puedan imponer en la resolución del conflicto deberán respetar los límites, requisitos y marco institucional establecidos en la presente ley y su normativa de desarrollo. La resolución del conflicto podrá impugnarse ante la jurisdicción contencioso-administrativa.
4. La posibilidad de presentar un conflicto ante la Comisión Nacional de los Mercados y la Competencia no impide que cualquiera de las partes pueda emprender acciones legales ante los órganos jurisdiccionales.

Trasposición del art. 26 de la Directiva 2018/1972. Ver arts, 6 y 12 de la Ley 3/2013, y 23.3 del RD 2296/2004. El plazo de resolución de conflictos pasa de 3 a 4 meses.

Artículo 29. Resolución de conflictos transfronterizos.
1. En caso de producirse un conflicto transfronterizo en el que una de las partes esté radicada en otro Estado miembro de la Unión Europea, salvo cuando

el conflicto verse sobre la coordinación del espectro radioeléctrico, la Comisión Nacional de los Mercados y la Competencia, en caso de que cualquiera de las partes así lo solicite, coordinará sus esfuerzos para encontrar una solución al conflicto con la otra u otras autoridades nacionales de reglamentación afectadas.

2. Cuando el conflicto afecte a las relaciones comerciales entre España y otro Estado miembro, la Comisión Nacional de los Mercados y la Competencia notificará el conflicto al ORECE con miras a alcanzar una resolución coherente del mismo, de conformidad con los objetivos establecidos en el artículo 3.

La Comisión Nacional de los Mercados y la Competencia y la otra u otras autoridades nacionales de reglamentación afectadas esperarán el dictamen del ORECE antes de tomar medida alguna para resolver el conflicto, sin perjuicio de que puedan adoptar, a petición de las partes o por iniciativa propia, medidas provisionales, con el fin de salvaguardar la competencia o de proteger los intereses de los usuarios finales.

La Comisión Nacional de los Mercados y la Competencia y la otra u otras autoridades nacionales de reglamentación afectadas deberán resolver el conflicto en el plazo de cuatro meses y, en todo caso, en el plazo de un mes a contar del dictamen del ORECE.

3. Las obligaciones que la Comisión Nacional de los Mercados y la Competencia y la otra u otras autoridades nacionales de reglamentación afectadas puedan imponer a una de las partes en la resolución del conflicto deberán ajustarse a la Directiva por la que se aprueba el Código Europeo de Comunicaciones Electrónicas, y tener en cuenta en la mayor medida posible el dictamen adoptado por el ORECE.

4. La posibilidad de presentar un conflicto transfronterizo ante la Comisión Nacional de los Mercados y la Competencia no impide que cualquiera de las partes pueda emprender acciones legales ante los órganos jurisdiccionales.

Trasposición del art. 27 de la Directiva 2018/1972.

Capítulo VII. Numeración

Artículo 30. Principios generales.

1. Para los servicios de comunicaciones electrónicas disponibles al público se proporcionarán los números que se necesiten para permitir su efectiva prestación, tomándose esta circunstancia en consideración en los planes nacionales correspondientes y en sus disposiciones de desarrollo.

2. Sin perjuicio de lo dispuesto en el apartado anterior, la regulación de los nombres de dominio de internet bajo el indicativo del país correspondiente a España («.es») se regirá por su normativa específica.

3. Corresponde al Gobierno la aprobación por real decreto de los planes nacionales de numeración, teniendo en cuenta las decisiones aplicables que se adopten en el seno de las organizaciones y los foros internacionales.

4. Corresponde al Ministerio de Asuntos Económicos y Transformación Digital, previo informe de la Comisión Nacional de los Mercados y la Competencia, la elaboración de las propuestas de planes nacionales para su elevación al Gobierno, y el desarrollo normativo de estos planes que podrán establecer condiciones asociadas a la utilización de los recursos públicos de numeración, en particular la designación del servicio para el que se utilizarán estos recursos, incluyendo cualquier requisito relacionado con el suministro de dicho servicio.

5. Corresponde a la Comisión Nacional de los Mercados y la Competencia el otorgamiento de los derechos de uso de los recursos públicos regulados en los planes nacionales de numeración.

No se limitará el número de derechos de uso de los recursos de numeración que deban otorgarse salvo cuando resulte necesario para garantizar un uso eficiente de los recursos de numeración.

Los procedimientos para el otorgamiento de estos derechos serán abiertos, objetivos, no discriminatorios, proporcionados y transparentes. Estos procedimientos se establecerán mediante real decreto.

Las decisiones relativas a los otorgamientos de derechos de uso se adoptarán, comunicarán y harán públicas en el plazo máximo de tres semanas desde la recepción de la solicitud completa, salvo cuando se apliquen procedimientos de selección comparativa o competitiva, en cuyo caso, el plazo máximo será de seis semanas desde el fin del plazo de recepción de ofertas. En estas decisiones se especificará si el titular de los derechos puede cederlos, y en qué condiciones.

Transcurrido el plazo máximo sin haberse notificado la resolución expresa, se podrá entender desestimada la solicitud por silencio administrativo. Asimismo, también se harán públicas las decisiones que se adopten relativas a la cancelación de derechos de uso.

6. Los operadores que presten servicios de comunicaciones vocales u otros servicios que permitan efectuar y recibir llamadas a números del plan nacional de numeración deberán cursar las llamadas que se efectúen a los rangos de numeración telefónica nacional y, cuando permitan llamadas internacionales, a todos los números proporcionados en la Unión Europea, incluidos los de los planes nacionales de numeración de otros Estados miembros, y a otros rangos de numeración internacional, en los términos que se especifiquen en los planes nacionales de numeración o en sus disposiciones de desarrollo, sin perjuicio del derecho del usuario de desconexión de determinados servicios.

7. El otorgamiento de derechos de uso de los recursos públicos de numeración regulados en los planes nacionales no supondrá el otorgamiento de más derechos que los de su utilización conforme a lo que se establece en esta ley.

8. Los operadores a los que se haya concedido el derecho de uso de recursos

de numeración no podrán discriminar a otros operadores en lo que se refiere a los recursos de numeración utilizados para dar acceso a sus servicios.

9. Todos los operadores y, en su caso, los fabricantes y los comerciantes estarán obligados a tomar las medidas necesarias para el cumplimiento de las decisiones que se adopten por el Ministerio de Asuntos Económicos y Transformación Digital en materia de numeración.

10. Empresas distintas de los operadores de redes públicas o de servicios de comunicaciones electrónicas disponibles al público tendrán, en los términos que determine la normativa de desarrollo de la ley, acceso a los recursos públicos regulados en los planes nacionales para la prestación de servicios específicos. Esta normativa podrá prever, cuando esté justificado, el otorgamiento de derechos de uso de números a estas empresas para determinados rangos que a tal efecto se definan en los planes nacionales o en sus disposiciones de desarrollo. Dichas empresas deberán demostrar su capacidad para gestionar los recursos de numeración y cumplir con cualquier requisito pertinente que se establezca. La Comisión Nacional de los Mercados y la Competencia podrá acordar no mantener la concesión de los derechos de uso de recursos de numeración a dichas empresas si se demuestra que existe un riesgo de agotamiento de los recursos de numeración.

11. El número «00» es el código común de acceso a la red telefónica internacional.

Será posible adoptar o mantener mecanismos específicos para el uso de servicios de comunicaciones interpersonales basados en numeración entre lugares adyacentes situados a ambos lados de las fronteras entre España y resto de Estados miembros.

Asimismo, se podrá acordar con otros Estados miembros compartir un plan de numeración común para todas las categorías de números o para algunas categorías específicas.

12. El Gobierno apoyará la armonización de determinados números o series de números concretos dentro de la Unión Europea cuando ello promueva al mismo tiempo el funcionamiento del mercado interior y el desarrollo de servicios paneuropeos.

> Trasposición del art. 93 de la Directiva 2018/1972. Desarrollo reglamentario en arts. 26-31 RD 2296/2004.

Artículo 31. Planes nacionales de numeración.

1. Los planes nacionales de numeración y sus disposiciones de desarrollo designarán los servicios para los que puedan utilizarse los números, incluido cualquier requisito relacionado con la prestación de tales servicios y las condiciones asociadas a su uso, que serán proporcionadas y no discriminatorias. Asimismo, los planes nacionales y sus disposiciones de desarrollo podrán incluir los principios de fijación de precios y los precios máximos que puedan aplicarse a los efectos de garantizar la protección de los consumidores.

2. El contenido de los citados planes y el de los actos derivados de su desarrollo

y gestión serán públicos, salvo en lo relativo a materias que puedan afectar a la seguridad nacional.

3. A fin de cumplir con las obligaciones y recomendaciones internacionales o para garantizar la disponibilidad suficiente de números, la persona titular del Ministerio de Asuntos Económicos y Transformación Digital podrá, mediante orden que se publicará con la debida antelación a su entrada en vigor, y previo informe de la Comisión Nacional de los Mercados y la Competencia, modificar la estructura y la organización de los planes nacionales o, en ausencia de éstos o de planes específicos para cada servicio, establecer medidas sobre la utilización de los recursos numéricos y alfanuméricos necesarios para la prestación de los servicios. Se habrán de tener en cuenta, a tales efectos, los intereses de los afectados y los gastos de adaptación que, de todo ello, se deriven para los operadores y para los usuarios.

4. Los planes nacionales de numeración o sus disposiciones de desarrollo podrán establecer procedimientos de selección competitiva o comparativa para el otorgamiento de derechos de uso de números y nombres con valor económico excepcional o que sean particularmente apropiados para la prestación de determinados servicios de interés general. Estos procedimientos respetarán los principios de publicidad, concurrencia y no discriminación para todas las partes interesadas.

5. Los planes nacionales de numeración destinada a la prestación de los servicios de tarificación adicional se aprobarán por Orden del Ministerio de Asuntos Económicos y Transformación Digital. En dichos planes se incluirán las condiciones directamente asociadas al uso de la numeración para dichos servicios, entre ellas:

a) La atribución de los servicios concretos a que se dedicará cada rango de numeración.

b) Los precios máximos minoristas para los servicios, así como para cada uno de los rangos y subrangos de numeración atribuidos o habilitados a estos servicios y su posible distribución por intervalos.

c) La obligatoriedad de incorporar una locución inicial o mensaje previo informativo, que el usuario deberá recibir antes del inicio o contratación del servicio.

d) Los distintos modos de marcación de la numeración admisibles para la contratación del servicio.

e) La duración máxima de la llamada telefónica para la prestación de estos servicios.

6. No podrán ser objeto de regulación en los planes a los que se refiere el apartado anterior aquellos aspectos no directamente relacionados con el uso de la numeración, por ser relativos a la protección de los derechos de los consumidores y usuarios y, en consecuencia, regidos por la legislación general de esta materia. Entre ellos se pueden citar:

a) La publicidad de los servicios de tarificación adicional, en cualquiera de sus formas.

b) El contenido de los servicios, así como la especial protección de determinados grupos de población, como la infancia y la juventud.

c) Las reglas de los concursos u otro tipo de juegos o sorteos de azar que puedan desarrollarse a través de llamadas o mensajes de tarificación adicional.

> El vigente Plan nacional de numeración telefónica se aprobó como anexo al RD 2296/2004. Sobre los servicios de tarificación adicional ver la Orden PRE/361/2002, la Orden ITC/308/2008, y la Orden IET/2733/2015.

Artículo 32. Acceso a números o servicios.

1. En la medida que resulte necesario para la consecución de los objetivos establecidos en el artículo 3 y, en particular, para salvaguardar los derechos e intereses de los usuarios, mediante real decreto o en los Planes Nacionales de numeración y sus disposiciones de desarrollo, podrán establecerse requisitos sobre capacidades o funcionalidades mínimas que deberán cumplir determinados tipos de servicios.

2. Los operadores que suministren redes públicas de comunicaciones o presten servicios vocales disponibles al público, siempre que sea técnica y económicamente posible, adoptarán las medidas que sean necesarias para que los usuarios finales puedan tener acceso a los servicios utilizando números no geográficos en la Unión Europea, y que puedan tener acceso, con independencia de la tecnología y los dispositivos utilizados por el operador, a todos los números proporcionados en la Unión Europea, incluidos los de los planes nacionales de numeración de otros Estados miembros, y los Números Universales Internacionales de Llamada Gratuita.

3. Asimismo, mediante real decreto, previo informe de la Comisión Nacional de los Mercados y la Competencia, se establecerán las condiciones en las que los operadores de redes públicas de comunicaciones electrónicas o servicios de comunicaciones electrónicas disponibles al público lleven a cabo el bloqueo de acceso a números o servicios, siempre que esté justificado por motivos de tráfico no permitido y de tráfico irregular con fines fraudulentos, y los casos en que los prestadores de servicios de comunicaciones electrónicas retengan los correspondientes ingresos por interconexión u otros servicios. La Comisión Nacional de los Mercados y la Competencia podrá ordenar el bloqueo de acceso a números o servicios por motivos de tráfico irregular con fines fraudulentos cuando tengan su origen en un conflicto entre operadores en materia de acceso o interconexión que le sea planteado por dichos operadores. En ningún caso podrá exigirse al amparo de este apartado el bloqueo a servicios no incluidos en el ámbito de aplicación de esta ley, como los servicios de la Sociedad de la Información regulados en la Ley 34/2002, de 11 de julio, de servicios de la sociedad de la información y de comercio electrónico.

4. La persona titular del Ministerio de Asuntos Económicos y Transformación Digital podrá establecer que, por razones de protección de los derechos de los usuarios finales de servicios de comunicaciones electrónicas, en especial,

relacionadas con la facturación y las tarifas que se aplican en la prestación de determinados servicios, algunos números o rangos de numeración sólo sean accesibles previa petición expresa del usuario, en las condiciones que se fijen mediante orden.
> Trasposición del art. 93 de la Directiva 2018/1972. Ver Real Decreto 381/2015, de 14 de mayo, por el que se establecen medidas contra el tráfico no permitido y el tráfico irregular con fines fraudulentos en comunicaciones electrónicas.

Artículo 33. Conservación de los números por los usuarios finales y fomento de la provisión inalámbrica para facilitar el cambio de operador.
1. Los operadores garantizarán, de conformidad con lo establecido en el artículo 65.1.e) y en el artículo 70, que los usuarios finales con números del plan nacional de numeración puedan conservar, previa solicitud, los números que les hayan sido asignados, con independencia del operador que preste el servicio. Mediante real decreto se fijarán los supuestos a los que sea de aplicación la conservación de números, así como los aspectos técnicos y administrativos necesarios para que esta se lleve a cabo. En aplicación de este real decreto y su normativa de desarrollo, la Comisión Nacional de los Mercados y la Competencia podrá fijar, mediante circular, características y condiciones para la conservación de los números.
2. Los costes derivados de la actualización de los elementos de la red y de los sistemas necesarios para hacer posible la conservación de los números deberán ser sufragados por cada operador sin que, por ello, tengan derecho a percibir indemnización alguna. Los demás costes que produzca la conservación de los números telefónicos se repartirán, a través del oportuno acuerdo, entre los operadores afectados por el cambio. A falta de acuerdo, resolverá la Comisión Nacional de los Mercados y la Competencia. Los precios de interconexión para la aplicación de las facilidades de conservación de los números habrán de estar orientados en función de los costes. No se podrán imponer cuotas directas a los usuarios finales por la conservación del número.
3. Cuando sea técnicamente viable, se fomentará la provisión inalámbrica para facilitar el cambio de operadores de redes o servicios de comunicaciones electrónicas por parte de los usuarios finales, en particular los operadores y usuarios finales de servicios de máquina a máquina.
> Trasposición del art. 106 de la Directiva 2018/1972. Desarrollo reglamentario en los arts. 42-46 del RD 2296/2004 y art. 114 RD 424/2005.Las especificaciones técnicas para la portabilidad de los números fijos y móviles son definidas por la CNMC.

Artículo 34. Números armonizados para los servicios armonizados europeos de valor social.
1. El Ministerio de Asuntos Económicos y Transformación Digital promoverá el conocimiento por la población de los números armonizados europeos que comienzan por las cifras 116, garantizará que los usuarios finales tengan acceso gratuito a las llamadas a esa numeración y fomentará la prestación en España de los servicios de valor social para los que están reservados tales números,

poniéndolos a disposición de los interesados en su prestación.

2. El Ministerio de Asuntos Económicos y Transformación Digital adoptará las iniciativas pertinentes para que los usuarios finales con discapacidad puedan tener el mejor acceso posible a los servicios prestados a través de los números armonizados europeos que comienzan por las cifras 116. En la atribución de tales números, dicho Ministerio establecerá las condiciones que faciliten el acceso a los servicios que se presten a través de ellos por los usuarios finales con discapacidad.

Entre las referidas condiciones podrán incluirse, en función del servicio en concreto de valor social que se trate, la de posibilitar la comunicación total a través de voz, texto y video para que las personas con discapacidad sensorial no se queden excluidas.

3. Las Administraciones públicas competentes en la regulación o supervisión de cada uno de los servicios que se presten a través de los números armonizados europeos que comienzan por las cifras 116 velarán por que los ciudadanos reciban una información adecuada sobre la existencia y utilización de estos servicios de valor social.

Trasposición del art. 96 de la Directiva 2018/1972

TÍTULO III. OBLIGACIONES DE SERVICIO PÚBLICO Y DERECHOS Y OBLIGACIONES DE CARÁCTER PÚBLICO EN EL SUMINISTRO DE REDES Y EN LA PRESTACIÓN DE SERVICIOS DE COMUNICACIONES ELECTRÓNICAS

Capítulo I. Obligaciones de servicio público

Sección 1.ª Delimitación

Artículo 35. Delimitación de las obligaciones de servicio público.

1. Este capítulo tiene por objeto garantizar la existencia de servicios de comunicaciones electrónicas disponibles al público de adecuada calidad en todo el territorio nacional a través de una competencia y una libertad de elección reales, y hacer frente a las circunstancias en que las necesidades de los usuarios finales no se vean atendidas de manera satisfactoria por el mercado.

2. Los operadores se sujetarán al régimen de obligaciones de servicio público y de carácter público, de acuerdo con lo establecido en este título.

3. La imposición de obligaciones de servicio público perseguirá la consecución de los objetivos establecidos en el artículo 3 y podrá recaer sobre los operadores que obtengan derechos de ocupación del dominio público o de la propiedad privada, de derechos de uso del dominio público radioeléctrico, de derechos de uso de recursos públicos de numeración o que ostenten la condición de operador con peso significativo en un determinado mercado de referencia. Cuando se impongan obligaciones de servicio público, se aplicará con carácter supletorio

el régimen establecido para la concesión de servicios en la Ley 9/2017, de 8 de noviembre, de Contratos del Sector Público, por la que se transponen al ordenamiento jurídico español las Directivas del Parlamento Europeo y del Consejo 2014/23/UE y 2014/24/UE, de 26 de febrero de 2014.

4. El cumplimiento de las obligaciones de servicio público en la instalación y explotación de redes públicas y en la prestación de servicios de comunicaciones electrónicas para los que aquéllas sean exigibles se efectuará con respeto a los principios de igualdad, transparencia, no discriminación, continuidad, adaptabilidad, disponibilidad, accesibilidad universal y permanencia y conforme a los términos y condiciones que mediante real decreto se determinen.

5. Corresponde al Ministerio de Asuntos Económicos y Transformación Digital el control y el ejercicio de las facultades de la Administración relativas a las obligaciones de servicio público y de carácter público a que se refiere este artículo.

6. Cuando el Ministerio de Asuntos Económicos y Transformación Digital constate que cualquiera de los servicios a que se refiere este artículo se está prestando en competencia, en condiciones de precio, cobertura y calidad de servicio similares a aquellas en que los operadores designados deben prestarlas, podrá, previo informe de la Comisión Nacional de los Mercados y la Competencia y audiencia a los interesados, determinar el cese de su prestación como obligación de servicio público y, en consecuencia, de la financiación prevista para tales obligaciones.

> Se distingue entre obligaciones de servicio público (fundamentalmente las obligaciones de servicio universal y otras) y las obligaciones de carácter público (fundamentalmente las obligaciones relativas a los derechos de los usuarios).

Artículo 36.   Categorías de obligaciones de servicio público.

Los operadores están sometidos a las siguientes categorías de obligaciones de servicio público:

a)   el servicio universal en los términos contenidos en la sección 2.ª de este capítulo;

b)   otras obligaciones de servicio público impuestas por razones de interés general, en la forma y con las condiciones establecidas en la sección 3.ª de este capítulo.

Sección 2.ª   El servicio universal

Artículo 37. Concepto y ámbito de aplicación.

1. Se entiende por servicio universal el conjunto definido de servicios cuya prestación se garantiza para todos los consumidores con independencia de su localización geográfica, en condiciones de neutralidad tecnológica, con una calidad determinada y a un precio asequible.

Los servicios incluidos en el servicio universal, en los términos y condiciones

que mediante real decreto se determinen por el Gobierno, son:
a) Servicio de acceso adecuado y disponible a una internet de banda ancha a través de una conexión subyacente en una ubicación fija, que deberá soportar el conjunto mínimo de servicios
a que se refiere el anexo III. La velocidad mínima de acceso a una internet de banda ancha se fija en 10 Mbit por segundo en sentido descendente.
Mediante real decreto, teniendo en cuenta la evolución social, económica y tecnológica y las condiciones de competencia en el mercado, se modificará la velocidad mínima de acceso a una internet de banda ancha, en particular, escalando dicha velocidad mínima a 30 Mbit por segundo en sentido descendente tan pronto como sea posible en función de la extensión de las redes y del estado de la técnica, así como se determinarán sus características y parámetros técnicos, y se podrá modificar el conjunto mínimo de servicios que deberá soportar el servicio de acceso a una internet de banda ancha a que se refiere el anexo III.
b) Servicios de comunicaciones vocales a través de una conexión subyacente en una ubicación fija.
2. La conexión subyacente en una ubicación fija podrá limitarse al soporte de los servicios de las comunicaciones vocales, cuando así lo solicite el consumidor.
3. Mediante real decreto, se podrá ampliar el ámbito de aplicación del servicio universal o de algunos de sus elementos u obligaciones a los usuarios finales que sean microempresas y pequeñas y medianas empresas y organizaciones sin ánimo de lucro.
4. Las condiciones en que se preste el servicio universal deberán perseguir reducir al mínimo las distorsiones del mercado, en particular cuando la prestación de servicios se realice a precios o en condiciones divergentes de las prácticas comerciales normales, salvaguardando al mismo tiempo el interés público.
5. El Gobierno, de conformidad con la normativa comunitaria, podrá revisar la determinación de los servicios que forman parte del servicio universal, así como el alcance de las obligaciones de servicio universal.

> Trasposición del art 84 de la Directiva 2018/1972, y desarrollo reglamentario en los arts. 27-34 del RD 424/2005. Ha desaparecido de la norma las referencias a los teléfonos públicos de pago y a las guías de teléfonos, aunque el art. 87 de la Directiva permite la continuidad de la clasificación de estos servicios bajo el paraguas del servicio universal.

Artículo 38. Asequibilidad del servicio universal.
1. Los precios minoristas en los que se prestan los servicios incluidos dentro del servicio universal han de ser asequibles y no deben impedir a los consumidores con rentas bajas o con necesidades sociales especiales acceder a tales servicios. A tales efectos, mediante real decreto, previo informe de la Comisión Nacional de los Mercados y la Competencia, se determinarán las características sociales y de poder adquisitivo correspondientes para determinar

de que los consumidores tienen rentas bajas o necesidades sociales especiales.
2. La Comisión Nacional de los Mercados y la Competencia, en coordinación con el Ministerio de Asuntos Económicos y Transformación Digital y con el departamento ministerial competente en materia de protección de los consumidores y usuarios, supervisará la evolución y el nivel de la tarificación al público de los servicios incluidos en el servicio universal, bien sean prestados por todos los operadores o bien sean prestados por el operador u operadores designados, en particular en relación con los niveles nacionales de precios al consumo y de rentas.
3. Todos los operadores que presten servicios de acceso a una internet de banda ancha y los servicios de comunicaciones vocales que se presten a través de una conexión subyacente en una ubicación fija deben ofrecer a los consumidores con rentas bajas o con necesidades sociales especiales opciones o paquetes de tarifas que difieran de las aplicadas en condiciones normales de explotación comercial en condiciones transparentes, públicas y no discriminatorias. A tal fin se podrá exigir a dichos operadores que apliquen limitaciones de precios, tarifas comunes, equiparación geográfica u otros regímenes similares. Mediante real decreto se podrá establecer si los operadores, en el marco de estas opciones o paquetes de tarifas, disponen de la posibilidad o no de fijar un volumen máximo de datos a transmitir en el servicio de acceso a internet de banda ancha.

Entre estas opciones o paquetes de tarifas deberán figurar un abono social para servicios de comunicaciones vocales que se presten a través de una conexión subyacente en una ubicación fija, un abono social para servicios de acceso a una internet de banda ancha que se presten a través de una conexión subyacente en una ubicación fija y un abono social que incluya de manera empaquetada ambos servicios.

La Comisión Nacional de los Mercados y la Competencia, previo informe de la Secretaría de Estado de Economía y Apoyo a la Empresa y de la Secretaría de Estado de Telecomunicaciones e Infraestructuras Digitales, podrá exigir la modificación o supresión de las opciones o paquetes de tarifas ofrecidas por los operadores a los consumidores con rentas bajas o con necesidades sociales especiales, para lo cual podrá exigir a dichos operadores que apliquen limitaciones de precios, tarifas comunes, equiparación geográfica u otros regímenes similares. En todo caso, el Ministerio de Asuntos Económicos y Transformación Digital podrá proponer a la Comisión Nacional de los Mercados y la Competencia la modificación o supresión de las opciones o paquetes de tarifas ofrecidas por los operadores a los consumidores con rentas bajas o con necesidades sociales especiales.
4. Cuando el cumplimiento de las obligaciones de asequibilidad por todos los operadores impuestas en el apartado anterior dé lugar a una carga administrativa o financiera excesiva, la Comisión Nacional de los Mercados y la Competencia, previo informe de la Secretaría de Estado de Economía y Apoyo a la Empresa y

de la Secretaría de Estado de Telecomunicaciones e Infraestructuras Digitales, podrá decidir, con carácter excepcional, imponer la obligación de ofrecer estas opciones o paquetes de tarifas solo al operador u operadores designados en virtud de lo establecido en el artículo 40, en cuyo caso deberá velar por que todos los consumidores de renta baja o con necesidades sociales especiales disfruten de una variedad de operadores que ofrecen opciones de tarifas adecuadas a sus necesidades, a menos que ello resulte imposible o cree una carga organizativa o financiera adicional excesiva.
5. Los consumidores con rentas bajas o con necesidades sociales especiales que puedan beneficiarse de dichas opciones o paquetes de tarifas tienen el derecho de celebrar un contrato y que su número siga disponible durante un período adecuado y se evite la desconexión injustificada del servicio.
6. Los operadores que tengan la obligación de ofrecer opciones o paquetes de tarifas a consumidores con rentas bajas o con necesidades sociales especiales deberán publicarlas adecuadamente, garantizar que sean transparentes, que las apliquen de conformidad con el principio de no discriminación y mantener informados a la Comisión Nacional de los Mercados y la Competencia y al Ministerio de Asuntos Económicos y Transformación Digital.
7. Mediante real decreto, se podrán establecer requisitos para que el servicio de acceso a una internet de banda ancha y los servicios de comunicaciones vocales que se presten a través de una conexión subyacente en una ubicación no fija resulten asequibles en aras de garantizar la plena participación social y económica de los consumidores en la sociedad.
8. Todos los operadores que presten servicios de acceso a una internet de banda ancha y los servicios de comunicaciones vocales que se presten a través de una conexión subyacente en una ubicación fija en el marco del servicio universal deben garantizar el cumplimiento de las condiciones de velocidad de acceso a internet y de prestación de los servicios normativamente establecidas así como las que figuren en los correspondientes contratos con los consumidores.

Trasposición del art 85 de la Directiva 2018/1972, y desarrollo reglamentario en el art. 35 del RD 424/2005.

Artículo 39. Accesibilidad del servicio universal.
1. Los consumidores con discapacidad deben tener un acceso a los servicios incluidos en el servicio universal a un nivel equivalente al que disfrutan otros consumidores.
2. A tal efecto, se podrán imponer como obligación de servicio universal medidas específicas con vistas a garantizar que los equipos terminales conexos y los equipos y servicios específicos
que favorecen un acceso equivalente, incluidos, en su caso, los servicios de conversión a texto y los servicios de conversación total en modo texto, estén disponibles y sean asequibles.
3. Mediante real decreto se adoptarán medidas a fin de garantizar que los

consumidores con discapacidad también puedan beneficiarse de la capacidad de elección de operadores de que disfruta la mayoría de los consumidores.
Trasposición del art 86 de la Directiva 2018/1972.

Artículo 40. Designación de los operadores encargados de la prestación del servicio universal.
1. Cuando la prestación de cualquiera de los servicios integrantes del servicio universal en una ubicación fija no quede garantizada por las circunstancias normales de explotación comercial, el Ministerio de Asuntos Económicos y Transformación Digital designará uno o más operadores para que satisfagan todas las solicitudes razonables de acceso a los servicios integrantes del servicio universal y garanticen su prestación eficiente en las partes afectadas del territorio nacional a efecto de asegurar su disponibilidad en todo el territorio nacional. A estos efectos podrán designarse operadores diferentes para la prestación de los distintos servicios del servicio universal y abarcar distintas zonas o partes del territorio nacional.
2. El sistema de designación de operadores encargados de garantizar la prestación de los servicios integrantes del servicio universal se establecerá mediante real decreto, con sujeción a los principios de eficiencia, objetividad, transparencia y no discriminación sin excluir a priori la designación de ningún operador. En todo caso, contemplará un mecanismo de licitación pública para la prestación de dichos servicios. Estos procedimientos de designación garantizarán que la prestación de los servicios incluidos en el servicio universal se haga de manera rentable y se podrán utilizar como medio para determinar el coste neto derivado de las obligaciones asignadas, a los efectos de lo dispuesto en el artículo 42.2.
3. Cuando uno de los operadores designados para la prestación del servicio universal se proponga entregar una parte sustancial o la totalidad de sus activos de red de acceso local a una persona jurídica separada de distinta propiedad, informará con la debida antelación al Ministerio de Asuntos Económicos y Transformación Digital a fin de evaluar las repercusiones de la operación prevista en el suministro en una ubicación fija de los servicios incluidos en el servicio universal. El Ministerio de Asuntos Económicos y Transformación Digital, como consecuencia de la evaluación realizada, podrá imponer, modificar o suprimir obligaciones a dicho operador designado.
4. El Ministerio de Asuntos Económicos y Transformación Digital podrá establecer objetivos de rendimiento aplicables al operador u operadores designados para la prestación del servicio universal.
5. El Ministerio de Asuntos Económicos y Transformación Digital notificará a la Comisión Europea las obligaciones de servicio universal impuestas al operador u operadores designados para el cumplimiento de obligaciones de servicio universal, así como los cambios relacionados con dichas obligaciones o con el operador u operadores designados.
Desarrollo reglamentario en los arts. 36-38 del RD 424/2005.

Artículo 41. Control del gasto.
1. Los operadores que cumplan obligaciones de servicio universal en virtud de lo establecido en los artículos 37 a 40, deberán ofrecer a los consumidores las facilidades y los servicios específicos determinados mediante real decreto, que incluirán, en todo caso, los relacionados en la parte A del anexo VI del Código Europeo de Comunicaciones Electrónicas, a fin de permitir a los consumidores el seguimiento y control de sus propios gastos.
2. Dichos operadores deberán implantar un sistema para evitar la desconexión injustificada del servicio de comunicaciones vocales o de un servicio de acceso adecuado a internet de banda ancha de los consumidores con rentas bajas o con necesidades sociales especiales, incluido un mecanismo adecuado para verificar el interés por seguir utilizando el servicio.
3. Los consumidores que se beneficien del cumplimiento de las obligaciones de servicio universal no pueden verse obligados al pago de facilidades o servicios adicionales que no sean necesarios o que resulten superfluos para el servicio solicitado.

Artículo 42. Coste y financiación del servicio universal.
1. Todas las obligaciones que se incluyen en el servicio universal estarán sujetas a los mecanismos de financiación que se establecen en este artículo.
2. La Comisión Nacional de los Mercados y la Competencia determinará si la obligación de la prestación del servicio universal puede implicar una carga injusta para los operadores obligados a su prestación.
En caso de que se considere que puede existir dicha carga injusta, el coste neto de prestación del servicio universal será determinado periódicamente por la Comisión Nacional de los Mercados y la Competencia de acuerdo con los procedimientos de designación previstos en el artículo 40.2 o en función del ahorro neto que el operador conseguiría si no tuviera la obligación de prestar el servicio universal.
Para la determinación de este ahorro neto la Comisión Nacional de los Mercados y la Competencia desarrollará y publicará una metodología de acuerdo con los criterios que se establezcan mediante real decreto.
Las cuentas y demás información en que se base el cálculo del ahorro neto serán objeto de auditoría por parte de la Comisión Nacional de los Mercados y la Competencia. Los resultados y las conclusiones de la auditoría se pondrán a disposición del público.
3. El coste neto de la obligación de prestación del servicio universal será financiado por un mecanismo de reparto, en condiciones de transparencia, distorsión mínima del mercado, no discriminación y proporcionalidad, por aquellos operadores que obtengan por el suministro de redes públicas o la prestación de servicios de comunicaciones electrónicas disponibles al público unos ingresos brutos de explotación anuales superiores a 100 millones de euros. Esta cifra podrá ser actualizada o modificada mediante real decreto acordado en

Consejo de Ministros, previo informe de la Comisión Nacional de los Mercados y la Competencia, en función de la evolución del mercado y de las cuotas que los distintos operadores tienen en cada momento en el mercado.

4. Una vez fijado este coste, la Comisión Nacional de los Mercados y la Competencia determinará las aportaciones que correspondan a cada uno de los operadores con obligaciones de contribución a la financiación del servicio universal.

Dichas aportaciones, así como, en su caso, las deducciones y exenciones aplicables, se verificarán de acuerdo con las condiciones que se establezcan por real decreto.

Las aportaciones recibidas se depositarán en el Fondo nacional del servicio universal.

5. El Fondo nacional del servicio universal tiene por finalidad garantizar la financiación del servicio universal.

El Fondo nacional del servicio universal ha de utilizar un sistema transparente y neutro de recaudación de contribuciones que evite el peligro de la doble imposición de contribuciones sobre operaciones soportadas y repercutidas por los operadores.

Los activos en metálico procedentes de los operadores con obligaciones de contribuir a la financiación del servicio universal se depositarán en este fondo, en una cuenta específica designada a tal efecto. Los gastos de gestión de esta cuenta serán deducidos de su saldo, y los rendimientos que este genere, si los hubiere, minorarán la contribución de los aportantes.

En la cuenta podrán depositarse aquellas aportaciones que sean realizadas por cualquier persona física o jurídica que desee contribuir, desinteresadamente, a la financiación de cualquier prestación propia del servicio universal. Los operadores sujetos a obligaciones de prestación del servicio universal recibirán de este fondo la cantidad correspondiente al coste neto que les supone dicha obligación, calculado según el procedimiento establecido en este artículo.

La Comisión Nacional de los Mercados y la Competencia se encargará de la gestión del Fondo nacional del servicio universal. Mediante real decreto se determinará su estructura, organización, mecanismos de control y la forma y plazos en los que se realizarán las aportaciones.

6. Mediante real decreto podrá preverse la existencia de un mecanismo de compensación directa entre operadores para aquellos casos en que la magnitud del coste no justifique los costes de gestión del fondo nacional del servicio universal.

> Trasposición de los arts 89 y 90 de la Directiva 2018/1972, y desarrollo reglamentario en el RD 424/2005, arts. 39-46 sobre determinación del coste y 47-52 sobre la financiación.

Sección 3.ª Otras obligaciones de servicio público

Artículo 43. Otras obligaciones de servicio público.
1. El Gobierno podrá, por necesidades de la seguridad nacional, de la defensa nacional, de la seguridad pública, seguridad vial o de los servicios que afecten a la seguridad de las personas o a la protección civil, imponer otras obligaciones de servicio público distintas de las de servicio universal a los operadores.
2. El Gobierno podrá, asimismo, imponer otras obligaciones de servicio público, previo informe de la Comisión Nacional de los Mercados y la Competencia, así como de la administración territorial competente, motivadas por:
a) razones de cohesión territorial;
b) razones de extensión del uso de nuevos servicios y tecnologías, en especial a la sanidad, a la educación, a la acción social y a la cultura;
c) por la necesidad de facilitar la comunicación entre determinados colectivos que se encuentren en circunstancias especiales y estén insuficientemente atendidos con la finalidad de garantizar la suficiencia de su oferta.
3. Mediante real decreto se regulará el procedimiento de imposición de las obligaciones a las que se refiere el apartado anterior y su forma de financiación.

Capítulo II. Derechos de los operadores y despliegue de redes públicas de comunicaciones electrónicas

Sección 1.ª Derechos de los operadores a la ocupación del dominio público, a ser beneficiarios en el procedimiento de expropiación forzosa y al establecimiento a su favor de servidumbres y de limitaciones a la propiedad

Artículo 44. Derecho de ocupación de la propiedad privada.
1. Los operadores tendrán derecho, en los términos de este capítulo, a la ocupación de la propiedad privada cuando resulte estrictamente necesario para la instalación, despliegue y explotación de la red en la medida prevista en el proyecto técnico presentado y siempre que no existan otras alternativas técnica o económicamente viables, ya sea a través de su expropiación forzosa o mediante la declaración de servidumbre forzosa de paso para la instalación, despliegue y explotación de infraestructura de redes públicas de comunicaciones electrónicas. En ambos casos tendrán la condición de beneficiarios en los expedientes que se tramiten, conforme a lo dispuesto en la legislación sobre expropiación forzosa.
Los operadores asumirán los costes a los que hubiera lugar por esta ocupación.
La ocupación de la propiedad privada se llevará a cabo tras la instrucción y resolución por el Ministerio de Asuntos Económicos y Transformación Digital del oportuno procedimiento, en que deberán cumplirse todos los trámites y respetarse

todas las garantías establecidas a favor de los titulares afectados en la legislación de expropiación forzosa.

2. La aprobación por el órgano competente del Ministerio de Asuntos Económicos y Transformación Digital del proyecto técnico para la ocupación de propiedad privada llevará implícita, en cada caso concreto, la declaración de utilidad pública y la necesidad de ocupación para la instalación de redes públicas de comunicaciones electrónicas, a efectos de lo previsto en la legislación de expropiación forzosa.

3. Con carácter previo a la aprobación del proyecto técnico, se recabará informe del órgano de la Comunidad Autónoma competente en materia de ordenación del territorio, que habrá de ser emitido en el plazo máximo de treinta días hábiles desde su solicitud. Si el proyecto afecta a un área geográfica relevante o pudiera tener afecciones ambientales, este plazo será ampliado hasta tres meses. Asimismo, se recabará informe de los Ayuntamientos afectados sobre compatibilidad del proyecto técnico con la ordenación urbanística vigente, que deberá ser emitido en el plazo de treinta días hábiles desde la recepción de la solicitud.

4. En las expropiaciones que se lleven a cabo para la instalación de redes públicas de comunicaciones electrónicas ligadas de manera específica al cumplimiento de obligaciones de servicio público se seguirá el procedimiento especial de urgencia establecido en la Ley de Expropiación Forzosa, cuando así se haga constar en la resolución del órgano competente del Ministerio de Asuntos Económicos y Transformación Digital que apruebe el oportuno proyecto técnico.

Trasposición del art. 43 de la Directiva 2018/1972. Desarrollo reglamentario en los arts. 57 y 58 del RD 424/2005.

Artículo 45. Derecho de ocupación del dominio público.

Los operadores tendrán derecho, en los términos de este capítulo, a la ocupación del dominio público necesario para el establecimiento de la red pública de comunicaciones electrónicas de que se trate.

Los titulares del dominio público garantizarán el acceso de todos los operadores a dicho dominio en condiciones neutrales, objetivas, transparentes, equitativas y no discriminatorias, sin que en ningún caso pueda establecerse derecho preferente o exclusivo alguno de acceso u ocupación de dicho dominio público en beneficio de un operador determinado o de una red concreta de comunicaciones electrónicas. En particular, la ocupación o el derecho de uso de dominio público para la instalación o explotación de una red no podrá ser otorgado o asignado mediante procedimientos de licitación.

Se podrán celebrar acuerdos o convenios entre los operadores y los titulares o gestores del dominio público para facilitar el despliegue simultáneo de otros servicios, que deberán ser gratuitos para las Administraciones y los ciudadanos, vinculados a la mejora del medio ambiente, de la salud pública, de la seguridad pública y de la protección civil ante catástrofes naturales o para mejorar o facilitar la vertebración y cohesión territorial y urbana o contribuir a la sostenibilidad de la logística urbana.

La propuesta de acuerdo o convenio para la ocupación del dominio público deberá incluir un plan de despliegue e instalación con el contenido previsto en el artículo 49.9 de esta ley. Transcurrido el plazo máximo de tres meses desde su presentación, el acuerdo o convenio se entenderá aprobado si no hubiera pronunciamiento expreso en contra justificado adecuadamente.

Trasposición del art. 43 de la Directiva 2018/1972. Desarrollo reglamentario en el art. 57 del RD 424/2005.

Artículo 46. Ubicación compartida y uso compartido de la propiedad pública o privada.

1. Los operadores de redes públicas de comunicaciones electrónicas podrán celebrar de manera voluntaria acuerdos entre sí para determinar las condiciones para la ubicación o el uso compartido de sus elementos de red y recursos asociados, así como la utilización compartida del dominio público o la propiedad privada, con plena sujeción a la normativa de defensa de la competencia.

Las Administraciones públicas fomentarán la celebración de acuerdos voluntarios entre operadores para la ubicación compartida y el uso compartido de elementos de red y recursos asociados, así como la utilización compartida del dominio público o la propiedad privada, en particular con vistas al despliegue de elementos de las redes de comunicaciones electrónicas de alta y muy alta capacidad.

2. La ubicación compartida de elementos de red y recursos asociados y la utilización compartida del dominio público o la propiedad privada también podrá ser impuesta de manera obligatoria a los operadores que hayan ejercido el derecho a la ocupación de la propiedad pública o privada. A tal efecto, en los términos en que mediante real decreto se determine, el Ministerio de Asuntos Económicos y Transformación Digital, previo trámite de audiencia a los operadores afectados y de manera motivada, podrá imponer, con carácter general o para casos concretos, la utilización compartida del dominio público o la propiedad privada en que se van a establecer las redes públicas de comunicaciones electrónicas o el uso compartido de los elementos de red y recursos asociados, determinando, en su caso, los criterios para compartir los gastos que produzca la ubicación o el uso compartido.

Cuando una Administración Pública competente considere que por razones de medio ambiente, salud pública, seguridad pública u ordenación urbana y territorial se justifica la imposición de la utilización compartida del dominio público o la propiedad privada, podrá instar de manera motivada al Ministerio de Asuntos Económicos y Transformación Digital el inicio del procedimiento establecido en el párrafo anterior. En estos casos, antes de que el Ministerio de Asuntos Económicos y Transformación Digital imponga la utilización compartida del dominio público o la propiedad privada, el citado departamento

ministerial deberá realizar un trámite para que la Administración Pública competente que ha instado el procedimiento pueda efectuar alegaciones por un plazo de quince días hábiles.
3. Las medidas adoptadas de conformidad con el presente artículo deberán ser objetivas, transparentes, no discriminatorias y proporcionadas. Cuando proceda, estas medidas se aplicarán de forma coordinada con las Administraciones competentes correspondientes y con la Comisión Nacional de los Mercados y la Competencia.
    Trasposición del art. 44 de la Directiva 2018/1972. Desarrollo reglamentario en el art. 59 del RD 424/2005.

Artículo 47. Otras servidumbres y limitaciones a la propiedad.
1. La protección del dominio público radioeléctrico tiene como finalidades su aprovechamiento óptimo, evitar su degradación y el mantenimiento de un adecuado nivel de calidad en el funcionamiento de los distintos servicios de radiocomunicaciones y aquellos otros que hacen uso del dominio público radioeléctrico.
El Ministerio de Asuntos Económicos y Transformación Digital podrá establecer las limitaciones a la propiedad y a la intensidad de campo eléctrico y las servidumbres que resulten necesarias para la protección radioeléctrica de determinadas instalaciones o para asegurar el adecuado funcionamiento de estaciones o instalaciones radioeléctricas utilizadas para la prestación de servicios públicos, por motivos de seguridad pública o cuando así sea necesario en virtud de acuerdos internacionales, en los términos de la disposición adicional segunda y las normas de desarrollo de esta ley.
2. Asimismo, el Ministerio de Asuntos Económicos y Transformación Digital podrá imponer límites a los derechos de uso del dominio público radioeléctrico para la protección de otros servicios o bienes jurídicamente protegidos prevalentes o de servicios públicos que puedan verse afectados por la utilización de dicho dominio público, en los términos que mediante real decreto se determinen. En la imposición de estos límites se debe efectuar un previo trámite de audiencia a los titulares de los derechos de uso del dominio público radioeléctrico que pueden verse afectados y se deberán respetar los principios de transparencia y publicidad.
3.
Artículo 48. Estudios geográficos.
1. El Ministerio de Asuntos Económicos y Transformación Digital efectuará anualmente un estudio sobre el alcance y extensión de las redes de banda ancha, incluidas las redes de muy alta capacidad, con un nivel de desagregación local o incluso inferior.
El estudio geográfico incluirá información suficiente sobre la calidad del servicio y los parámetros de este último.
La información que no esté sujeta a confidencialidad comercial será accesible de conformidad con la Ley 37/2007, de 16 de noviembre, sobre reutilización de

la información del sector público. El Ministerio de Asuntos Económicos y Transformación Digital informará a las empresas que proporcionen información en base a este artículo sobre el hecho de que la misma ha sido compartida con otras autoridades públicas, en su caso.

2. El Ministerio de Asuntos Económicos y Transformación Digital incluirá en el estudio geográfico una previsión sobre el alcance y extensión que van a tener las redes de banda ancha, incluidas las redes de muy alta capacidad, para un período determinado, con el grado de desagregación que estime oportuno.

Esta previsión será sometida a una consulta pública en la página web del Ministerio de Asuntos Económicos y Transformación Digital. En ella, a partir de una base de datos geográfica proporcionada por el Ministerio de Asuntos Económicos y Transformación Digital, los operadores declararán cualquier intención de desplegar redes de banda ancha que ofrezca velocidades de descarga o transferencia de al menos 100 Mbps o redes de muy alta capacidad o de mejorar o extender significativamente sus redes hasta alcanzar una velocidad de descarga o transferencia de al menos 100 Mbps. Esta declaración de intenciones supone un compromiso en firme por parte del operador, de forma que su incumplimiento por causas imputables al operador que produzca un perjuicio al interés público en el diseño de planes nacionales de banda ancha, en la determinación de obligaciones de cobertura ligadas a los derechos de uso del espectro radioeléctrico o en la verificación de la disponibilidad de servicios en el marco de la obligación de servicio universal, o bien un perjuicio a otro operador, podrá ser sancionada en los términos previstos en el título VIII.

A la vista de las aportaciones efectuadas en la consulta pública, de las declaraciones de intenciones efectuadas y de otra información de que pueda disponer, el Ministerio de Asuntos Económicos y Transformación Digital elaborará y publicará una previsión definitiva sobre el alcance y extensión que van a tener las redes de banda ancha, incluidas las redes de muy alta capacidad, para un período determinado. Esta previsión incluirá toda la información pertinente, en particular, información del despliegue planeado de redes de muy alta capacidad y mejoras o extensiones de redes con una velocidad de descarga o transferencia de al menos 100 Mbps.

3. A efectos de la elaboración de estos estudios geográficos, el Ministerio de Asuntos Económicos y Transformación Digital podrá solicitar la información necesaria y ajustada a este fin, en los términos indicados en el artículo 9, a las personas físicas o jurídicas que suministren redes o presten servicios de comunicaciones electrónicas, así como a aquellos otros agentes que intervengan en este mercado o en mercados y sectores estrechamente relacionados, con el grado de desagregación oportuno.

El Ministerio de Asuntos Económicos y Transformación Digital también solicitará información para la elaboración de estos estudios geográficos al resto de Administraciones públicas, en particular, a las Comunidades Autónomas, Diputaciones provinciales y Ayuntamientos.

4. La información contenida en los estudios geográficos servirá de base para la elaboración de los planes nacionales de banda ancha o de conectividad digital, que priorizarán la cobertura de los núcleos de población más pequeños y del entorno rural, para el diseño de ayudas públicas para el despliegue de redes públicas de comunicaciones electrónicas, para la aplicación de la normativa sobre ayudas estatales, para la determinación de obligaciones de cobertura ligadas a los derechos de uso del espectro radioeléctrico y la verificación de la disponibilidad de servicios en el marco de la obligación de servicio universal.
5. La Comisión Nacional de los Mercados y la Competencia y otras Administraciones públicas también podrán basarse en la información que proporcionen los estudios geográficos para el ejercicio de sus funciones. A tal efecto, podrán solicitar al Ministerio de Asuntos Económicos y Transformación Digital la información oportuna, priorizando el acceso y tratamiento de dicha información por medios electrónicos. El Ministerio de Asuntos Económicos y Transformación Digital y la Comisión Nacional de los Mercados y la Competencia colaborarán en la determinación y desglose de la información a obtener para confeccionar los estudios geográficos, a efectos de que puedan ejercer con mayor eficacia y eficiencia sus funciones.
Trasposición del art. 22 de la Directiva 2018/1972.

Sección 2.ª Normativa de las administraciones públicas que afecte a la instalación o explotación de redes públicas de comunicaciones electrónicas

Artículo 49. Colaboración entre administraciones públicas en la instalación o explotación de las redes públicas de comunicaciones electrónicas.
1. La Administración General del Estado y las demás Administraciones públicas deberán colaborar a través de los mecanismos previstos en la presente ley y en el resto del ordenamiento jurídico, a fin de hacer efectivo el derecho de los operadores de comunicaciones electrónicas de ocupar la propiedad pública y privada para realizar el despliegue de redes públicas de comunicaciones electrónicas.
2. Las redes públicas de comunicaciones electrónicas y recursos asociados coadyuvan a la consecución de un fin de interés general, constituyen equipamiento de carácter básico y su previsión en los instrumentos de planificación urbanística tiene el carácter de determinaciones estructurantes. Su instalación y despliegue constituyen obras de interés general.
3. La normativa elaborada por las Administraciones públicas que afecte a la instalación o explotación de las redes públicas de comunicaciones electrónicas y los instrumentos de planificación territorial o urbanística deberán, en todo caso, contemplar la necesidad de instalar y explotar redes públicas de comunicaciones electrónicas y recursos asociados y reconocer el derecho de ocupación del dominio público o la propiedad privada para la instalación, despliegue o explotación de dichas redes y recursos asociados de conformidad

con lo dispuesto en este título.

4. La normativa elaborada por las Administraciones públicas que afecte a la instalación o explotación de las redes públicas de comunicaciones electrónicas y recursos asociados y los instrumentos de planificación territorial o urbanística deberán recoger las disposiciones necesarias para permitir, impulsar o facilitar la instalación o explotación de infraestructuras de redes de comunicaciones electrónicas y recursos asociados en su ámbito territorial, en particular, para garantizar la libre competencia en la instalación o explotación de redes y recursos asociados y en la prestación de servicios de comunicaciones electrónicas y la disponibilidad de una oferta suficiente de lugares y espacios físicos en los que los operadores decidan ubicar sus infraestructuras.

De esta manera, dicha normativa o instrumentos de planificación territorial o urbanística no podrán establecer restricciones absolutas o desproporcionadas al derecho de ocupación del dominio público y privado de los operadores ni imponer soluciones tecnológicas concretas, itinerarios o ubicaciones concretas en los que instalar infraestructuras de red de comunicaciones electrónicas. En este sentido, cuando una condición pudiera implicar la imposibilidad de llevar a cabo la ocupación del dominio público o la propiedad privada, el establecimiento de dicha condición deberá estar plenamente justificado por razones de medio ambiente, seguridad pública u ordenación urbana y territorial e ir acompañado de las alternativas necesarias para garantizar el derecho de ocupación de los operadores y su ejercicio en igualdad de condiciones.

Las Administraciones públicas contribuirán a garantizar y hacer real una oferta suficiente de lugares y espacios físicos en los que los operadores decidan ubicar sus infraestructuras identificando dichos lugares y espacios físicos en los que poder cumplir el doble objetivo de que los operadores puedan ubicar sus infraestructuras de redes de comunicaciones electrónicas, así como la obtención de un despliegue de las redes ordenado desde el punto de vista territorial.

5. La normativa elaborada por las Administraciones públicas en el ejercicio de sus competencias que afecte a la instalación o explotación de las redes públicas de comunicaciones electrónicas y recursos asociados y los instrumentos de planificación territorial o urbanística deberán cumplir con lo dispuesto en la normativa sectorial de telecomunicaciones. En particular, deberán respetar los parámetros y requerimientos técnicos esenciales necesarios para garantizar el funcionamiento de las distintas redes y servicios de comunicaciones electrónicas, establecidos en la disposición adicional decimotercera y en las normas reglamentarias aprobadas en materia de telecomunicaciones, y los límites en los niveles de emisión radioeléctrica tolerable fijados por el Estado.

En el ejercicio de su iniciativa normativa, cuando esta afecte a la instalación o explotación de redes públicas de comunicaciones electrónicas, las Administraciones públicas actuarán de acuerdo con los principios de necesidad, proporcionalidad, seguridad jurídica, transparencia, accesibilidad, simplicidad y eficacia.

6. La normativa elaborada por las Administraciones públicas en el ejercicio de sus competencias que afecte a la instalación y explotación de las redes públicas de comunicaciones electrónicas y recursos asociados y los instrumentos de planificación territorial o urbanística deberán cumplir, al menos, los siguientes requisitos:
a) ser publicadas en un diario oficial del ámbito correspondiente a la Administración competente, así como en la página web de dicha Administración Pública y, en todo caso, ser accesibles por medios electrónicos;
b) prever un procedimiento rápido, sencillo, eficiente y no discriminatorio de resolución de las solicitudes de ocupación, que no podrá exceder de cuatro meses contados a partir de la presentación de la solicitud, salvo en caso de expropiación. No obstante lo anterior, la obtención de permisos, autorizaciones o licencias relativos a las obras civiles necesarias para desplegar elementos de las redes públicas de comunicaciones electrónicas de alta o muy alta capacidad, las Administraciones públicas concederán o denegarán los mismos dentro de los tres meses siguientes a la fecha de recepción de la solicitud completa. Excepcionalmente, y mediante resolución motivada comunicada al solicitante tras expirar el plazo inicial, este plazo podrá extenderse un mes más, no pudiendo superar el total de cuatro meses desde la fecha de recepción de la solicitud completa. La Administración Pública competente podrá fijar unos plazos de resolución inferiores;
c) garantizar la transparencia de los procedimientos y que las normas aplicables fomenten una competencia leal y efectiva entre los operadores;
d) garantizar el respeto de los límites impuestos a la intervención administrativa en esta ley en protección de los derechos de los operadores. En particular, la exigencia de documentación que los operadores deban aportar deberá ser motivada, tener una justificación objetiva, ser proporcionada al fin perseguido y limitarse a lo estrictamente necesario y al principio de reducción de cargas administrativas.
7. Los operadores no tendrán obligación de aportar la documentación o información de cualquier naturaleza que ya obre en poder de la Administración. El Ministerio de Asuntos Económicos y Transformación Digital establecerá, mediante real decreto, la forma en que se facilitará a las Administraciones públicas la información que precisen para el ejercicio de sus propias competencias.
8. Los operadores deberán hacer uso de las canalizaciones subterráneas o en el interior de las edificaciones que permitan la instalación y explotación de redes públicas de comunicaciones electrónicas.
En los casos en los que no existan dichas canalizaciones o no sea posible o razonable su uso por razones técnicas los operadores podrán efectuar despliegues aéreos siguiendo los previamente existentes.
Igualmente, en los mismos casos, los operadores podrán efectuar por fachadas despliegue de cables y equipos que constituyan redes públicas de

comunicaciones electrónicas y sus recursos asociados, si bien para ello deberán utilizar, en la medida de lo posible, los despliegues, canalizaciones, instalaciones y equipos previamente instalados, debiendo adoptar las medidas oportunas para minimizar el impacto visual.

Los despliegues aéreos y por fachadas no podrán realizarse en casos justificados de edificaciones del patrimonio histórico-artístico con la categoría de bien de interés cultural declarada por las administraciones competentes o que puedan afectar a la seguridad pública.

9. Para la instalación o explotación de las estaciones o infraestructuras radioeléctricas y recursos asociados en dominio privado no podrá exigirse por parte de las Administraciones públicas competentes la obtención de licencia o autorización previa de obras, instalaciones, de funcionamiento o de actividad, de carácter medioambiental ni otras de clase similar o análogas, excepto en edificaciones del patrimonio histórico-artístico con la categoría de bien de interés cultural declarada por las autoridades competentes o cuando ocupen una superficie superior a 300 metros cuadrados, computándose a tal efecto toda la superficie incluida dentro del vallado de la estación o instalación o, tratándose de instalaciones de nueva construcción, tengan impacto en espacios naturales protegidos.

Para la instalación o explotación de redes públicas de comunicaciones electrónicas fijas o de estaciones o infraestructuras radioeléctricas y sus recursos asociados en dominio privado distintas de las señaladas en el párrafo anterior, no podrá exigirse por parte de las Administraciones públicas competentes la obtención de licencia o autorización previa de obras, instalaciones, de funcionamiento o de actividad, o de carácter medioambiental, ni otras licencias o aprobaciones de clase similar o análogas que sujeten a previa autorización dicha instalación, en el caso de que el operador haya presentado voluntariamente a la Administración Pública competente para el otorgamiento de la licencia o autorización un plan de despliegue o instalación de red de comunicaciones electrónicas, en el que se contemplen dichas infraestructuras o estaciones, y siempre que el citado plan haya sido aprobado por dicha administración.

Para la instalación y despliegue de redes públicas de comunicaciones electrónicas y sus recursos asociados que deban realizarse en dominio público, las Administraciones públicas podrán establecer, cada una en el ámbito exclusivo de sus competencias y para todos o algunos de los casos, que la tramitación se realice mediante declaración responsable o comunicación previa.

Los planes de despliegue o instalación son documentos de carácter descriptivo e informativo, no debiendo tener un grado de detalle propio de un proyecto técnico y su presentación es potestativa para los operadores. Su contenido se considera confidencial.

En el plan de despliegue o instalación, el operador efectuará una mera previsión de los supuestos en los que se pueden efectuar despliegues aéreos o por fachadas de cables y equipos en los términos indicados en el apartado anterior.

Este plan de despliegue o instalación a presentar por el operador se sujetará al contenido y deberá respetar las condiciones técnicas exigidas mediante real decreto acordado en Consejo de Ministros.

El plan de despliegue o instalación de red pública de comunicaciones electrónicas se entenderá aprobado si, transcurrido el plazo máximo de tres meses desde su presentación, la Administración Pública competente no ha dictado resolución expresa. La Administración Pública competente podrá fijar un plazo de resolución inferior.

Tanto para la aprobación de un plan de despliegue o instalación como para el otorgamiento, en su caso, de una autorización o licencia, la Administración competente sólo podrá exigir al operador documentación asociada a su ámbito competencial, que sea razonable y proporcional al fin perseguido y que no se encuentre ya en poder de la propia administración.

Las licencias o autorizaciones previas que, de acuerdo con los párrafos anteriores, no puedan ser exigidas, serán sustituidas por declaraciones responsables, de conformidad con lo establecido en el artículo 69 de la Ley 39/2015, de 1 de octubre, del Procedimiento Administrativo Común de las Administraciones Públicas, relativas al cumplimiento de las previsiones legales establecidas en la normativa vigente. En todo caso, el declarante deberá estar en posesión del justificante de pago del tributo correspondiente cuando sea preceptivo.

La declaración responsable deberá contener una manifestación explícita del cumplimiento de aquellos requisitos que resulten exigibles de acuerdo con la normativa vigente, incluido, en su caso, estar en posesión de la documentación que así lo acredite.

Cuando deban realizarse diversas actuaciones relacionadas con la infraestructura o estación radioeléctrica, las declaraciones responsables se tramitarán conjuntamente siempre que ello resulte posible.

La presentación de la declaración responsable, con el consiguiente efecto de habilitación a partir de ese momento para ejecutar la instalación, no prejuzgará en modo alguno la situación y efectivo acomodo de las condiciones de la infraestructura o estación radioeléctrica a la normativa aplicable, ni limitará el ejercicio de las potestades administrativas de comprobación, inspección, sanción, y, en general, de control que a la Administración en cualquier orden, estatal, autonómico o local, le estén atribuidas por el ordenamiento sectorial aplicable en cada caso.

La inexactitud, falsedad u omisión, de carácter esencial, en cualquier dato, manifestación o documento que se acompañe o incorpore a una declaración responsable, o la no presentación de la declaración responsable determinará la imposibilidad de explotar la instalación y, en su caso, la obligación de retirarla desde el momento en que se tenga constancia de tales hechos, sin perjuicio de las responsabilidades penales, civiles o administrativas a que hubiera lugar.

Reglamentariamente se establecerán los elementos de la declaración responsable que tendrán dicho carácter esencial.

10. Para la instalación o explotación de los puntos de acceso inalámbrico para pequeñas áreas y sus recursos asociados, en los términos definidos por la normativa europea, no se requerirá ningún tipo de concesión, autorización o licencia nueva o modificación de la existente o declaración responsable o comunicación previa a las Administraciones públicas competentes por razones de ordenación del territorio o urbanismo, salvo en los supuestos de edificios o lugares de valor arquitectónico, histórico o natural que estén protegidos de acuerdo con la legislación nacional o, en su caso, por motivos de seguridad pública o seguridad nacional.

La instalación de los puntos de acceso inalámbrico para pequeñas áreas y sus recursos asociados no está sujeta a la exigencia de tributos por ninguna Administración Pública, excepto la tasa general de operadores y sin perjuicio de lo dispuesto en el artículo 52.

11. En el caso de que sobre una infraestructura de red pública de comunicaciones electrónicas, fija o móvil, incluidas las estaciones radioeléctricas de comunicaciones electrónicas y sus recursos asociados, ya esté ubicada en dominio público o privado, se realicen actuaciones de innovación tecnológica o adaptación técnica que supongan la incorporación de nuevo equipamiento o la realización de emisiones radioeléctricas en nuevas bandas de frecuencias o con otras tecnologías, sin cambiar la ubicación de los elementos de soporte ni variar los elementos de obra civil y mástil, no se requerirá ningún tipo de concesión, autorización o licencia nueva o modificación de la existente o declaración responsable o comunicación previa a las Administraciones públicas competentes por razones de ordenación del territorio, urbanismo, dominio público hidráulico, de carreteras o medioambientales, siempre y cuando no suponga un riesgo estructural para la infraestructura sobre la que se asienta la red.

12. Cuando las Administraciones públicas elaboren proyectos que impliquen la variación en la ubicación de una infraestructura o un elemento de la red de transmisión de comunicaciones electrónicas, deberán dar audiencia previa al operador titular de la infraestructura afectada, a fin de que realice las alegaciones pertinentes sobre los aspectos técnicos, económicos y de cualquier otra índole respecto a la variación proyectada.

13. Si las Administraciones públicas reguladoras o titulares del dominio público ostentan la propiedad, total o parcial, o ejercen el control directo o indirecto de operadores que explotan redes públicas de comunicaciones electrónicas o servicios de comunicaciones electrónicas disponibles para el público, deberán mantener una separación estructural entre dichos operadores y los órganos encargados de la regulación y gestión de los derechos de utilización del dominio público correspondiente.

Artículo 50. Mecanismos de colaboración entre el Ministerio de Asuntos Económicos y Transformación Digital y las Administraciones públicas para la instalación y explotación de las redes públicas de comunicaciones electrónicas.

1. El Ministerio de Asuntos Económicos y Transformación Digital y las Administraciones públicas tienen los deberes de recíproca información y de colaboración y cooperación mutuas en el ejercicio de sus actuaciones de regulación y que puedan afectar a las telecomunicaciones, según lo establecido por el ordenamiento vigente.

Esta colaboración se articulará, entre otros, a través de los mecanismos establecidos en los siguientes apartados, que podrán ser complementados mediante acuerdos de coordinación y cooperación entre el Ministerio de Asuntos Económicos y Transformación Digital y las Administraciones públicas competentes, garantizando en todo caso un trámite de audiencia para los interesados.

2. Los órganos encargados de los procedimientos de aprobación, modificación o revisión de los instrumentos de planificación territorial o urbanística que afecten a la instalación o explotación de las redes públicas de comunicaciones electrónicas y recursos asociados deberán recabar el oportuno informe del Ministerio de Asuntos Económicos y Transformación Digital. Dicho informe versará sobre la adecuación de dichos instrumentos de planificación con la presente ley y con la normativa sectorial de telecomunicaciones y sobre las necesidades de redes públicas de comunicaciones electrónicas en el ámbito territorial a que se refieran.

El referido informe preceptivo será previo a la aprobación del instrumento de planificación de que se trate y tendrá carácter vinculante en lo que se refiere a su adecuación a la normativa sectorial de telecomunicaciones, en particular, al régimen jurídico de las telecomunicaciones establecido por la presente ley y su normativa de desarrollo, y a las necesidades de redes públicas de comunicaciones electrónicas, debiendo señalar expresamente los puntos y aspectos respecto de los cuales se emite con ese carácter vinculante.

El Ministerio de Asuntos Económicos y Transformación Digital emitirá el informe en un plazo máximo de tres meses. Sin perjuicio de lo dispuesto en el artículo 80.4 de la Ley 39/2015, de 1 de octubre, del Procedimiento Administrativo Común de las Administraciones Públicas, transcurrido dicho plazo, el informe se entenderá emitido con carácter favorable y podrá continuarse con la tramitación del instrumento de planificación.

A falta de solicitud del preceptivo informe, no podrá aprobarse el correspondiente instrumento de planificación territorial o urbanística en lo que se refiere al ejercicio de las competencias estatales en materia de telecomunicaciones.

En el caso de que el informe no sea favorable, los órganos encargados de la tramitación de los procedimientos de aprobación, modificación o revisión de los instrumentos de planificación territorial o urbanística dispondrán de un plazo máximo de un mes, a contar desde la recepción del informe, para remitir al Ministerio de Asuntos Económicos y Transformación Digital sus alegaciones al informe, motivadas por razones de medio ambiente, salud pública, seguridad pública u ordenación urbana y territorial.

El Ministerio de Asuntos Económicos y Transformación Digital, a la vista de las alegaciones presentadas, emitirá un nuevo informe en el plazo máximo de un mes a contar desde la recepción de las alegaciones. Sin perjuicio de lo dispuesto en el artículo 80.4 de la Ley 39/2015, de 1 de octubre, del Procedimiento Administrativo Común de las Administraciones Públicas, transcurrido dicho plazo, el informe se entenderá emitido con carácter favorable y podrá continuarse con la tramitación del instrumento de planificación. El informe tiene carácter vinculante, de forma que si el informe vuelve a ser no favorable, no podrá aprobarse el correspondiente instrumento de planificación territorial o urbanística en lo que se refiere al ejercicio de las competencias estatales en materia de telecomunicaciones.

3. Mediante orden de la persona titular del Ministerio de Asuntos Económicos y Transformación Digital se podrá establecer la forma en que han de solicitarse los informes a que se refiere el apartado anterior y la información a facilitar por parte del órgano solicitante, en función del tipo de instrumento de planificación territorial o urbanística, pudiendo exigirse a las Administraciones públicas competentes su tramitación por vía electrónica.

4. En la medida en que la instalación y despliegue de las redes de comunicaciones electrónicas y recursos asociados constituyen obras de interés general, el conjunto de Administraciones públicas tiene la obligación de facilitar el despliegue de infraestructuras de redes de comunicaciones electrónicas en su ámbito territorial, para lo cual deben dar debido cumplimiento a los deberes de recíproca información y de colaboración y cooperación mutuas en el ejercicio de sus actuaciones y de sus competencias.

En defecto de acuerdo entre las Administraciones públicas, cuando quede plenamente justificada la necesidad de redes públicas de comunicaciones electrónicas, y siempre y cuando se cumplan los parámetros y requerimientos técnicos esenciales para garantizar el funcionamiento de las redes y servicios de comunicaciones electrónicas establecidos en el apartado 5 del artículo 49, el Consejo de Ministros podrá autorizar la ubicación o el itinerario concreto de una infraestructura de red de comunicaciones electrónicas, en cuyo caso la Administración Pública competente deberá incorporar necesariamente en sus respectivos instrumentos de ordenación las rectificaciones imprescindibles para acomodar sus determinaciones a aquéllas, salvo que esté plenamente justificada su imposibilidad por razones de medio ambiente u ordenación urbana y territorial, o por su ubicación en edificaciones afectas a las Fuerzas y Cuerpos de Seguridad, en cuyo caso deberá ir acompañado de las alternativas oportunas, factibles y viables que permitan el despliegue efectivo de la red y garantizar en la práctica el derecho de ocupación de los operadores y su ejercicio en igualdad de condiciones.

5. La tramitación por la Administración Pública competente de una medida cautelar que impida o paralice o de una resolución que deniegue o imposibilite la instalación de la infraestructura de red o recursos asociados que cumpla los parámetros y requerimientos técnicos esenciales para garantizar el funcionamiento de las distintas redes y servicios de comunicaciones electrónicas establecidos en el apartado 5 del artículo 49, excepto en edificaciones del patrimonio histórico- artístico con la categoría de bien de interés cultural, será objeto de previo informe preceptivo del Ministerio de Asuntos Económicos y Transformación Digital, que dispone del plazo máximo de un mes para su emisión y que será evacuado tras, en su caso, los intentos que procedan de encontrar una solución negociada con los órganos encargados de la tramitación de la citada medida o resolución.

Sin perjuicio de lo dispuesto en el artículo 80.4 de la Ley 39/2015, de 1 de octubre, del Procedimiento Administrativo Común de las Administraciones Públicas, transcurrido dicho plazo, el informe se entenderá emitido con carácter favorable y podrá continuarse con la tramitación de la medida o resolución.

A falta de solicitud del preceptivo informe, así como en el supuesto de que el informe no sea favorable, no se podrá aprobar la medida o resolución.

6. El Ministerio de Asuntos Económicos y Transformación Digital promoverá con la asociación de entidades locales de ámbito estatal con mayor implantación la elaboración de un modelo tipo de declaración responsable a que se refiere el apartado 9 del artículo 49.

7. Igualmente, el Ministerio de Asuntos Económicos y Transformación Digital aprobará recomendaciones para la elaboración por parte de las Administraciones públicas competentes de las normas o instrumentos contemplados en la presente sección, que podrán contener modelos de ordenanzas municipales elaborados conjuntamente con la asociación de entidades locales de ámbito estatal con mayor implantación. En el caso de municipios se podrá reemplazar la solicitud de informe a que se refiere el apartado 2 de este artículo por la presentación al Ministerio de Asuntos Económicos y Transformación Digital del proyecto de instrumento acompañado de la declaración del Alcalde del municipio acreditando el cumplimiento de dichas recomendaciones.

8. El Ministerio de Asuntos Económicos y Transformación Digital creará un punto de gestión único a través del cual los operadores de redes públicas de comunicaciones electrónicas y de servicios de comunicaciones electrónicas disponibles al público accederán por vía electrónica a toda la información relativa sobre las condiciones y procedimientos aplicables para la instalación y despliegue de redes de comunicaciones electrónicas y sus recursos asociados, así como a la información para el cumplimiento de las obligaciones tributarias

específicas de ámbito autonómico y local, a través de los enlaces de las administraciones correspondientes.

Las Comunidades Autónomas y las Corporaciones Locales podrán, mediante la suscripción del oportuno convenio de colaboración con el Ministerio de Asuntos Económicos y Transformación Digital, adherirse al punto de gestión único, en cuyo caso, los operadores de comunicaciones electrónicas deberán presentar en formato electrónico a través de dicho punto las declaraciones responsables a que se refiere el apartado 5 del artículo 49 y permisos de toda índole para el despliegue de dichas redes que vayan dirigidas a la respectiva Comunidad Autónoma o Corporación Local. En el ámbito tributario, el punto de gestión único permitirá la conexión con la sede electrónica de dichas Administraciones, al objeto de que se pueda disponer de información de manera centralizada, más simplificada, accesible y eficiente, por parte de los operadores de redes públicas de comunicaciones electrónicas y de servicios de comunicaciones electrónicas disponibles al público, facilitando el cumplimiento de las obligaciones tributarias específicas en los ámbitos autonómico y local, sin perjuicio de las competencias que, en el ámbito de aplicación de los tributos, corresponden a las citadas administraciones.

El punto de gestión único será gestionado por el Ministerio de Asuntos Económicos y Transformación Digital y será el encargado de remitir a la Comunidad Autónoma o Corporación Local que se haya adherido a dicho punto todas las declaraciones responsables y solicitudes para la instalación y despliegue de redes de comunicaciones electrónicas y sus recursos asociados que les hayan presentado los operadores de redes públicas de comunicaciones electrónicas.

El Ministerio de Asuntos Económicos y Transformación Digital, las Comunidades Autónomas y la asociación de entidades locales de ámbito estatal con mayor implantación fomentarán el uso de este punto de gestión único por el conjunto de las Administraciones públicas con vistas a reducir cargas y costes administrativos, facilitar la interlocución de los operadores con la Administración y simplificar el cumplimiento de los trámites administrativos.

Artículo 51. Previsión de infraestructuras de comunicaciones electrónicas en proyectos de urbanización y en obras civiles financiadas con recursos públicos.

1. Cuando se acometan proyectos de urbanización, el proyecto técnico de urbanización deberá ir acompañado de un proyecto específico de telecomunicaciones que deberá prever la instalación de infraestructura de obra civil para facilitar la instalación y explotación de las redes públicas de comunicaciones electrónicas, pudiendo incluir adicionalmente elementos y equipos de red pasivos en los términos que determine la normativa técnica de telecomunicaciones que se dicte en desarrollo de este artículo.

Las infraestructuras que se instalen para facilitar la instalación y explotación de las redes públicas de comunicaciones electrónicas conforme al párrafo anterior formarán parte del conjunto resultante de las obras de urbanización y pasarán a integrarse en el dominio público municipal. La Administración Pública titular de dicho dominio público pondrá tales infraestructuras a disposición de los operadores interesados en condiciones de igualdad, transparencia y no discriminación.

Mediante real decreto se establecerá el dimensionamiento y características técnicas mínimas que habrán de reunir estas infraestructuras.

2. En las obras civiles financiadas total o parcialmente con recursos públicos se preverá, en los supuestos y condiciones que se determinen mediante real decreto, la instalación de recursos asociados y otras infraestructuras de obra civil para facilitar el despliegue de las redes públicas de comunicaciones electrónicas, que se pondrán a disposición de los operadores interesados en condiciones de igualdad, transparencia y no discriminación.

Sección 3.ª Acceso a infraestructuras susceptibles de alojar redes públicas de comunicaciones electrónicas y coordinación de obras civiles

Artículo 52. Acceso a las infraestructuras susceptibles de alojar redes públicas de comunicaciones electrónicas.

1. Los operadores de redes públicas de comunicaciones electrónicas podrán acceder a las infraestructuras susceptibles de alojar redes públicas de comunicaciones electrónicas para la instalación o explotación de redes de alta y muy alta capacidad, en los términos indicados en el presente artículo.

2. Cuando un operador que instale o explote redes públicas de comunicaciones electrónicas realice una solicitud razonable de acceso a una infraestructura física a alguno de los sujetos obligados, éste estará obligado a atender y negociar dicha solicitud de acceso, en condiciones equitativas y razonables, en particular, en cuanto al precio, con vistas al despliegue de elementos de las redes de comunicaciones electrónicas de alta y muy alta capacidad.

No se estará obligado a negociar el acceso en relación con aquellas infraestructuras vinculadas con la seguridad nacional, la defensa nacional o la seguridad pública, o cuando tengan la consideración de críticas en virtud de la Ley 8/2011, de 28 de abril, por la que se establecen medidas para la protección de las infraestructuras críticas. En este último caso, para la negociación del acceso a dichas infraestructuras será preceptivo el informe de la Secretaría de Estado de Seguridad del Ministerio del Interior.

3. Son sujetos obligados los siguientes propietarios, gestores o titulares de derechos de utilización de infraestructuras físicas susceptibles de alojar redes públicas de comunicaciones electrónicas de alta o muy alta capacidad:

a) operadores de redes que proporcionen una infraestructura física destinada a prestar un servicio de producción, transporte o distribución de:

1.º gas;

2.º electricidad, incluida la iluminación pública;
3.º calefacción;
4.º agua, incluidos los sistemas de saneamiento: evacuación o tratamiento de aguas residuales y el alcantarillado y los sistemas de drenaje. No se incluye dentro de esta definición a los elementos de redes utilizados para el transporte de agua destinada al consumo humano, definida esta última según lo establecido en el Real Decreto 140/2003, de 7 de febrero, por el que se establecen los criterios sanitarios de la calidad del agua de consumo humano;
b) operadores que instalen o exploten redes públicas de comunicaciones electrónicas disponibles para el público;
c) empresas que proporcionen infraestructuras físicas destinadas a prestar servicios de transporte, incluidos los ferrocarriles, las carreteras, los puertos y los aeropuertos, incluyendo a las entidades o sociedades encargadas de la gestión de infraestructuras de transporte de competencia estatal;
d) las Administraciones públicas titulares de infraestructuras físicas susceptibles de alojar redes públicas de comunicaciones electrónicas.
Los sujetos obligados deberán atender y negociar las solicitudes de acceso a su infraestructura física al objeto de facilitar el despliegue de redes de comunicaciones electrónicas de alta o muy alta capacidad. En los casos en que la solicitud de acceso se produzca sobre una infraestructura gestionada o cuya titularidad o derecho de uso corresponda a un operador de comunicaciones electrónicas sujeto a obligaciones motivadas por los artículos 17 y 18, el acceso a dichas infraestructuras físicas será coherente con tales obligaciones y la introducción de procedimientos y tareas nuevas se basará en las ya existentes.
4. Por infraestructuras susceptibles de ser utilizadas para el despliegue de redes públicas de comunicaciones electrónicas de alta o muy alta capacidad se entiende cualquier elemento de una red pensado para albergar otros elementos de una red sin llegar a ser un elemento activo de ella, como tuberías, mástiles, conductos, cámaras de acceso, bocas de inspección, distribuidores, edificios o entradas a edificios, instalaciones de antenas, torres y postes. Los cables, incluida la fibra oscura, así como los elementos de redes utilizados para el transporte de agua destinada al consumo humano, no son infraestructura física en el sentido de este artículo.
5. En particular, se garantiza que los operadores de redes públicas de comunicaciones electrónicas tengan derecho a acceder, en los términos establecidos en la normativa europea, a cualquier infraestructura física controlada por las Administraciones públicas que sea técnicamente apta para acoger puntos de acceso inalámbrico para pequeñas áreas o que sea necesaria para conectar dichos puntos de acceso a una red troncal, en particular mobiliario urbano, como postes de luz, señales viales, semáforos, vallas publicitarias, paradas de autobús y de tranvía y estaciones de metro. Las autoridades públicas satisfarán todas las solicitudes razonables de acceso en el marco de unas condiciones justas, razonables, transparentes y no discriminatorias, que serán

hechas públicas en el punto de información único a que se refiere el apartado 13 de este artículo.

6. El acceso a dichas infraestructuras para la instalación o explotación de una red no podrá ser otorgado o reconocido mediante procedimientos de licitación. Las Administraciones públicas titulares de las infraestructuras a las que se hace referencia en este artículo tendrán derecho a establecer las compensaciones económicas que correspondan por el uso que de ellas se haga por parte de los operadores.

7. Cualquier denegación de acceso deberá justificarse de manera clara al solicitante, en el plazo máximo de dos meses a partir de la fecha de recepción de la solicitud de acceso completa, exponiendo los motivos en los que se fundamenta. La denegación deberá basarse en criterios objetivos, transparentes y proporcionados, tales como:

a) la falta de idoneidad técnica de la infraestructura física a la que se ha solicitado acceso para albergar cualquiera de los elementos de las redes de comunicaciones electrónicas de alta y muy alta capacidad. Los motivos de denegación basados en la falta de adecuación técnica de la infraestructura serán determinadas por el Ministerio de Asuntos Económicos y Transformación Digital mediante orden, previo informe del departamento ministerial con competencia sectorial sobre dicha infraestructura;

b) la falta de disponibilidad de espacio para acoger los elementos de las redes de comunicaciones electrónicas de alta y muy alta capacidad, incluidas las futuras necesidades de espacio del sujeto obligado, siempre y cuando esto quede suficientemente demostrado;

c) los riesgos para la seguridad nacional, la defensa nacional, la seguridad pública, la salud pública, la seguridad vial o la protección civil;

d) los riesgos para la integridad y la seguridad de una red, en particular de las infraestructuras nacionales críticas, sin perjuicio de lo dispuesto en el apartado 2 de este artículo;

e) los riesgos de interferencias graves de los servicios de comunicaciones electrónicas previstos con la prestación de otros servicios a través de la misma infraestructura física;

f) la disponibilidad de medios alternativos viables de acceso a la infraestructura de red física al por mayor facilitados por el sujeto obligado y que sean adecuados para el suministro de redes de comunicaciones electrónicas de alta y muy alta capacidad, siempre que dicho acceso se ofrezca en condiciones justas y razonables;

g) garantizar que no se comprometa la continuidad y seguridad de la prestación de los servicios públicos o de carácter público que en dichas infraestructuras realiza su Administración Pública titular.

8. Cualquiera de las partes podrá plantear un conflicto ante la Comisión Nacional de los Mercados y la Competencia cuando se deniegue el acceso o cuando transcurrido el plazo de dos meses mencionado en el apartado anterior,

no se llegue a un acuerdo sobre las condiciones en las que debe producirse el mismo, incluidos los precios. La Comisión Nacional de los Mercados y la Competencia, teniendo plenamente en cuenta el principio de proporcionalidad, adoptará, en el plazo máximo de cuatro meses desde la recepción de toda la información, una decisión para resolverlo, incluida la fijación de condiciones y precios equitativos y no discriminatorios cuando proceda.

9. A fin de solicitar el acceso a una infraestructura física de conformidad con lo dispuesto en este artículo, los operadores que instalen o exploten redes públicas de comunicaciones electrónicas tienen derecho a acceder, previa solicitud por escrito en la que se especifique la zona en la que tienen intención de desplegar elementos de las redes de comunicaciones electrónicas de alta y muy alta capacidad a la siguiente información mínima relativa a las infraestructuras físicas existentes de cualquiera de los sujetos obligados:

a) localización y trazado de la infraestructura;
b) tipo y utilización de la misma, describiendo su grado de ocupación actual;
c) punto de contacto al que dirigirse.

10. Los sujetos obligados tienen la obligación de atender las solicitudes de información mínima relativa a las infraestructuras físicas susceptibles de alojar redes de comunicaciones electrónicas, otorgando el acceso a dicha información en condiciones proporcionadas, no discriminatorias y transparentes, en el plazo de dos meses a partir de la fecha de recepción de la solicitud.

Asimismo, los sujetos obligados tienen la obligación de atender las solicitudes razonables de realización de estudios sobre el terreno de elementos específicos de sus infraestructuras físicas susceptibles de alojar redes de comunicaciones electrónicas.

El acceso a la información mínima podrá estar limitado si es necesario por motivos de seguridad e integridad de las redes, de seguridad y defensa nacional, de salud o seguridad pública, en el caso de infraestructuras críticas o por motivos de confidencialidad o de secreto comercial u operativo.

11. Las solicitudes de información mínima y las solicitudes de estudios sobre el terreno podrán ser denegadas de manera justificada, en el caso de infraestructuras nacionales críticas o de infraestructuras que no se consideren técnicamente adecuadas para el despliegue de redes de comunicaciones electrónicas de alta y muy alta capacidad, así como por motivos de seguridad nacional, defensa nacional, seguridad y salud pública.

12. Cualquiera de las partes podrá plantear los conflictos que pudieran surgir en relación con las solicitudes de información mínima y las solicitudes de estudios sobre el terreno, ante la Comisión Nacional de los Mercados y la Competencia quien, teniendo plenamente en cuenta el principio de proporcionalidad, resolverá la diferencia en un plazo máximo de dos meses desde la recepción de toda la información.

13. El Ministerio de Asuntos Económicos y Transformación Digital gestionará a través del punto de información único la información en materia de

infraestructuras existentes. Mediante el punto de información único los sujetos obligados podrán poner a disposición de los operadores que instalen o exploten redes públicas de comunicaciones electrónicas, información relativa a sus infraestructuras susceptibles de alojar redes de comunicaciones electrónicas de alta y muy alta capacidad en particular, su ubicación detallada.

14. Mediante real decreto se desarrollará lo establecido en este artículo, atendiendo a lo dispuesto en la Directiva 2014/61/UE, del Parlamento Europeo y del Consejo, de 15 de mayo de 2014, relativa a medidas para reducir el coste del despliegue de las redes de comunicaciones electrónicas de alta velocidad.

15. Lo previsto en este artículo se entenderá sin perjuicio de lo dispuesto en la normativa de defensa de la competencia. Los operadores que suministren redes de comunicaciones electrónicas que obtengan acceso a información en virtud del presente artículo adoptarán las medidas adecuadas para garantizar el respeto de la confidencialidad y el secreto comercial u operativo.

Artículo 53. Coordinación de obras civiles.

1. Todo sujeto obligado, en los términos indicados en el artículo 52, tendrá derecho a negociar acuerdos relativos a la coordinación de obras civiles con operadores que instalen o exploten redes públicas de comunicaciones electrónicas, con vistas al despliegue de elementos de las redes de comunicaciones electrónicas de alta y muy alta capacidad.

2. Los sujetos obligados que realicen directa o indirectamente obras civiles, total o parcialmente financiadas con recursos públicos deberán atender y negociar las solicitudes de coordinación de dichas obras civiles, al objeto de facilitar el despliegue de redes de comunicaciones electrónicas de alta y muy alta capacidad.

3. A tal fin, cuando un operador que instale o explote redes públicas de comunicaciones electrónicas disponibles al público realice una solicitud razonable de coordinación de las obras a las que se refiere el apartado anterior con vistas al despliegue de elementos de las redes de comunicaciones electrónicas de alta y muy alta capacidad, los sujetos obligados atenderán dicha solicitud en condiciones transparentes y no discriminatorias.

4. Las obligaciones establecidas en el presente artículo no se aplicarán en relación con las infraestructuras nacionales críticas y con las obras civiles de importancia insignificante.

5. Cuando en el plazo de un mes a partir de la fecha de recepción de la solicitud formal de coordinación de obras civiles no se haya conseguido un acuerdo, cualquiera de las partes, sin perjuicio del sometimiento de la cuestión a los tribunales, podrá plantear el conflicto ante la Comisión Nacional de los Mercados y la Competencia. La Comisión Nacional de los Mercados y la Competencia, teniendo plenamente en cuenta el principio de proporcionalidad, adoptará, en el plazo máximo de dos meses desde la recepción de toda la información, una decisión para resolver el conflicto, incluida la fijación de

condiciones y precios equitativos y no discriminatorios cuando proceda.

6. A fin de negociar los acuerdos relativos a la coordinación de obras civiles a que hace referencia este artículo, los operadores que instalen o exploten redes públicas de comunicaciones electrónicas tienen derecho a acceder, previa solicitud por escrito, en la que se especifique la zona en la que tienen intención de desplegar elementos de las redes de comunicaciones electrónicas de alta y muy alta capacidad, a la siguiente información mínima relativa a las obras civiles relacionadas con la infraestructura física de los sujetos obligados, que estén en curso, para las que se haya presentado solicitud de permiso y aún no haya sido concedido o para las que se prevea realizar la primera presentación de solicitud de permiso, licencia o de la documentación que la sustituya ante las autoridades competentes en los seis meses siguientes a la presentación de la solicitud de coordinación:

a) localización y tipo de obra;
b) elementos de la red implicados;
c) fecha prevista de inicio de las obras y duración de estas, y
d) punto de contacto al que dirigirse.

7. Los sujetos obligados tienen la obligación de atender las solicitudes de información mínima relativa a las obras civiles en curso o previstas, otorgando el acceso a dicha información, en condiciones proporcionadas, no discriminatorias y transparentes, en el plazo de dos semanas a partir de la fecha de recepción de la solicitud.

8. Los sujetos obligados podrán limitar el acceso a la información mínima si es necesario por motivos de seguridad e integridad de las redes, de seguridad y defensa nacional, de salud o seguridad pública, de confidencialidad o de secreto comercial u operativo.

9. Cualquiera de las partes podrá plantear los conflictos que pudieran surgir en relación con las solicitudes de información mínima relativa a las obras civiles, ante la Comisión Nacional de los Mercados y la Competencia quien, teniendo plenamente en cuenta el principio de proporcionalidad, resolverá la diferencia en un plazo máximo de dos meses desde la recepción de toda la información.

10. El Ministerio de Asuntos Económicos y Transformación Digital gestionará el punto de información único de coordinación de obras civiles a través del cual los operadores que instalen o exploten redes públicas de comunicaciones electrónicas podrán acceder a la información mínima contemplada en este artículo.

11. Mediante real decreto se desarrollará lo establecido en este artículo, atendiendo a lo dispuesto en la Directiva 2014/61/UE, del Parlamento Europeo y del Consejo, de 15 de mayo de 2014, relativa a medidas para reducir el coste del despliegue de las redes de comunicaciones electrónicas de alta velocidad.

12. Lo establecido en el presente artículo se entenderá sin perjuicio de lo dispuesto en el artículo
51.2 o de cualquier obligación de reservar capacidad para el despliegue de redes

públicas de comunicaciones electrónicas, independientemente de la existencia o no de solicitudes de coordinación de obra civil y sin perjuicio asimismo de lo dispuesto en la normativa de defensa de la competencia.

Artículo 54. Acceso o uso de las redes de comunicaciones electrónicas titularidad de los órganos o entes gestores de infraestructuras de transporte de competencia estatal.
1. Los órganos o entes pertenecientes a la Administración General del Estado así como cualesquiera otras entidades o sociedades encargados de la gestión de infraestructuras de transporte de competencia estatal que presten, directamente o a través de entidades o sociedades intermedias, servicios de comunicaciones electrónicas o comercialicen la explotación de redes públicas de comunicaciones electrónicas, negociarán con los operadores de redes y servicios de comunicaciones electrónicas interesados en el acceso o uso de las redes de comunicaciones electrónicas de las que aquellos sean titulares.
2. Las condiciones para el acceso o uso de estas redes han de ser equitativas, no discriminatorias, objetivas, transparentes, neutrales y a precios de mercado, siempre que se garantice al menos la recuperación de coste de las inversiones y su operación y mantenimiento, para todos los operadores de redes y servicios de comunicaciones electrónicas, incluidos los pertenecientes o vinculados a dichos órganos o entes, sin que en ningún caso pueda establecerse derecho preferente o exclusivo alguno de acceso o uso a dichas redes en beneficio de un operador determinado o de una red concreta de comunicaciones electrónicas. En todo caso, deberá preservarse la seguridad de las infraestructuras de transporte en las que están instaladas las redes de comunicaciones electrónicas a que se refiere este artículo y de los servicios que en dichas infraestructuras se prestan.
3. Las partes acordarán libremente los acuerdos del acceso o uso a que se refiere este artículo, a partir de las condiciones establecidas en el apartado anterior y sin perjuicio asimismo de lo dispuesto en la normativa de defensa de la competencia. Cualquiera de las partes podrá presentar un conflicto sobre el acceso y sus condiciones ante la Comisión Nacional de los Mercados y la Competencia, la cual, previa audiencia de las partes, dictará resolución vinculante sobre los extremos objeto del conflicto, en el plazo de cuatro meses, sin perjuicio de que puedan adoptarse medidas provisionales hasta el momento en que se dicte la resolución definitiva.

Sección 4.ª Infraestructuras comunes y redes de comunicaciones electrónicas en los edificios

Artículo 55. Infraestructuras comunes y redes de comunicaciones electrónicas en los edificios.
1. Mediante real decreto se desarrollará la normativa legal en materia de infraestructuras comunes de comunicaciones electrónicas en el interior de

edificios y conjuntos inmobiliarios. Dicho real decreto determinará, tanto el punto de interconexión de la red interior con las redes públicas, como las condiciones aplicables a la propia red interior. Asimismo, regulará las garantías aplicables al acceso a los servicios de comunicaciones electrónicas a través de sistemas individuales en defecto de infraestructuras comunes de comunicaciones electrónicas, y el régimen de instalación de éstas en todos aquellos aspectos no previstos en las disposiciones con rango legal reguladoras de la materia.

2. La normativa técnica básica de edificación que regule la infraestructura de obra civil en el interior de los edificios y conjuntos inmobiliarios deberá tomar en consideración las necesidades de soporte de los sistemas y redes de comunicaciones electrónicas fijadas de conformidad con la normativa a que se refiere el apartado 1, previendo que la infraestructura de obra civil disponga de capacidad suficiente para permitir el paso de las redes de los distintos operadores, de forma que se facilite la posibilidad de uso compartido de estas infraestructuras por aquéllos.

3. La normativa reguladora de las infraestructuras comunes de comunicaciones electrónicas promoverá la sostenibilidad de las edificaciones y conjuntos inmobiliarios, de uso residencial, industrial, terciario y dotacional, facilitando la introducción de aquellas tecnologías de la información y las comunicaciones y el «Internet de las Cosas» que favorezcan su eficiencia energética, accesibilidad y seguridad, tendiendo hacia la implantación progresiva en España del edificio sostenible y conectado con unidades de convivencia superiores y del concepto de hogar digital.

4. El Ministerio de Asuntos Económicos y Transformación Digital creará y mantendrá un inventario centralizado y actualizado de todos aquellos edificios o conjuntos inmobiliarios que disponen de infraestructuras comunes de telecomunicaciones instaladas. Dicho inventario será puesto a disposición de los operadores y de las empresas instaladoras de telecomunicación.

5. Los operadores podrán instalar los tramos finales de las redes fijas de comunicaciones electrónicas de alta y muy alta capacidad así como sus recursos asociados en los edificios, fincas y conjuntos inmobiliarios que estén acogidos, o deban acogerse, al régimen de propiedad horizontal o a los edificios que, en todo o en parte, hayan sido o sean objeto de arrendamiento por plazo superior a un año, salvo los que alberguen una sola vivienda, al objeto de que cualquier copropietario o, en su caso, arrendatario del inmueble pueda hacer uso de dichas redes.

En el caso de edificios en los que no exista una infraestructura común de comunicaciones electrónicas en el interior del edificio o conjunto inmobiliario, o la existente no permita instalar el correspondiente acceso a las redes fijas de comunicaciones electrónicas de alta y muy alta capacidad, dicha instalación podrá realizarse haciendo uso de los elementos comunes de la edificación. En los casos en los que no sea posible realizar la instalación en el interior de la edificación o finca por razones técnicas o económicas, la instalación podrá realizarse utilizando las fachadas de las edificaciones.

El operador que se proponga instalar los tramos finales de red y sus recursos asociados a que se refiere el presente apartado, deberá comunicarlo por escrito a la comunidad de propietarios o, en su caso, al propietario del edificio, junto con una descripción de la actuación que pretende realizar, antes de iniciar cualquier instalación. El formato, contenido, y plazos formales de presentación tanto de la comunicación escrita como de la descripción de actuación referidos en el presente párrafo serán determinados reglamentariamente. En todo caso, corresponderá al operador acreditar que la comunicación escrita ha sido entregada.

La instalación no podrá realizarse si en el plazo de un mes desde que la comunicación se produzca, la comunidad de propietarios o el propietario acredita ante el operador que ninguno de los copropietarios o arrendatarios del edificio está interesado en disponer de las infraestructuras propuestas, o afirma que va a realizar, dentro de los tres meses siguientes a la contestación, la instalación de una infraestructura común de comunicaciones electrónicas en el interior del edificioo la adaptación de la previamente existente que permita dicho acceso de alta o muy alta capacidad. Transcurrido el plazo de un mes antes señalado desde que la comunicación se produzca sin que el operador hubiera obtenido respuesta, o el plazo de tres meses siguientes a la contestación sin que se haya realizado la instalación de la infraestructura común de comunicaciones electrónicas, el operador estará habilitado para iniciar la instalación de los tramos finales de red y sus recursos asociados, si bien será necesario que el operador indique a la comunidad de propietarios o al propietario el día de inicio de la instalación.

El procedimiento del párrafo anterior no será aplicable al operador que se proponga instalar los tramos finales de redes fijas de comunicaciones electrónicas de alta y muy alta capacidad y sus recursos asociados en un edificio o conjunto inmobiliario en el que otro operador haya iniciado o instalado tramos finales de dichas redes; o en aquellos casos, sean edificaciones o fincas sujetas al régimen de propiedad horizontal o no, en los que se trate de un tramo para dar continuidad a una instalación que sea necesaria para proporcionar acceso a dichas redes en edificios o fincas colindantes o cercanas y no exista otra alternativa económicamente eficiente y técnicamente viable que quede justificada, en cuyo caso la comunidad de propietarios o el propietario no podrá denegar al operador la instalación de los tramos finales en el edificio, ni podrá denegar la instalación del tramo de red necesario para dar continuidad de la red hacia los edificios o fincas colindantes. En ambos supuestos deberá existir, en todo caso, una comunicación previa mínima de un mes de antelación del operador a la comunidad de propietarios o al propietario junto con una descripción de la actuación que pretende realizar, antes de iniciar cualquier instalación.

En todo caso, será necesario que el operador indique a la comunidad de propietarios o al propietario el día de inicio de la instalación.

6. Los operadores serán responsables de cualquier daño que inflijan en las edificaciones o fincas como consecuencia de las actividades de instalación de las redes y recursos asociados a que se refiere el apartado anterior.

7. Por orden del Ministerio de Asuntos Económicos y Transformación Digital se determinarán los aspectos técnicos que deben cumplir los operadores en la instalación de los recursos asociados a las redes fijas de comunicaciones electrónicas de alta y muy alta capacidad así como la obra civil asociada en los supuestos contemplados en el apartado 5 de este artículo, con el objetivo de reducir molestias y cargas a los ciudadanos, optimizar la instalación de las redes y facilitar el despliegue de las redes por los distintos operadores.

8. La Comisión Nacional de los Mercados y la Competencia podrá imponer, previa solicitud razonable o de oficio, a los operadores y a los propietarios de los correspondientes cables o recursos asociados cuando estos propietarios no sean operadores, previo trámite de información pública, obligaciones objetivas, transparentes, proporcionadas y no discriminatorias relativas al acceso o utilización compartida de los tramos finales de las redes de acceso, incluyendo los que discurran por el interior de las edificaciones y conjuntos inmobiliarios, o hasta el primer punto de concentración o distribución ubicado en su exterior, cuando la duplicación de esta infraestructura sea económicamente ineficiente o físicamente inviable. Las condiciones impuestas podrán incluir normas específicas sobre el acceso a dichos elementos de redes y a los recursos y servicios asociados, transparencia y no discriminación, así como de prorrateo de los costes de acceso, los cuales, en su caso, se ajustarán para tener en cuenta los factores de riesgo.

Cuando la Comisión Nacional de los Mercados y la Competencia concluya, habida cuenta en su caso de las obligaciones resultantes de cualquier análisis de mercado pertinente, que las obligaciones impuestas en virtud de lo dispuesto en el párrafo anterior no resuelven de modo suficiente barreras físicas o económicas importantes y no transitorias a la replicación subyacente a una situación existente o incipiente en el mercado que limitan significativamente los resultados de competitividad para los usuarios finales, podrá ampliar la imposición de dichas obligaciones de acceso, en condiciones justas y razonables, más allá del primer punto de concentración o distribución hasta un punto que considere es el más próximo a los usuarios finales que pueda acoger un número de conexiones de usuarios finales suficiente como para ser viable comercialmente para los solicitantes de acceso eficientes. Al determinar la extensión de la ampliación más allá del primer punto de concentración o de distribución, la Comisión Nacional de los Mercados y la Competencia tendrá en cuenta en la mayor medida posible las correspondientes directrices del ORECE. Si ello se justifica por motivos técnicos o económicos, la Comisión Nacional de los Mercados y la Competencia podrá imponer unas obligaciones de acceso activas o virtuales.

La Comisión Nacional de los Mercados y la Competencia no impondrá las obligaciones mencionadas en el párrafo anterior en cualquiera de los siguientes supuestos:

a) el operador sea exclusivamente mayorista y pone a disposición de cualquier operador unos medios de acceso a los usuarios finales alternativos, viables y similares en condiciones justas, no discriminatorias y razonables a una red de muy alta capacidad. La Comisión Nacional de los Mercados y la Competencia podrá hacer extensiva esta exención a otros operadores que ofrezcan, en condiciones justas, no discriminatorias y razonables, acceso a una red de muy alta capacidad. Esta exención no podrá aplicarse cuando las redes públicas de comunicaciones electrónicas sean o hayan sido financiadas públicamente;

b) se ponga en peligro la viabilidad económica o financiera de un nuevo despliegue de redes, en particular mediante proyectos locales de menor dimensión.

Capítulo III. Salvaguardia de derechos fundamentales, secreto de las comunicaciones y protección de los datos personales y derechos y obligaciones de carácter público vinculados con las redes y servicios de comunicaciones electrónicas

Artículo 56. Salvaguardia de derechos fundamentales.

1. Las medidas que se adopten en relación al acceso o al uso por parte de los usuarios finales de los servicios y las aplicaciones a través de redes de comunicaciones electrónicas respetarán los derechos y libertades fundamentales, como queda garantizado en el Convenio Europeo para la Protección de los Derechos Humanos y de las Libertades Fundamentales, en la Carta de Derechos Fundamentales de la Unión Europea, en los principios generales del Derecho comunitario y en la Constitución Española.

2. Cualquiera de esas medidas relativas al acceso o al uso por parte de los usuarios finales de los servicios y las aplicaciones a través de redes de comunicaciones electrónicas, que sea susceptible de restringir esos derechos y libertades fundamentales solo podrá imponerse si es adecuada, necesaria y proporcionada en una sociedad democrática, y su aplicación está sujeta a las salvaguardias de procedimiento apropiadas de conformidad con las normas mencionadas en el apartado anterior. Por tanto, dichas medidas solo podrán ser adoptadas respetando debidamente el principio de presunción de inocencia, el derecho a la vida privada e intimidad, el derecho a la libertad de expresión e información y el derecho a la tutela judicial efectiva, a través de un procedimiento previo, justo e imparcial, que incluirá el derecho de los interesados a ser oídos, sin perjuicio de que concurran las condiciones y los requisitos procedimentales adecuados en los casos de urgencia debidamente justificados, de conformidad con el Convenio Europeo para la Protección de los

Derechos Humanos y Libertades Fundamentales y la Carta de los Derechos Fundamentales de la Unión Europea.
Trasposición del art. 100 de la Directiva 2018/1972.

Artículo 57. Principio de no discriminación.

Los operadores que instalen o exploten redes públicas de comunicaciones electrónicas o que presten servicios de comunicaciones electrónicas disponibles al público no aplicarán a los usuarios finales ningún requisito diferente ni condiciones generales de acceso o uso de redes o servicios ni de utilización de los mismos por motivos relacionados con la nacionalidad, el lugar de residencia o el lugar de establecimiento del usuario final, a menos que dicho trato diferente se justifique de forma objetiva.
Trasposición del art. 99 de la Directiva 2018/1972.

Artículo 58. Secreto de las comunicaciones.

1. Los operadores que suministren redes públicas de comunicaciones electrónicas o que presten servicios de comunicaciones electrónicas disponibles al público deberán garantizar el secreto de las comunicaciones de conformidad con los artículos 18.3 y 55.2 de la Constitución, debiendo adoptar las medidas técnicas necesarias.
2. Los operadores que suministren redes públicas de comunicaciones electrónicas o que presten servicios de comunicaciones interpersonales basados en numeración disponibles al público o servicios de acceso a internet están obligados a realizar las interceptaciones que se autoricen judicialmente de acuerdo con lo establecido en el capítulo V del título VIII del libro II de la Ley de Enjuiciamiento Criminal, en la Ley Orgánica 2/2002, de 6 de mayo, reguladora del control judicial previo del Centro Nacional de Inteligencia y en otras normas con rango de ley orgánica. Asimismo, deberán adoptar a su costa las medidas que se establecen en este artículo y en los reglamentos correspondientes.
3. La interceptación a que se refiere el apartado anterior deberá facilitarse para cualquier comunicación que tenga como origen o destino el punto de terminación de red o el terminal específico que se determine a partir de la orden de interceptación legal, incluso aunque esté destinada a dispositivo de almacenamiento o procesamiento de la información; asimismo, la interceptación podrá realizarse sobre un terminal conocido y con unos datos de ubicación temporal para comunicaciones desde locales públicos. Cuando no exista una vinculación fija entre el sujeto de la interceptación y el terminal utilizado, éste podrá ser determinado dinámicamente cuando el sujeto de la interceptación lo active para la comunicación mediante un código de identificación personal.
4. El acceso se facilitará para todo tipo de comunicaciones electrónicas disponibles al público distintas de las comunicaciones interpersonales independientes de la numeración, en particular, por su penetración y cobertura, para las que se realicen mediante cualquier modalidad de los servicios de

telefonía y de transmisión de datos, se trate de comunicaciones de vídeo, audio, intercambio de mensajes, ficheros o de la transmisión de facsímiles.

El acceso facilitado servirá tanto para la supervisión como para la transmisión a los centros de recepción de las interceptaciones de la comunicación electrónica interceptada y la información relativa a la interceptación, y permitirá obtener la señal con la que se realiza la comunicación.

5. Los sujetos obligados deberán facilitar al agente facultado, salvo que por las características del servicio no estén a su disposición, los datos indicados en la orden de interceptación legal, de entre los que se relacionan a continuación:

a) identidad o identidades del sujeto objeto de la medida de la interceptación.

Se entiende por identidad: etiqueta técnica que puede representar el origen o el destino de cualquier tráfico de comunicaciones electrónicas, en general identificada mediante un número de identidad de comunicaciones electrónicas físico (tal como un número de teléfono) o un código de identidad de comunicaciones electrónicas lógico o virtual (tal como un número personal) que el abonado puede asignar a un acceso físico caso a caso.

Los sujetos obligados proporcionarán, cuando técnicamente sea posible, los identificadores permanentes que sean necesarios para la atribución de un servicio a un usuario determinado de forma inequívoca, así como los identificadores del dispositivo empleado para la comunicación.

Si en una comunicación electrónica se asignaran identidades de carácter temporal al usuario, el sujeto obligado implementará, cuando técnicamente sea posible, las medidas de correlación necesarias para que en la información de la interceptación se faciliten las identidades permanentes que permitan la identificación inequívoca del usuario asignado, así como del dispositivo empleado en la comunicación.

b) identidad o identidades de las otras partes involucradas en la comunicación electrónica;
c) servicios básicos utilizados;
d) servicios suplementarios utilizados;
e) dirección de la comunicación;
f) indicación de respuesta;
g) causa de finalización;
h) marcas temporales;
i) información de localización;
j) información intercambiada a través del canal de control o señalización.

6. Además de la información relativa a la interceptación prevista en el apartado anterior, los sujetos obligados deberán facilitar al agente facultado, salvo que por las características del servicio no estén a su disposición, de cualquiera de las partes que intervengan en la comunicación que sean clientes del sujeto obligado, los siguientes datos:

a) identificación de la persona física o jurídica;
b) domicilio en el que el operador realiza las notificaciones;

y, aunque no sea abonado, si el servicio de que se trata permite disponer de alguno de los siguientes:
c) número de titular de servicio (tanto el número de directorio como todas las identificaciones de comunicaciones electrónicas del abonado);
d) número de identificación del terminal;
e) número de cuenta asignada por el proveedor de servicios internet;
f) dirección de correo electrónico.
7. Junto con los datos previstos en los apartados anteriores, los sujetos obligados deberán facilitar, salvo que por las características del servicio no esté a su disposición, información de la situación geográfica del terminal o punto de terminación de red origen de la llamada, y de la del destino de la llamada. En caso de servicios móviles, se proporcionará una posición lo más exacta posible del punto de comunicación y, en todo caso, la identificación, localización y tipo de la estación base afectada.
8. Los sujetos obligados deberán facilitar al agente facultado, de entre los datos previstos en los apartados 5, 6 y 7 de este artículo, sólo aquéllos que estén incluidos en la orden de interceptación legal.
9. Con carácter previo a la ejecución de la orden de interceptación legal, los sujetos obligados deberán facilitar al agente facultado información sobre los servicios y características del sistema de telecomunicación que utilizan los sujetos objeto de la medida de la interceptación y, si obran en su poder, los correspondientes nombres de los abonados con sus números de documento nacional de identidad, tarjeta de identidad de extranjero o pasaporte, en el caso de personas físicas, o denominación y número de identificación fiscal en el caso de personas jurídicas.
10. Los sujetos obligados deberán tener en todo momento preparadas una o más interfaces a través de las cuales las comunicaciones electrónicas interceptadas y la información relativa a la interceptación se transmitirán a los centros de recepción de las interceptaciones. Las características de estas interfaces y el formato para la transmisión de las comunicaciones interceptadas a estos centros estarán sujetas a las especificaciones técnicas que se establezcan por el Ministerio de Asuntos Económicos y Transformación Digital.
11. En el caso de que los sujetos obligados apliquen a las comunicaciones objeto de interceptación legal algún procedimiento de compresión, cifrado, digitalización o cualquier otro tipo de codificación, deberán entregar aquellas desprovistas de los efectos de tales procedimientos, siempre que sean reversibles.
Las comunicaciones interceptadas deben proveerse al centro de recepción de las interceptaciones con una calidad no inferior a la que obtiene el destinatario de la comunicación.

Ver arts. 18.3 y 55.2 de la Constitución, art. 5 de la Directiva 2002/58/CE y arts. 83-101 RD 424/2005.

Artículo 59. Interceptación de las comunicaciones electrónicas por los servicios técnicos.
1. Con pleno respeto al derecho al secreto de las comunicaciones y a la exigencia, conforme a lo establecido en la Ley de Enjuiciamiento Criminal, de autorización judicial para la interceptación de contenidos, cuando para la realización de las tareas de control para la eficaz utilización del dominio público radioeléctrico o para la localización de interferencias perjudiciales sea necesaria la utilización de equipos, infraestructuras e instalaciones técnicas de interceptación de señales no dirigidas al público en general, será de aplicación lo siguiente:
a) la administración de las telecomunicaciones deberá diseñar y establecer sus sistemas técnicos de interceptación de señales en forma tal que se reduzca al mínimo el riesgo de afectar a los contenidos de las comunicaciones;
b) cuando, como consecuencia de las interceptaciones técnicas efectuadas, quede constancia de los contenidos, los soportes en los que éstos aparezcan deberán ser custodiados hasta la finalización, en su caso, del expediente sancionador que hubiera lugar o, en otro caso, destruidos inmediatamente. En ninguna circunstancia podrán ser objeto de divulgación.
2. Las mismas reglas se aplicarán para la vigilancia del adecuado empleo de las redes y la correcta prestación de los servicios de comunicaciones electrónicas.
3. Lo establecido en este artículo se entiende sin perjuicio de las facultades que a la Administración atribuye el artículo 85.
Trasposición del art. 15.1 de la Directiva 2002/58/CE.

Artículo 60. Protección de los datos de carácter personal.
1. Los operadores que suministren redes públicas de comunicaciones electrónicas o que presten servicios de comunicaciones electrónicas disponibles al público, incluidas las redes públicas de comunicaciones que den soporte a dispositivos de identificación y recopilación de datos, deberán adoptar las medidas técnicas y de gestión adecuadas para preservar la seguridad en el suministro de su red o en la prestación de sus servicios, con el fin de garantizar la protección de los datos de carácter personal. Dichas medidas incluirán, como mínimo:
a) la garantía de que sólo el personal autorizado tenga acceso a los datos personales para fines autorizados por la ley;
b) la protección de los datos personales almacenados o transmitidos de la destrucción accidental o ilícita, la pérdida o alteración accidentales o el almacenamiento, tratamiento, acceso o revelación no autorizados o ilícitos;
c) la garantía de la aplicación efectiva de una política de seguridad con respecto al tratamiento de datos personales.
La Agencia Española de Protección de Datos, en el ejercicio de su competencia de garantía de la seguridad en el tratamiento de datos de carácter personal, podrá

examinar las medidas adoptadas por los operadores que suministren redes públicas de comunicaciones electrónicas o que presten servicios de comunicaciones electrónicas disponibles al público y podrá formular recomendaciones sobre las mejores prácticas con respecto al nivel de seguridad que debería conseguirse con estas medidas.

2. En caso de que exista un riesgo particular de violación de la seguridad de la red pública o del servicio de comunicaciones electrónicas, el operador que suministre dicha red o preste el servicio de comunicaciones electrónicas informará a los abonados sobre dicho riesgo y sobre las medidas a adoptar.

3. En caso de violación de los datos personales, el operador de servicios de comunicaciones electrónicas disponibles al público notificará sin dilaciones indebidas dicha violación a la Agencia Española de Protección de Datos. Si la violación de los datos pudiera afectar negativamente a la intimidad o a los datos personales de un abonado o particular, el operador notificará también la violación al abonado o particular sin dilaciones indebidas.

La notificación de una violación de los datos personales a un abonado o particular afectado no será necesaria si el operador ha probado a satisfacción de la Agencia Española de Protección de Datos que ha aplicado las medidas de protección tecnológica convenientes y que estas medidas se han aplicado a los datos afectados por la violación de seguridad. Unas medidas de protección de estas características podrían ser aquellas que convierten los datos en incomprensibles para toda persona que no esté autorizada a acceder a ellos.

Sin perjuicio de la obligación del operador de informar a los abonados o particulares afectados, si el operador no ha notificado ya al abonado o al particular la violación de los datos personales, la Agencia Española de Protección de Datos podrá exigirle que lo haga, una vez evaluados los posibles efectos adversos de la violación.

En la notificación al abonado o al particular se describirá al menos la naturaleza de la violación de los datos personales y los puntos de contacto donde puede obtenerse más información y se recomendarán medidas para atenuar los posibles efectos adversos de dicha violación. En la notificación a la Agencia Española de Protección de Datos se describirán además las consecuencias de la violación y las medidas propuestas o adoptadas por el operador respecto a la violación de los datos personales.

Los operadores deberán llevar un inventario de las violaciones de los datos personales, incluidos los hechos relacionados con tales infracciones, sus efectos y las medidas adoptadas al respecto, que resulte suficiente para permitir a la Agencia Española de Protección de Datos verificar el cumplimiento de las obligaciones de notificación reguladas en este apartado. Mediante real decreto podrá establecerse el formato y contenido del inventario.

A los efectos establecidos en este artículo, se entenderá como violación de los datos personales la violación de la seguridad que provoque la destrucción, accidental o ilícita, la pérdida, la alteración, la revelación o el acceso no autorizados, de datos personales transmitidos, almacenados o tratados de otro modo en relación con la prestación de un servicio de comunicaciones electrónicas de acceso público.

La Agencia Española de Protección de Datos podrá adoptar directrices y, en caso necesario, dictar instrucciones sobre las circunstancias en que se requiere que el operador notifique la violación de los datos personales, sobre el formato que debe adoptar dicha notificación y sobre la manera de llevarla a cabo, con pleno respeto a las disposiciones que en su caso sean adoptadas en esta materia por la Comisión Europea.

4. Lo dispuesto en el presente artículo será sin perjuicio de la aplicación del Reglamento (UE) 2016/679, del Parlamento Europeo y del Consejo, de 27 de abril de 2016, relativo a la protección de las personas físicas en lo que respecta al tratamiento de datos personales y a la libre circulación de estos datos y por el que se deroga la Directiva 95/46/CE y de la Ley Orgánica 3/2018, de 5 de diciembre, de Protección de Datos Personales y garantía de los derechos digitales, y su normativa de desarrollo.

Transposición de la Directiva 2002/58/CE.

Artículo 61. Conservación y cesión de datos relativos a las comunicaciones electrónicas y a las redes públicas de comunicaciones.

La conservación y cesión de los datos generados o tratados en el marco de la prestación de servicios de comunicaciones electrónicas o de redes públicas de comunicación a los agentes facultados a través de la correspondiente autorización judicial con fines de detección, investigación y enjuiciamiento de delitos graves contemplados en el Código Penal o en las leyes penales especiales se rige por lo establecido en la Ley 25/2007, de 18 de octubre, de conservación de datos relativos a las comunicaciones electrónicas y a las redes públicas de comunicaciones.

Artículo 62. Cifrado en las redes y servicios de comunicaciones electrónicas.

1. Cualquier tipo de información que se transmita por redes de comunicaciones electrónicas podrá ser protegida mediante procedimientos de cifrado.

2. El cifrado es un instrumento de seguridad de la información. Entre sus condiciones de uso, cuando se utilice para proteger la confidencialidad de la información, se podrá imponer la obligación de facilitar a un órgano de la Administración General del Estado o a un organismo público, los algoritmos o cualquier procedimiento de cifrado utilizado, en casos justificados de protección de los intereses esenciales de seguridad del Estado y la seguridad pública, y para permitir la investigación, la detección y el enjuiciamiento de delitos, así como la obligación de facilitar sin coste alguno los aparatos de cifra a efectos de su control de acuerdo con la normativa vigente.

3. Toda información obtenida por parte de la Administración General del Estado o cualquier organismo público a través de los preceptos incluidos en el

apartado 2 de este artículo deberá ser tratada con la máxima confidencialidad y destruida una vez que se resuelva la amenaza para la seguridad del Estado y la seguridad pública o se haya dictado sentencia firme sobre el delito en cuestión.
4.

Artículo 63. Integridad y seguridad de las redes y de los servicios de comunicaciones electrónicas.

1. Los operadores de redes públicas de comunicaciones electrónicas y de servicios de comunicaciones electrónicas disponibles al público, gestionarán adecuadamente los riesgos de seguridad que puedan afectar a sus redes y servicios a fin de garantizar un adecuado nivel de seguridad y evitar o reducir al mínimo el impacto de los incidentes de seguridad en los usuarios y en otras redes y servicios, para lo cual deberán adoptar las medidas técnicas y organizativas adecuadas, que deberán ser proporcionadas y en línea con el estado de la técnica, pudiendo incluir el cifrado.

2. Asimismo, los operadores de redes públicas de comunicaciones electrónicas garantizarán la integridad de las mismas a fin de asegurar la continuidad en la prestación de los servicios que utilizan dichas redes.

3. Los operadores que suministren redes públicas o presten servicios de comunicaciones electrónicas disponibles al público notificarán al Ministerio de Asuntos Económicos y Transformación Digital los incidentes de seguridad que hayan tenido un impacto significativo en el suministro de las redes o los servicios.

Con el fin de determinar la importancia del impacto de un incidente de seguridad se tendrán en cuenta, en particular, los parámetros siguientes, cuando se disponga de ellos:

a) el número de usuarios afectados por el incidente de seguridad;
b) la duración del incidente de seguridad;
c) el área geográfica afectada por el incidente de seguridad;
d) la medida en que se ha visto afectado el funcionamiento de la red o del servicio;
e) el alcance del impacto sobre las actividades económicas y sociales.

Cuando proceda, el Ministerio informará a las autoridades nacionales competentes de otros Estados miembros y a la Agencia Europea de Seguridad en las Redes y la Información (ENISA). Asimismo, podrá informar al público o exigir a los operadores que lo hagan, en caso de estimar que la divulgación del incidente de seguridad reviste interés público. Una vez al año, el Ministerio presentará a la Comisión y a la ENISA un informe resumido sobre las notificaciones recibidas y las medidas adoptadas de conformidad con este apartado.

Del mismo modo, el Ministerio comunicará a la Secretaría de Estado de Seguridad del Ministerio del Interior aquellos incidentes que afectando a los operadores estratégicos nacionales sean de interés para la mejora de la protección de infraestructuras críticas, en el marco de la Ley 8/2011, de 28 de abril, reguladora de las mismas. También el Ministerio comunicará a la Comisión Nacional de los Mercados y la Competencia los incidentes de seguridad a que se refiere este apartado que afecten o puedan afectar a las obligaciones específicas impuestas por dicha Comisión en los mercados de referencia.

4. En caso de que exista una amenaza particular y significativa de incidente de seguridad en las redes públicas de comunicaciones electrónicas o en los servicios de comunicaciones electrónicas disponibles para el público, los operadores deberán informar a sus usuarios que pudieran verse afectados por dicha amenaza sobre las posibles medidas de protección o soluciones que pueden adoptar los usuarios. Cuando proceda, los operadores también informarán a sus usuarios sobre la propia amenaza.

5. El Ministerio de Asuntos Económicos y Transformación Digital establecerá los mecanismos para supervisar el cumplimiento de las obligaciones anteriores y, en su caso, dictará las instrucciones correspondientes, que serán vinculantes para los operadores, incluidas las relativas a las medidas necesarias adicionales a las identificadas por los operadores para solventar incidentes de seguridad, o impedir que ocurran cuando se haya observado una amenaza significativa, e incumplimientos de las fechas límite de aplicación. Entre las medidas relativas a la integridad y seguridad de redes y servicios de comunicaciones electrónicas que se puedan exigir a los operadores, podrá imponer:

a) la obligación de facilitar la información necesaria para evaluar la seguridad y la integridad de sus servicios y redes, incluidos los documentos sobre las políticas de seguridad;

b) la obligación de someterse a una auditoría de seguridad realizada por un organismo independiente o por una autoridad competente, y de poner el resultado a disposición del Ministerio de Asuntos Económicos y Transformación Digital. El coste de la auditoría será sufragado por el operador.

6. En particular, los operadores garantizarán la mayor disponibilidad posible de los servicios de comunicaciones vocales y de acceso a internet a través de las redes públicas de comunicaciones electrónicas en caso de fallo catastrófico de la red o en casos de fuerza mayor, y adoptarán todas las medidas necesarias para garantizar el acceso sin interrupciones a los servicios de emergencia y la transmisión ininterrumpida de las alertas públicas.

7. El presente artículo se entiende sin perjuicio de lo establecido en el artículo 4.6.

8. Lo dispuesto en el presente artículo será sin perjuicio de la aplicación del Reglamento (UE) 2016/679 del Parlamento Europeo y del Consejo de 27 de abril de 2016 y de la Ley Orgánica 3/2018, de 5 de diciembre, de Protección de Datos Personales y garantía de los derechos digitales y su normativa de desarrollo.

<small>Trasposición de los arts. 40 y 41 de la Directiva 2018/1972</small>

Capítulo IV. Derechos de los usuarios finales

Artículo 64. Derechos de los usuarios finales y consumidores de servicios de comunicaciones electrónicas.
1. Son titulares de los derechos específicos reconocidos en este capítulo, en las condiciones establecidas en el mismo, los usuarios finales y consumidores de servicios de comunicaciones electrónicas.
2. Los operadores que suministren redes públicas de comunicaciones electrónicas o que presten servicios de comunicaciones electrónicas disponibles al público estarán obligados a respetar los derechos reconocidos en este capítulo. Las microempresas que presten servicios de comunicaciones interpersonales independientes de la numeración no estarán obligadas a respetar los derechos reconocidos en este capítulo, salvo que también presten otros servicios de comunicaciones electrónicas. Estas microempresas deberán informar a los usuarios finales y consumidores antes de celebrar un contrato que se benefician de esta excepción y que, por tanto, no están obligadas a respetar los derechos reconocidos en este capítulo.
Tampoco están obligados a respetar los derechos reconocidos en este capítulo las empresas, autoridades públicas o usuarios finales que suministren el acceso a una red pública de comunicaciones electrónicas a través de RLAN, cuando dicho suministro no forme parte de una actividad económica o sea accesorio respecto de otra actividad económica o un servicio público que no dependa del transporte de señales por esas redes.
Las excepciones contempladas en el presente apartado lo serán sin perjuicio de la aplicación del Reglamento (UE) 2016/679 del Parlamento Europeo y del Consejo, de 27 de abril de 2016 y de la Ley Orgánica 3/2018, de 5 de diciembre, de Protección de Datos Personales y garantía de los derechos digitales y su normativa de desarrollo.
3. Las asociaciones de consumidores y usuarios y los operadores de comunicaciones electrónicas podrán negociar y aprobar códigos de conducta con el objetivo de mejorar la calidad general de la prestación de los servicios, que tendrán carácter vinculante exclusivamente entre los firmantes de los códigos.
4. El reconocimiento de los derechos específicos de los usuarios finales y consumidores de redes y servicios de comunicaciones electrónicas disponibles al público que efectúa este capítulo se entiende sin perjuicio de los derechos que otorga a los consumidores el texto refundido de la Ley General para la Defensa de los Consumidores y Usuarios aprobado por el Real Decreto Legislativo 1/2007, de 16 de noviembre, para aspectos no recogidos en la presente ley.
5. Las disposiciones que esta ley y su desarrollo reglamentario contienen en materia de derechos específicos de los usuarios finales y consumidores de servicios de comunicaciones electrónicas, en aquellos aspectos expresamente previstos en las disposiciones del derecho de la Unión Europea de las que traigan

causa, serán de aplicación preferente en caso de conflicto con las disposiciones que regulen con carácter general los derechos de los consumidores y usuarios. La supervisión y control del correcto ejercicio de los derechos específicos de los usuarios finales y consumidores de servicios de comunicaciones electrónicas, así como la inspección y sanción por su incumplimiento, estará a cargo de la autoridad que se determine en esta ley y su desarrollo reglamentario.
Trasposición del art. 98 de la Directiva 2018/1972.

Artículo 65. Derechos específicos de los usuarios finales y consumidores de redes y servicios de comunicaciones electrónicas disponibles al público.
1. Los derechos específicos de los usuarios finales y consumidores, según corresponda, de redes y servicios de comunicaciones electrónicas disponibles al público son, entre otros, los siguientes, que serán objeto de desarrollo mediante real decreto:
a) el derecho a celebrar contratos por parte de los usuarios finales con los operadores que presten servicios de comunicaciones electrónicas disponibles al público, así como el contenido mínimo de dichos contratos, en los términos establecidos en el artículo 67;
b) el derecho a rescindir el contrato anticipadamente y sin penalización en los supuestos contemplados en el artículo 67;
c) el derecho a la información, que deberá ser veraz, eficaz, suficiente, transparente, comparable, sobre los servicios de comunicaciones electrónicas disponibles al público, en virtud de lo dispuesto en el artículo 68;
d) el derecho a recibir información completa, comparable, pertinente, fiable, actualizada y de fácil consulta sobre la calidad de los servicios de comunicaciones electrónicas disponibles al público, en los términos establecidos en el artículo 69;
e) el derecho al cambio de operador, con conservación de los números del plan nacional de numeración en los supuestos y con los requisitos contemplados en el artículo 70;
f) el derecho a recibir información sobre las medidas adoptadas para garantizar un acceso equivalente para los usuarios finales con discapacidad, según lo dispuesto en el artículo 73;
g) el derecho a acceder a los servicios de emergencia a través de los servicios de comunicaciones de emergencia de forma gratuita sin tener que utilizar ningún medio de pago, según lo dispuesto en el artículo 74;
h) el derecho a acceder, a través de su servicio de acceso a internet, a la información y contenidos, así como a distribuirlos, usar y suministrar aplicaciones y servicios y utilizar los equipos terminales de su elección, con independencia de la ubicación del usuario final o del operador o de la ubicación, origen o destino de la información, contenido, aplicación o servicio, en los términos establecidos en el artículo 76;
i) el derecho a acceder a los servicios de comunicaciones electrónicas de voz, SMS y datos en itinerancia internacional, en particular, la itinerancia en la Unión

Europea de conformidad con las condiciones, requisitos y tarifas reguladas en el Reglamento 531/2012 del Parlamento Europeo y del Consejo, de 13 de junio de 2012, relativo a la itinerancia en las redes públicas de comunicaciones móviles en la Unión;

j) el derecho a la facturación detallada, clara y sin errores, sin perjuicio del derecho a recibir facturas no desglosadas a petición del usuario.

Mediante real decreto se determinará el nivel básico de detalle en las facturas que los operadores habrán de ofrecer a los usuarios finales de manera gratuita, a fin de que estos puedan comprobar y controlar los gastos generados por el uso de los servicios de acceso a internet o servicios de comunicaciones vocales, o los servicios de comunicaciones interpersonales basados en numeración, así como efectuar un seguimiento adecuado de sus propios gastos y utilización, ejerciendo con ello un nivel razonable de control sobre sus facturas.

Dichas facturas detalladas incluirán una mención explícita de la identidad del operador;

k) el derecho de desconexión de determinados servicios.

Mediante real decreto de determinarán los supuestos, plazos y condiciones en que el usuario, previa solicitud, podrá ejercer el derecho de desconexión de determinados servicios y se contemplará la necesidad de petición expresa para el acceso a servicios de distinta consideración;

l) el derecho a acceder a servicios de tarificación adicional en las condiciones directamente asociadas al uso de la numeración para dichos servicios;

m) el derecho de los usuarios finales a solicitar al operador que ofrezca información sobre tarifas alternativas de menor precio, en caso de estar disponibles;

n) el derecho de los usuarios finales de desactivar la capacidad de terceros proveedores de servicios de aprovechar la factura de un operador de un servicio de acceso a internet o de un proveedor de un servicio de comunicaciones interpersonales disponible para el público, para cobrar por sus productos o servicios;

ñ) el derecho a detener el desvío automático de llamadas efectuado a su terminal por parte de un tercero;

o) el derecho a impedir, mediante un procedimiento sencillo y gratuito, la presentación de la identificación de su línea en las llamadas que genere o la presentación de la identificación de su línea al usuario que le realice una llamada.

Los usuarios finales no podrán ejercer este derecho cuando se trate de comunicaciones de emergencia a través del número de emergencia 112 o comunicaciones efectuadas a entidades que presten servicios de emergencia que se determinen mediante real decreto.

Por un período de tiempo limitado, los usuarios finales no podrán ejercer este derecho cuando el abonado a la línea de destino haya solicitado la identificación de las llamadas maliciosas o molestas realizadas a su línea;

p) el derecho a impedir, mediante un procedimiento sencillo y gratuito, la presentación de la identificación de la línea de origen en las llamadas entrantes y a rechazar las llamadas entrantes en que dicha línea no aparezca identificada. En este supuesto y en el anterior, los operadores que presten servicios de comunicaciones interpersonales disponibles al público basados en la numeración, así como los que exploten redes públicas de comunicaciones electrónicas, deberán cumplir las condiciones que mediante real decreto se determinen sobre la visualización, restricción y supresión de la identificación de la línea de origen y conectada;

q) el derecho al reenvío de correos electrónicos o al acceso a los correos electrónicos una vez rescindido el contrato con un proveedor de servicios de acceso a internet.

Los usuarios finales que rescindan su contrato con un operador de servicios de acceso a internet, y que así lo soliciten, tienen el derecho bien a acceder a sus correos recibidos a las direcciones basadas en la denominación comercial o marca de su operador anterior o bien a que se le reenvíen los correos enviados a esa dirección a la nueva dirección que el usuario final indique. Tanto el acceso como el reenvío será gratuito para el usuario final;

r) el derecho a una especial protección en la utilización de servicios de tarificación adicional.

2. Los operadores deberán disponer de un servicio de atención al cliente, gratuito para los usuarios, que puede estar desvinculado de los servicios comerciales, que tenga por objeto facilitar información y atender y resolver las quejas y reclamaciones de sus clientes. Los servicios de atención al cliente mediante el canal telefónico deberán garantizar en todo momento una atención personal directa, más allá de la posibilidad de utilizar complementariamente otros medios técnicos a su alcance para mejorar dicha atención. Los operadores pondrán a disposición de sus clientes métodos para la acreditación documental de las gestiones o reclamaciones realizadas, como el otorgamiento de un número de referencia o la posibilidad de enviar al cliente un documento en soporte duradero.

3. En lo no previsto en esta ley, a los servicios de comunicaciones interpersonales disponibles al público independientes de la numeración les será de aplicación lo establecido en el texto refundido de la Ley General para la Defensa de los Consumidores y Usuarios, aprobado por el Real Decreto Legislativo 1/2007, de 16 de noviembre, en relación con los contratos de suministro de contenidos y servicios digitales.

4. Toda la información recibida por los usuarios finales y consumidores de redes y servicios de comunicaciones electrónicos disponibles al público, así como todos los servicios de atención al cliente deberán ser ofrecidos en la lengua oficial del Estado y en la lengua oficial de la Comunidad Autónoma correspondiente, cuando así sea requerido por el usuario final o consumidor.

<small>Desarrollo reglamentario en el RD 899/2009, por el que se aprueba la carta de derechos del usuario de los servicios de comunicaciones electrónicas.</small>

Artículo 66. Derecho a la protección de datos personales y la privacidad en relación con las comunicaciones no solicitadas, con los datos de tráfico y de localización y con las guías de abonados.

1. Respecto a la protección de datos personales y la privacidad en relación con las comunicaciones no solicitadas los usuarios finales de los servicios de comunicaciones interpersonales disponibles al público basados en la numeración tendrán los siguientes derechos:

a) a no recibir llamadas automáticas sin intervención humana o mensajes de fax, con fines de comunicación comercial sin haber prestado su consentimiento previo para ello;

b) a no recibir llamadas no deseadas con fines de comunicación comercial, salvo que exista consentimiento previo del propio usuario para recibir este tipo de comunicaciones comerciales o salvo que la comunicación pueda ampararse en otra base de legitimación de las previstas en el artículo 6.1 del Reglamento (UE) 2016/679 de tratamiento de datos personales.

2. Respecto a la protección de datos personales y la privacidad en relación con los datos de tráfico y los datos de localización distintos de los datos de tráfico, los usuarios finales de los servicios de comunicaciones interpersonales disponibles al público basados en la numeración tendrán los siguientes derechos:

a) a que se hagan anónimos o se cancelen sus datos de tráfico cuando ya no sean necesarios a los efectos de la transmisión de una comunicación. Los datos de tráfico necesarios a efectos de la facturación de los abonados y los pagos de las interconexiones podrán ser tratados únicamente hasta que haya expirado el plazo para la impugnación de la factura del servicio, para la devolución del cargo efectuado por el operador, para el pago de la factura o para que el operador pueda exigir su pago;

b) a que sus datos de tráfico sean utilizados para promoción comercial de servicios de comunicaciones electrónicas o para la prestación de servicios de valor añadido, en la medida y durante el tiempo necesarios para tales servicios o promoción comercial únicamente cuando hubieran prestado su consentimiento para ello. Los usuarios finales dispondrán del derecho de retirar su consentimiento para el tratamiento de los datos de tráfico en cualquier momento y con efecto inmediato;

c) a que sólo se proceda al tratamiento de sus datos de localización distintos a los datos de tráfico cuando se hayan hecho anónimos o previo su consentimiento y únicamente en la medida y por el tiempo necesarios para la prestación, en su caso, de servicios de valor añadido, con conocimiento inequívoco de los datos que vayan a ser sometidos a tratamiento, la finalidad y duración del mismo y el servicio de valor añadido que vaya a ser prestado. Los usuarios finales dispondrán del derecho de retirar su consentimiento en cualquier momento y con efecto inmediato para el tratamiento de los datos de localización distintos de tráfico. Los usuarios finales no podrán ejercer este derecho cuando se trate de comunicaciones de emergencia a través del número de emergencia 112 o comunicaciones de emergencia efectuadas a entidades que presten servicios de emergencia que se determinen por el Ministerio de Asuntos Económicos y Transformación Digital.

3. Respecto a la protección de datos personales y la privacidad en relación con las guías de abonados y los servicios de información sobre números de abonado, los usuarios finales de los servicios de comunicaciones interpersonales disponibles al público basados en la numeración tendrán los siguientes derechos:

a) a figurar en las guías de abonados y a que sus datos sean usados para la prestación de los servicios de información sobre números de abonado;

b) a ser informados gratuitamente de la inclusión de sus datos en las guías y en los servicios de información sobre números de abonado, así como de la finalidad de las mismas, con carácter previo a dicha inclusión;

c) a no figurar en las guías o a solicitar la omisión de algunos de sus datos, en la medida en que tales datos sean pertinentes para la finalidad de la guía que haya estipulado su proveedor o para la finalidad de los servicios de información sobre números de abonados que se presenten en el mercado.

4. Lo establecido en las letras a) y c) del apartado 2 se entiende sin perjuicio de las obligaciones establecidas en la Ley 25/2007, de 18 de octubre, de conservación de datos relativos a las comunicaciones electrónicas y a las redes públicas de comunicaciones.

5. Lo dispuesto en este artículo será sin perjuicio de la aplicación del Reglamento (UE) 2016/679 del Parlamento Europeo y del Consejo, de 27 de abril de 2016 y de la Ley Orgánica 3/2018, de 5 de diciembre, de Protección de Datos Personales y garantía de los derechos digitales, y su normativa de desarrollo, y, en particular, de la aplicación del concepto de consentimiento que figura en la misma.

Artículo 67. Contratos.

1. Antes de que un consumidor quede vinculado por un contrato o cualquier oferta correspondiente, los operadores que presten servicios de comunicaciones electrónicas disponibles al público distintos de los servicios de transmisión utilizados para la prestación de servicios máquina a máquina le facilitarán al menos la información que a estos efectos se establece en el texto refundido de la Ley General para la Defensa de los Consumidores y Usuarios aprobado por el Real Decreto Legislativo 1/2007, de 16 de noviembre.

Adicionalmente a lo establecido en el párrafo anterior, los operadores citados también proporcionarán, antes de la celebración del contrato, la información específica sobre el servicio de comunicaciones electrónicas de que se trate establecida en el anexo VIII del Código Europeo de Comunicaciones Electrónicas.

El operador facilitará dicha información de manera clara y comprensible en un soporte duradero, tal como se define en el artículo 59 bis.1.q) del texto refundido de la Ley General para la Defensa de los Consumidores y Usuarios aprobado por el Real Decreto Legislativo 1/2007, de 16 de noviembre, o, en casos en los que un soporte duradero no sea viable, en un documento que se pueda descargar fácilmente. El operador llamará expresamente la atención del consumidor acerca de la disponibilidad de dicho documento y acerca de la importancia de su descarga con fines de documentación, referencia futura y reproducción sin cambios.

Esta información se proporcionará, previa petición, en un formato accesible para usuarios finales con discapacidad de acuerdo con la normativa por la que se armonizan los requisitos para productos y servicios.

2. Los operadores mencionados en el apartado anterior deben proporcionar a los consumidores un resumen del contrato conciso y de fácil lectura. Dicho resumen identificará los elementos principales del contrato referidos en el apartado anterior y, en todo caso, los siguientes:

a) el nombre, la dirección y la información de contacto del operador y, si fuera diferente, la información de contacto para las reclamaciones;
b) las características principales de cada servicio prestado;
c) los precios respectivos totales, incluyendo impuestos y tasas aplicables, por activar el servicio de comunicaciones electrónicas y por cualquier gasto recurrente o relacionado con el consumo, si el servicio se presta mediante un pago directo;
d) la duración del contrato y las condiciones para su renovación;
e) las condiciones y los mecanismos para solicitar la resolución del contrato, así como los costes asociados y posibles penalizaciones asociados a la rescisión del mismo;
f) en qué medida los productos y servicios están diseñados para usuarios finales con discapacidad;
g) con respecto a los servicios de acceso a internet, un resumen de la velocidad mínima, disponible normalmente, máxima y anunciada, descendente y ascendente de los servicios de acceso a internet en el caso de redes fijas, o de la velocidad máxima y anunciada estimadas descendente y ascendente de los servicios de acceso a internet en el caso de las redes móviles.

Los operadores deberán remitir, antes de la celebración del contrato, el contrato resumido de forma gratuita a los consumidores, incluso cuando se trate de contratos a distancia. Cuando por razones técnicas objetivas sea imposible facilitar el contrato resumido en el momento, se facilitará posteriormente sin demora indebida y el contrato será efectivo cuando el consumidor haya dado su consentimiento tras haber recibido el contrato resumido.

3. La información a que se refieren los dos apartados anteriores forma parte integrante del contrato y no se alterará a menos que las partes contratantes dispongan expresamente lo contrario.

4. Cuando los servicios de acceso a internet o los servicios de comunicaciones interpersonales disponibles al público se facturen en función del consumo de tiempo o de volumen, los operadores ofrecerán a los consumidores medios para vigilar y controlar el uso de cada uno de estos servicios. Estos medios incluirán el acceso a información oportuna sobre el nivel de consumo de los servicios incluidos en un plan de tarifas. En concreto, los operadores avisarán a los consumidores antes de alcanzar el límite de consumo determinado mediante real decreto e incluido en su plan de tarifas y cuando se haya consumido completamente un servicio incluido en su plan de tarifas.

5. La información mencionada en los apartados anteriores se suministrará también a los usuarios finales que sean microempresas, pequeñas empresas y organizaciones sin ánimo de lucro, a menos que hayan acordado expresamente renunciar a la totalidad o parte de la información contenida en dichos apartados.

6. Mediante real decreto, previo informe de la Comisión Nacional de los Mercados y la Competencia, se podrá regular que los operadores deban facilitar más información sobre el nivel de consumo y, en su caso, impedir temporalmente la utilización del servicio correspondiente que supere un determinado límite financiero o de volumen.

7. Los contratos celebrados entre consumidores y operadores de servicios de comunicaciones electrónicas disponibles al público distintos de los servicios de transmisión utilizados para la prestación de servicios máquina a máquina, no tendrán un período de vigencia superior a veinticuatro meses. Esta duración también será aplicable a los contratos para dichos servicios suscritos con los usuarios finales que sean microempresas, pequeñas empresas u organizaciones sin ánimo de lucro, a menos que estas hayan acordado explícitamente renunciar a la misma.

El presente apartado no se aplicará a la duración de un contrato a plazos cuando el consumidor haya acordado en un contrato aparte efectuar pagos a plazos exclusivamente para el despliegue de una conexión física, en particular a redes de muy alta capacidad. Un contrato a plazos para el despliegue de una conexión física no incluirá terminales, como encaminadores o módems, y no impedirá a los consumidores ejercer sus derechos en virtud de lo dispuesto en el presente artículo.

Una vez que se cumpla el período de vigencia, dichos contratos quedan prorrogados automáticamente por el mismo periodo si bien, tras dicha prórroga, los usuarios finales tienen el derecho de rescindirlo en cualquier momento con un preaviso máximo de un mes sin contraer ningún coste excepto el de la recepción del servicio durante el período de preaviso. Con anterioridad a dicha prórroga automática, los operadores informarán a los usuarios finales de manera notoria y oportuna y en un soporte duradero de la finalización de los compromisos contractuales y los medios para rescindir el contrato y, de manera simultánea, el operador proporcionará a los usuarios finales información sobre las mejores tarifas de sus servicios. Los operadores facilitarán a los usuarios finales información sobre las mejores tarifas al menos una vez al año.

8. Los usuarios finales tienen el derecho de rescindir sus contratos sin contraer ningún coste adicional cuando el operador de los servicios de comunicaciones electrónicas disponibles al público les anuncie que propone introducir cambios en las condiciones contractuales, a menos que los cambios propuestos sean exclusivamente en beneficio del usuario final o sean de una naturaleza estrictamente administrativa y no tengan efectos negativos sobre los usuarios finales o vengan impuestos normativamente.

Los operadores comunicarán a los usuarios finales, al menos con un mes de antelación, cualquier cambio de las condiciones contractuales y les informarán al mismo tiempo de su derecho a rescindir su contrato sin contraer ningún coste adicional si no aceptan las nuevas condiciones. El derecho de rescindir el contrato podrá ejercerse en el plazo de un mes a partir de la comunicación, la cual debe efectuarse de forma clara y comprensible y en un soporte duradero.

En cualquier caso, únicamente podrán modificarse unilateralmente las condiciones de un contrato de servicios de comunicaciones electrónicas disponibles al público por los motivos válidos expresados en él.

9. Cualquier discrepancia significativa, ya sea continuada o frecuentemente recurrente, entre el rendimiento real de un servicio de comunicaciones electrónicas distinto del servicio de acceso a internet y distinto de un servicio de comunicaciones interpersonales independiente de la numeración, y el rendimiento indicado en el contrato se considerará un motivo para poder presentar las oportunas reclamaciones, en cuya resolución se podrá reconocer el derecho a rescindir el contrato sin coste alguno.

10. Cuando el usuario final tenga derecho a rescindir un contrato de servicio de comunicaciones electrónicas disponibles al público distinto de un servicio de comunicaciones interpersonales independiente de la numeración antes de que finalice el período fijado en el contrato, el usuario final no deberá abonar ninguna compensación excepto por el equipo terminal subvencionado que conserve.

Cuando el usuario final decida conservar el equipo terminal incluido en el contrato en el momento de su finalización, la compensación debida no excederá de su valor prorrateado en el momento de la finalización del contrato o la parte restante de la tasa de servicio hasta el final del contrato, si esa cantidad fuera inferior.

Cualquier condición sobre el uso de los equipos terminales en otras redes será eliminada, de forma gratuita, por el operador a más tardar, tras el pago de dicha compensación.

11. En lo relativo a servicios de transmisión empleados para servicios máquina a máquina, los derechos a que se refieren los apartados 8 y 10 sólo deberán beneficiar a los usuarios finales que sean consumidores, microempresas o pequeñas empresas u organizaciones sin ánimo de lucro.

> Obsérvese que algunos derechos se limitan a los consumidores, y otros se extienden al conjunto de usuarios finales.

Artículo 68. Transparencia, comparación de ofertas y publicación de información.

1. Los operadores de servicios de acceso a internet o servicios de comunicaciones interpersonales disponibles al público deberán publicar la información relacionada con el contrato y los servicios que cubre con el fin de garantizar que todos los usuarios finales puedan elegir con conocimiento de causa. Esta información será, al menos, la establecida en el anexo IX del Código Europeo de Comunicaciones Electrónicas.

Esta información deberá ser proporcionada de manera clara, comprensible, en formato automatizado y fácilmente accesible para los usuarios finales con discapacidad, y deberá mantenerse actualizada regularmente.

2. El Ministerio de Asuntos Económicos y Transformación Digital, de acuerdo con las condiciones que se establezcan mediante real decreto, garantizará que los usuarios finales tengan acceso gratuito, al menos, a una herramienta de comparación independiente que les permita comparar y evaluar a los distintos servicios de acceso a internet y a los servicios de comunicaciones interpersonales disponibles al público basados en numeración y, cuando proceda, a los servicios de comunicaciones interpersonales disponibles al público independientes de la numeración, en lo que respecta a:

a) precios y tarifas de servicios proporcionados a cambio de pagos recurrentes o directos basados en el consumo;

b) la calidad de prestación del servicio cuando se ofrezca una calidad mínima de servicio o cuando el operador esté obligado a publicar esa información, de conformidad con lo dispuesto en el artículo 69.

3. Las herramientas de comparación deberán reunir los siguientes requisitos:

a) serán funcionalmente independientes de los proveedores de esos servicios, garantizando así que los proveedores de servicios reciben un trato equitativo en los resultados de las búsquedas;

b) indicarán claramente los propietarios y operadores de la herramienta de comparación;

c) establecerán criterios claros y objetivos en los que deberá basarse la comparación;

d) utilizarán un lenguaje sencillo e inequívoco;

e) proporcionarán información precisa y actualizada e indicarán el momento de la actualización más reciente;

f) estarán abiertas a cualquier proveedor de servicios de acceso a internet o de servicios de comunicaciones interpersonales disponibles al público de manera que pueda utilizar la información relevante e incluirán una amplia gama de ofertas que abarquen una parte significativa del mercado y, cuando la información presentada no proporcione una visión completa del mercado, una declaración clara a tal efecto antes de mostrar los resultados;

g) ofrecerán un procedimiento eficaz de notificación de errores en la información;

h) incluirán la posibilidad de comparar precios, tarifas y la calidad de prestación del servicio entre las ofertas disponibles para los consumidores, y entre dichas ofertas y las ofertas tipo disponibles para otros usuarios finales si así se requiriese.

Las herramientas de comparación, previa solicitud del proveedor de la herramienta, deberán ser certificadas por el Ministerio de Asuntos Económicos y Transformación Digital, en los términos en que se determine mediante real decreto.

La información publicada por los operadores de servicios de acceso a internet o de servicios de comunicaciones interpersonales disponibles al público podrá ser utilizada gratuitamente por terceros en formatos de datos abiertos, con el fin de hacer disponibles dichas herramientas de comparación independientes.

4. El Ministerio de Asuntos Económicos y Transformación Digital podrá exigir a los operadores que ofrezcan servicios de acceso a internet o servicios de comunicaciones interpersonales disponibles al público basados en numeración, o a ambos, que difundan de forma gratuita información de interés público a los antiguos y nuevos usuarios finales, cuando proceda, por las mismas vías que las utilizadas normalmente en sus comunicaciones con los usuarios finales. Dicha información, que será facilitada a los operadores en un formato normalizado, cubrirá, entre otros, los siguientes aspectos:

a) los usos más comunes de los servicios de acceso a internet y de los servicios de comunicaciones interpersonales disponibles al público basados en numeración para desarrollar actividades ilícitas o para difundir contenidos nocivos, en particular cuando ello puede atentar contra los derechos y libertades de terceros, incluyendo las infracciones de los derechos de protección de datos, los derechos de autor y derechos afines, así como sus consecuencias jurídicas;

b) los medios de protección contra los riesgos para la seguridad personal, la privacidad y los datos de carácter personal cuando utilicen los servicios de acceso a internet y los servicios de comunicaciones interpersonales disponibles al público basados en numeración.

5. El Ministerio de Asuntos Económicos y Transformación Digital publicará periódicamente los datos resultantes de la gestión del procedimiento de resolución de controversias establecido en el artículo 78.1. Los datos incluirán un nivel de desagregación que permita obtener información acerca de los servicios, materias y operadores sobre los que versan las reclamaciones recibidas.

6. Los operadores que presten a los consumidores servicios de comunicaciones electrónicas disponibles al público de acceso a internet o de comunicaciones interpersonales basados en el uso de la numeración, estarán obligados a comunicar al Ministerio de Asuntos Económicos y Transformación Digital, con al menos un mes de antelación a su entrada en vigor, todas las condiciones contractuales, tarifas y planes de precios conforme se establezca mediante real decreto, y entre ellos los siguientes:

a) las condiciones generales de contratación y cualquiera de sus modificaciones;
b) las tarifas y planes de precios que vayan a poner en el mercado, y cualquiera de sus modificaciones;
c) las condiciones particulares de todos los servicios, tarifas y planes de precios, así como sus modificaciones.
Trasposición del art. 103 de la Directiva 2018/1972.

Artículo 69. Calidad de servicio.
1. La Comisión Nacional de los Mercados y la Competencia, previo informe de la Secretaría de Estado de Telecomunicaciones e Infraestructuras Digitales, especificará los parámetros de calidad de servicio que habrán de cuantificarse y los métodos de medición aplicables, así como el contenido y formato de la información que deberá hacerse pública, incluidos posibles mecanismos de certificación de la calidad. Para ello, se tendrán en cuenta las directrices que establezca el ORECE y se utilizarán, si procede, los parámetros, definiciones y métodos de medición que figuran en el anexo X del Código Europeo de Comunicaciones Electrónicas.
2. La Comisión Nacional de los Mercados y la Competencia podrá exigir a los operadores de servicios de acceso a internet y de servicios de comunicaciones interpersonales disponibles al público la publicación de información completa, comparable, fiable, de fácil consulta y actualizada sobre la calidad de sus servicios destinada a los usuarios finales, en la medida en que controlan al menos algunos elementos de la red, ya sea directamente o en virtud de un acuerdo de nivel de servicio en este sentido, y sobre las medidas adoptadas para garantizar un acceso equivalente para los usuarios finales con discapacidad.
La Comisión Nacional de los Mercados y la Competencia también podrá exigir a los operadores de servicios de comunicación interpersonal disponibles al público que informen a los consumidores, en caso de que la calidad de los servicios que suministran dependa de cualesquiera factores externos, como el control de la transmisión de la señal o la conectividad de red.
Previa petición, dicha información deberá ser facilitada, a la Comisión Nacional de los Mercados y la Competencia, con anterioridad a su publicación.
La Comisión Nacional de los Mercados y la Competencia realizará bienalmente un estudio de la calidad de servicio ofrecida a los usuarios finales radicados en las zonas rurales y escasamente pobladas respecto de la calidad media de servicio ofrecida al conjunto de usuarios radicados en el resto del país.
Las medidas que establezcan los operadores de servicios de acceso a internet y de servicios de comunicaciones interpersonales disponibles al público para garantizar la calidad de sus servicios, serán conformes al Reglamento (UE) 2015/2120, del Parlamento Europeo y del Consejo, de 25 de noviembre de 2015, por el que se establecen medidas en relación con el acceso a una internet abierta y tarifas al por menor para comunicaciones intracomunitarias reguladas y se modifican la Directiva 2002/22/CE y el Reglamento (UE) 531/2012.

Trasposición del art. 104 de la Directiva 2018/1972. Ver ORECE Guidelines detailing Quality of Service Parameters, de 6 de marzo de 2020.

Artículo 70. Cambio de operador y conservación de los números por los usuarios finales.

1. Los usuarios finales tienen derecho a cambiar de operador y los que tengan números del plan nacional de numeración tienen el derecho de conservar su número, previa solicitud, con independencia del operador que preste el servicio, al menos en los siguientes supuestos:
a) en una ubicación fija, cuando se trate de números geográficos;
b) en cualquier ubicación, si se trata de números no geográficos.
2. Cuando un usuario final rescinda un contrato con un operador, conservará el derecho a cambiar su número al nuevo operador durante, al menos, un mes después de la fecha de rescisión, a menos que el usuario final renuncie a ese derecho.
3. La conservación del número y su activación subsiguiente se ejecutarán con la mayor brevedad en la fecha o fechas acordadas explícitamente con el usuario final. En cualquier caso, a los usuarios finales que han suscrito un acuerdo para cambiar un número a un nuevo operador se les activará dicho número en el plazo de un día hábil desde la fecha acordada con el usuario final.
En caso de que el proceso de conservación del número falle, el operador donante reactivará el número o el servicio del usuario final hasta que dicho proceso finalice con éxito y continuará prestando sus servicios en las mismas condiciones hasta que se activen los servicios del operador receptor. En cualquier caso, la pérdida de servicio durante el proceso de cambio y conservación no excederá de un día hábil.
Los operadores cuyas redes de acceso o recursos sean utilizadas por el operador donante o por el receptor, o por ambos, velarán por que no haya pérdida de servicio que pueda retrasar los procesos de cambio o conservación.
4. En el caso de cambio de operador de servicios de acceso a internet, los operadores afectados facilitarán a los usuarios finales información adecuada antes y durante el proceso de transferencia y garantizarán la continuidad del servicio de acceso a internet, salvo que no sea posible técnicamente.
El operador receptor velará por que la activación del servicio de acceso a internet se produzca en el menor tiempo posible, en la fecha y en el horario expresamente acordados con el usuario final. El operador donante continuará prestando sus servicios de acceso a internet en las mismas condiciones hasta que el nuevo operador active a su vez los servicios de acceso a internet. La pérdida de servicio durante el proceso de transferencia no excederá de un día hábil.
5. El operador receptor dirigirá los procesos de cambio y conservación de números, debiendo cooperar de buena fe tanto el operador receptor como el operador donante. A tal efecto, ambos operadores no provocarán retrasos ni cometerán abusos relacionados con los procesos de cambio y conservación ni cambiarán números. En particular, no se podrá transferir a los usuarios finales

en contra de su voluntad o sin su consentimiento explícito.

El contrato del usuario final con el operador donante se rescindirá de forma automática con la finalización del proceso de cambio.

6. El proceso de cambio de operador y de conservación del número se regulará mediante real decreto, para lo cual deberá tenerse en cuenta la normativa en materia de consumidores y usuarios, la viabilidad técnica y la necesidad de mantener la continuidad del servicio al usuario final. En aplicación de este real decreto y su normativa de desarrollo, la Comisión Nacional de los Mercados y la Competencia podrá fijar, mediante circular, características y condiciones para el cambio de operador y la conservación de los números, así como los aspectos técnicos y administrativos necesarios para que ésta se lleve a cabo.

Esta regulación incluirá, cuando sea técnicamente viable, un requisito para que la conservación del número se complete mediante el aprovisionamiento inalámbrico de recursos, excepto cuando un usuario final solicite lo contrario.

La Comisión Nacional de los Mercados y la Competencia podrá adoptar medidas adecuadas que garanticen que los usuarios finales queden adecuadamente informados y protegidos durante todo el proceso de cambio y conservación.

7. Los operadores donantes reembolsarán, a petición del consumidor y sin dilaciones indebidas, cualquier crédito pendiente a los consumidores que usen servicios de prepago. El reembolso solo podrá estar sujeto a una tasa si se estipula así en el contrato. Esa tasa será proporcionada y adecuada a los costes reales asumidos por el operador donante al ofrecer el reembolso, a cuyos efectos la Comisión Nacional de los Mercados y la Competencia podrá requerir del operador donante cualquier información que permita acreditar este extremo.

8. El retraso y los abusos en materia de cambio de operador, de conservación de los números y en caso de no presentación a una cita de servicio y para la instalación, por parte de los operadores o en su nombre, dará derecho a los abonados a una compensación en los términos que se establezcan mediante real decreto, en el que se fijarán asimismo los supuestos en que dicha compensación será automática. Las condiciones y procedimientos para la resolución de los contratos no deberán constituir un factor disuasorio para cambiar de operador.

Trasposición del art. 106 de la Directiva 2018/1972.

Artículo 71. Contratos empaquetados.

1. Si un contrato incluye un paquete de servicios o un paquete de servicios y equipos terminales ofrecidos a un consumidor, y al menos uno de estos servicios es un servicio de acceso a internet o servicios de comunicaciones interpersonales disponibles al público basados en numeración, se aplicarán a todos los elementos del paquete:

a) la obligación consistente en proporcionar al usuario final con carácter previo a la celebración del contrato un resumen del contrato conciso y de fácil lectura a que se refiere el artículo 67.2;

b) la obligación de proporcionar la información relacionada con el contrato y

los servicios que cubre establecida en el artículo 67.1;
c) las condiciones sobre duración y resolución de los contratos establecidas en el artículo 67;
d) las condiciones para llevar a cabo el cambio de operador de servicios de acceso a internet establecidas en el artículo 70.4.

2. Cuando el consumidor tenga derecho a rescindir cualquier elemento del paquete de servicios o del paquete de servicios y equipos terminales contratado antes del vencimiento del plazo contractual, ya sea por razones de falta de adecuación con el contrato o ya sea por incumplimiento del suministro de los servicios, el consumidor tiene derecho a rescindir el contrato íntegro respecto a todos los elementos del paquete de servicios.

3. Cualquier abono a servicios adicionales prestados o a equipos terminales distribuidos por el mismo operador de los servicios de acceso a internet o de los servicios de comunicaciones interpersonales disponibles al público basados en numeración no prolongará el período original del contrato al que se han añadido dichos servicios o equipos terminales, a menos que el consumidor acepte expresamente lo contrario en el momento de contratar los servicios adicionales y los equipos terminales.

4. Los apartados 1 y 3 también se aplicarán a los usuarios finales que sean microempresas, pequeñas empresas u organizaciones sin ánimo de lucro, a menos que hayan acordado expresamente renunciar a la totalidad o parte de lo establecido en los mismos.

Trasposición del art. 107 de la Directiva 2018/1972.

Artículo 72. Guías de abonados y servicios de información sobre números de abonado.

1. La elaboración y comercialización de las guías de abonados a los servicios de comunicaciones electrónicas y la prestación de los servicios de información sobre ellos se realizará en régimen de libre competencia.

2. Los operadores de servicios de comunicaciones interpersonales basados en numeración que asignan números de teléfono a partir de un plan de numeración habrán de dar curso a todas las solicitudes razonables de suministro de información pertinente para la prestación de los servicios de información sobre números de abonados y guías accesibles al público, en un formato acordado y en unas condiciones equitativas, objetivas, orientadas en función de los costes y no discriminatorias, estando sometidos el suministro de la citada información y su posterior utilización a la presente ley y su normativa de desarrollo.

La Comisión Nacional de los Mercados y la Competencia deberá suministrar gratuitamente los datos que le faciliten los citados operadores a las siguientes entidades:

a) entidades que elaboren guías telefónicas de abonados;
b) operadores que presten el servicio de consulta telefónica sobre números de abonado;
c) entidades que presten los servicios de llamadas de emergencia de

conformidad con el artículo 74;

d) agentes facultados para realizar las interceptaciones que se autoricen de acuerdo con lo establecido en el artículo 58.2.

e) los servicios estadísticos oficiales para la elaboración de encuestas y el desarrollo de las competencias estadísticas que la ley les confiere, no siendo aplicable en este caso el derecho previsto en el artículo 66.3 c). La cesión se producirá de acuerdo con los principios recogidos en la normativa de protección de datos personales y con las siguientes garantías específicas:

1.º Se identificará en la solicitud el ámbito territorial respecto del cual se solicitan los números de teléfono.

2.º En el caso de encuestas de cumplimentación obligatoria, la solicitud y cesión de los números de teléfono deberán adecuarse a la metodología de la encuesta diseñada por el servicio estadístico oficial, de conformidad con las exigencias establecidas en la normativa reguladora de la función estadística pública.

3.º En el caso de encuestas y sondeos de cumplimentación voluntaria, la solicitud de números de teléfono no podrá referirse a un porcentaje de éstos superior al veinte por ciento de la población de dicho ámbito territorial, salvo que las características muestrales del estudio, o las dificultades para obtener una entrevista válida, exijan un porcentaje superior, debidamente justificado en la solicitud.

4.º En los supuestos de encuestas y sondeos de cumplimentación voluntaria, los números de teléfono sólo podrán ir segmentados y clasificados por las variables provincia, edad y sexo, tamaño de hábitat y situación laboral, debiendo ser en todo caso seleccionados de manera aleatoria de acuerdo con criterios estadísticos por parte de la Comisión Nacional de los Mercados y la Competencia de entre todos los disponibles en el ámbito solicitado, y debiendo ser números de teléfono anónimos no asociados al nombre del titular.

5.º Los números de teléfono cedidos son datos de contacto con los informantes y no podrán utilizarse para un fin distinto del identificado en la solicitud. Una solicitud podrá incluir, a efectos de sistematicidad, varios tratamientos independientes.

6.º Los números de teléfono cedidos de las unidades de la muestra deberán ser suprimidos una vez haya finalizado su colaboración en la operación estadística y los resultados hayan sido publicados. Los números de teléfono deberán estar disociados de las respuestas de los encuestados una vez finalizada la depuración de la información. En los supuestos de encuestas de cumplimentación voluntaria, en caso de no autorizarse la realización de la encuesta, el número de teléfono deberá ser inmediatamente suprimido.

7.º Cualquier dato que se publique a partir de las encuestas realizadas, deberá ser previamente anonimizado de acuerdo con la normativa de secreto estadístico.

El suministro de los datos por parte de la Comisión Nacional de los Mercados y la Competencia a las entidades previstas en las letras a), b), c) y d), se realizará de conformidad con las condiciones que se establezcan mediante real decreto y de acuerdo con el procedimiento para el suministro y recepción de la información que, en su caso, pueda fijar la Comisión Nacional de los Mercados y la Competencia mediante circular.

3. Se garantiza el acceso de los usuarios finales a los servicios de información sobre números de abonados, para cuya consecución la Comisión Nacional de los Mercados y la Competencia podrá imponer obligaciones y condiciones a las empresas que controlan el acceso a los usuarios finales en materia de prestación de servicios de información sobre números de abonado que deberán ser objetivas, equitativas, no discriminatorias y transparentes.

4. La Comisión Nacional de los Mercados y la Competencia adoptará medidas para garantizar el acceso directo de los usuarios finales al servicio de información sobre números de abonados de otro país comunitario mediante llamada vocal o SMS.

5. Lo dispuesto en el presente artículo se entenderá sin perjuicio de la aplicación de la normativa en materia de protección de datos personales aplicable.

Trasposición del art. 112 de la Directiva 2018/1972.

Artículo 73. Regulación de las condiciones básicas de acceso por personas con discapacidad.

Mediante real decreto, oído en todo caso el Consejo Nacional de la Discapacidad, se podrán establecer las condiciones básicas para el acceso de las personas con discapacidad a las tecnologías, productos y servicios relacionados con las comunicaciones electrónicas. En la citada norma se establecerán los requisitos que deberán cumplir los operadores de servicios de comunicaciones electrónicas disponibles al público para garantizar que los usuarios con discapacidad:

a) puedan tener un acceso a servicios de comunicaciones electrónicas equivalente al que disfrutan la mayoría de los usuarios finales, incluida la información contractual, la facturación y la atención al público, en condiciones y formatos universalmente accesibles y con el uso de lenguas cooficiales;

b) se beneficien de la posibilidad de elección de operadores y servicios disponibles para la mayoría de usuarios finales.

Trasposición del art. 111 de la Directiva 2018/1972.

Artículo 74. Comunicaciones de emergencia y número de emergencia 112.

1. Los usuarios finales de los servicios de comunicaciones interpersonales disponibles al público basados en numeración, cuando dichos servicios permitan realizar llamadas a un número de un plan de numeración nacional o internacional, incluidos los usuarios de los teléfonos públicos de pago, tienen derecho a acceder de manera gratuita, sin contraprestación económica de ningún tipo y sin tener que utilizar ningún medio de pago a los servicios de emergencia a través de comunicaciones de emergencia utilizando el número de emergencia 112 y otros

números de emergencia que se determinen mediante real decreto.

En todo caso, el servicio de comunicaciones de emergencia será gratuito para los usuarios y para las autoridades receptoras de dichas comunicaciones de emergencia, cualquiera que sea la Administración Pública responsable de su prestación y con independencia del tipo de terminal que se utilice.

2. Los operadores de servicios de comunicaciones interpersonales disponibles al público basados en numeración, cuando dichos servicios permitan realizar llamadas a un número de un plan de numeración nacional o internacional, tienen la obligación de encaminar gratuitamente las comunicaciones de emergencia a los servicios de emergencia cuando se utilice el número de emergencia 112 u otros números de emergencia que se determinen.

Asimismo, los operadores citados pondrán a disposición de las autoridades receptoras de dichas comunicaciones de emergencia la información que mediante real decreto se determine relativa a la ubicación de las personas que efectúan la comunicación de emergencia, inmediatamente después del establecimiento de dicha comunicación. La generación y transmisión de la información relativa a la localización del llamante es gratuita tanto para el llamante como para las autoridades receptoras de dichas comunicaciones de emergencia cuando se utilice el número de emergencia 112 u otros números de emergencia que se determinen.

Mediante real decreto se establecerán criterios para la precisión y la fiabilidad de la información facilitada sobre la ubicación de las personas que efectúan comunicaciones de emergencia a los servicios de emergencia.

La información relativa a la ubicación de las personas que efectúan la comunicación de emergencia únicamente podrá ser utilizada con la finalidad de facilitar la localización del llamante en relación con la concreta llamada de emergencia realizada.

3. El acceso a los servicios de emergencia a través de comunicaciones de emergencia para los usuarios finales con discapacidad será equivalente al que disfrutan otros usuarios finales. Mediante real decreto, oído en todo caso el Consejo Nacional de la Discapacidad, se establecerán las medidas adecuadas para garantizar que, en sus desplazamientos a otro Estado miembro de la Unión Europea, los usuarios finales con discapacidad puedan acceder a los servicios de emergencia en igualdad de condiciones que el resto de los usuarios finales y, si fuera factible, sin necesidad de registro previo. Estas medidas procurarán garantizar la interoperabilidad entre los Estados miembros y se basarán en la mayor medida posible en las normas o las especificaciones europeas pertinentes.

4. Las autoridades responsables de la prestación de los servicios de emergencia velarán por que los ciudadanos reciban una información adecuada sobre la existencia y utilización del número de emergencia 112, así como sus características de accesibilidad, y en particular, mediante iniciativas específicamente dirigidas a las personas que viajen a otros Estados miembros de la Unión Europea y a los usuarios finales con discapacidad.

5. Se promoverá el acceso a los servicios de emergencia a través del número de emergencia 112 y otros números de emergencia desde redes de comunicaciones electrónicas que no sean accesibles al público pero que permitan realizar llamadas a redes públicas, en concreto cuando la empresa responsable de dicha red no proporcione un acceso alternativo y sencillo a un servicio de emergencia.
6. Sin perjuicio de lo establecido en el presente artículo, a las comunicaciones de emergencia les será de aplicación el Reglamento (UE) 2016/679 del Parlamento Europeo y del Consejo de 27 de abril de 2016 y la Ley Orgánica 3/2018, de 5 de diciembre, de Protección de Datos Personales y garantía de los derechos digitales, y su normativa de desarrollo.

Trasposición del art. 109 de la Directiva 2018/1972.

Artículo 75. Sistemas de alertas públicas.

1. Los operadores de servicios móviles de comunicaciones interpersonales basados en numeración deberán transmitir las alertas públicas en casos de grandes catástrofes o emergencias inminentes o en curso a los usuarios finales afectados, en los términos que se determinen mediante real decreto.
2. Adicionalmente a lo establecido en el apartado anterior, mediante real decreto se podrá establecer que las alertas públicas en casos de grandes catástrofes o emergencias inminentes o en curso se puedan transmitir por medio de otros servicios de comunicaciones electrónicas disponibles al público distintos de los indicados en el apartado anterior, por medio de servicios de comunicación audiovisual o por medio de una aplicación móvil basada en un servicio de acceso a través de internet, siempre que la eficacia del sistema de alerta sea equivalente en términos de cobertura y capacidad para abarcar a los usuarios finales, incluso aquellos que se encuentren de forma temporal en el área en cuestión.
3. Los usuarios finales deberán poder recibir las alertas fácilmente. La transmisión de alertas al público debe ser gratuita para los usuarios finales y para la entidad encargada de la emisión de las alertas.

Trasposición del art. 110 de la Directiva 2018/1972.

Artículo 76. Acceso abierto a internet.

1. Los usuarios finales tienen el derecho a acceder, a través de su servicio de acceso a internet, a la información y contenidos, así como a distribuirlos, usar y suministrar aplicaciones y servicios y utilizar los equipos terminales de su elección, con independencia de la ubicación del usuario final o del operador o de la ubicación, origen o destino de la información, contenido, aplicación o servicio, sin perjuicio de la normativa aplicable relativa a la licitud de los contenidos, aplicaciones y servicios.
2. Los acuerdos entre los operadores de servicios de acceso a internet y los usuarios finales sobre condiciones comerciales y técnicas y características de los servicios de acceso a internet como el precio, los volúmenes de datos o la velocidad, así como cualquier práctica comercial puesta en marcha por los

operadores de servicios de acceso a internet, no limitarán el ejercicio de los derechos de los usuarios finales establecidos en el apartado anterior.

3. Los operadores de servicios de acceso a internet tratarán todo el tráfico de manera equitativa cuando presten servicios de acceso a internet, sin discriminación, restricción o interferencia, e independientemente del emisor y el receptor, el contenido al que se accede o que se distribuye, las aplicaciones o servicios utilizados o prestados, o el equipo terminal empleado.

Ello no impedirá que los operadores de servicios de acceso a internet apliquen medidas razonables de gestión del tráfico. Para ser consideradas razonables, dichas medidas deberán ser transparentes, no discriminatorias y proporcionadas, y no podrán basarse en consideraciones comerciales, sino en requisitos objetivamente diferentes de calidad técnica del servicio para categorías específicas de tráfico. Dichas medidas no supervisarán el contenido específico y no se mantendrán por más tiempo del necesario.

Los operadores de servicios de acceso a internet no tomarán medidas de gestión del tráfico que vayan más allá de las recogidas en el párrafo anterior y, en particular, no bloquearán, ralentizarán, alterarán, restringirán, interferirán, degradarán ni discriminarán entre contenidos, aplicaciones o servicios concretos o categorías específicas, excepto en caso necesario y únicamente durante el tiempo necesario para:

a) cumplir la normativa europea y nacional a la que el operador de servicio de acceso a internet esté sujeto, o dar cumplimiento a las sentencias judiciales;

b) preservar la integridad y la seguridad de la red, los servicios prestados a través de ella y los equipos terminales de los usuarios finales;

c) evitar la inminente congestión de la red y mitigar los efectos de congestiones de la red excepcionales o temporales, siempre que categorías equivalentes de tráfico se traten de manera equitativa.

4. Sólo se podrán tratar los datos personales para ejecutar las medidas de gestión del tráfico para el cumplimiento de los objetivos contemplados en el apartado anterior de acuerdo con los principios de necesidad y proporcionalidad y de conformidad con la presente ley y su normativa de desarrollo y con el Reglamento (UE) 2016/679 del Parlamento Europeo y del Consejo, de 27 de abril de 2016 y la Ley Orgánica 3/2018, de 5 de diciembre, de Protección de Datos Personales y garantía de los derechos digitales, y su normativa de desarrollo.

5. Los operadores de comunicaciones electrónicas disponibles al público, incluidos los operadores de servicios de acceso a internet y los proveedores de contenidos, aplicaciones y servicios, tendrán libertad para ofrecer servicios distintos a los servicios de acceso a internet que estén optimizados para contenidos, aplicaciones o servicios específicos o para combinaciones de estos, cuando la optimización sea necesaria para atender a las necesidades de contenidos, aplicaciones o servicios que precisen de un nivel de calidad específico.

Los operadores de comunicaciones electrónicas disponibles al público, incluidos los operadores de servicios de acceso a internet, podrán ofrecer o facilitar tales servicios únicamente si la capacidad de la red es suficiente para ofrecerlos además de los servicios de acceso a internet que ya se están prestando. Dichos servicios no serán utilizables u ofrecidos como sustitución de los servicios de acceso a internet y no irán en detrimento de la disponibilidad o de la calidad general de los servicios de acceso a internet para los usuarios finales.
6. Los operadores de servicios de acceso a internet se asegurarán de que cualquier contrato que incluya un servicio de acceso a internet especifique al menos la información siguiente:
a) información sobre cómo podrían afectar las medidas de gestión del tráfico aplicadas por el operador en cuestión a la calidad del servicio de acceso a internet, la intimidad de los usuarios finales y la protección de sus datos personales;
b) una explicación clara y comprensible de la forma en que cualquier limitación del volumen de datos, la velocidad y otros parámetros de calidad del servicio pueden afectar en la práctica a los servicios de acceso a internet, especialmente a la utilización de contenidos, aplicaciones y servicios;
c) una explicación clara y comprensible de la manera en que cualquier servicio de los indicados en el apartado anterior, al que se suscriba el usuario final podrá afectar en la práctica a los servicios de acceso a internet proporcionados a dicho usuario final;
d) una explicación clara y comprensible de la velocidad mínima, disponible normalmente, máxima y anunciada, descendente y ascendente de los servicios de acceso a internet en el caso de redes fijas, o de la velocidad máxima y anunciada estimadas descendente y ascendente de los servicios de acceso a internet en el caso de las redes móviles, y la manera en que desviaciones significativas de las velocidades respectivas descendente y ascendente anunciadas podrían afectar al ejercicio de los derechos de los usuarios finales establecidos en el apartado 1;
e) una explicación clara y comprensible de las vías de resolución de reclamaciones y controversias disponibles para el consumidor en caso de surgir cualquier discrepancia, continua o periódicamente recurrente, entre el rendimiento real del servicio de acceso a internet en lo que respecta a la velocidad u otros parámetros de calidad del servicio y el rendimiento indicado de conformidad con las letras a) a d).
Los operadores de servicios de internet deberán publicar toda esta información.
7. Los operadores de servicios de acceso a internet implantarán procedimientos transparentes, sencillos y eficaces para hacer frente a las reclamaciones de los usuarios finales relacionadas con los derechos y obligaciones establecidos en este artículo.
8. Cualquier discrepancia significativa, ya sea continuada o periódicamente recurrente, entre el rendimiento real del servicio de acceso a internet en lo que

se refiere a la velocidad u otros parámetros de calidad del servicio y el rendimiento indicado al público por el operador de servicios de acceso a internet de conformidad con el apartado 6, letras a) a d), se considerará, cuando los hechos pertinentes se establezcan mediante un mecanismo de supervisión certificado por una autoridad competente, como una falta de conformidad del rendimiento a efectos de abrir las vías de recurso disponibles para los consumidores.

9. El Ministerio de Asuntos Económicos y Transformación Digital supervisará la aplicación de lo establecido en este artículo y publicará un informe anual sobre dicha supervisión y sus resultados y lo remitirá a la Comisión Nacional de los Mercados y la Competencia, a la Comisión Europea y al ORECE.

Para llevar a cabo dicha supervisión, el Ministerio de Asuntos Económicos y Transformación Digital podrá solicitar a los operadores de servicios de comunicaciones electrónicas disponibles al público, incluidos los operadores de servicios de acceso a internet, con el grado de detalle oportuno, información pertinente a efecto de verificar el cumplimiento de las obligaciones establecidas en este artículo y, en particular, información sobre la gestión del tráfico en su red y su capacidad, así como podrá solicitar la aportación de los documentos que justifiquen todas las medidas de gestión del tráfico aplicadas.

Ver Reglamento (UE) 2015/2120 del Parlamento Europeo y del Consejo, de 25 de noviembre de 2015, por el que se establecen medidas en relación con el acceso a una internet abierta y se modifica la Directiva 2002/22/CE relativa al servicio universal y los derechos de los usuarios en relación con las redes y los servicios de comunicaciones electrónicas y el Reglamento (UE) n.º 531/2012 relativo a la itinerancia en las redes públicas de comunicaciones móviles en la Unión, así como ORECE Guidelines on the Implementation of the Open Internet Regulation.

Artículo 77. Itinerancia en la Unión Europea y comunicaciones intracomunitarias reguladas.

1. La regulación de la prestación de los servicios de comunicaciones electrónicas de voz, SMS y datos en itinerancia en la Unión Europea será la establecida en el Reglamento (UE) 531/2012 del Parlamento Europeo y del Consejo, de 13 de junio de 2012, relativo a la itinerancia en las redes públicas de comunicaciones móviles en la Unión y los reglamentos de ejecución que lo desarrollan.

2. La regulación de las tarifas al por menor de las comunicaciones interpersonales basadas en numeración intracomunitarias será la establecida en el Reglamento (UE) 2015/2120 del Parlamento Europeo y del Consejo, de 25 de noviembre de 2015.

Artículo 78. Resolución de controversias.

1. Los usuarios finales que sean personas físicas, incluidos los autónomos o trabajadores por cuenta propia, y las microempresas tendrán derecho a disponer

de un procedimiento extrajudicial, transparente, no discriminatorio, sencillo y gratuito para resolver sus controversias con los operadores que suministren redes o presten servicios de comunicaciones electrónicas disponibles al público y otros agentes que intervienen el mercado de las telecomunicaciones, como los prestadores de servicios de tarificación adicional, cuando tales controversias se refieran a sus derechos específicos como usuarios finales de servicios de comunicaciones electrónicas reconocidos en esta ley y su normativa de desarrollo y de acuerdo con lo recogido en la normativa europea.

A tal fin, el Ministerio de Asuntos Económicos y Transformación Digital establecerá mediante orden un procedimiento conforme al cual, los usuarios finales podrán someterle dichas controversias, con arreglo a los principios establecidos en el apartado anterior. Los operadores y otros agentes que intervienen el mercado de las telecomunicaciones estarán obligados a someterse al procedimiento, así como a cumplir la resolución que le ponga fin. En cualquier caso, el procedimiento que se adopte establecerá el plazo máximo en el que deberá notificarse la resolución expresa, transcurrido el cual se podrá entender desestimada la reclamación por silencio administrativo, sin perjuicio de que el Ministerio de Asuntos Económicos y Transformación Digital tenga la obligación de resolver la reclamación de forma expresa, de acuerdo con lo establecido en el artículo 21 de la Ley 39/2015, de 1 de octubre, del Procedimiento Administrativo Común de las Administraciones Públicas. La resolución que se dicte podrá impugnarse ante la jurisdicción contencioso-administrativa.

Mediante real decreto se podrá prever que los usuarios finales que sean pequeñas y medianas empresas y organizaciones sin ánimo de lucro puedan también acceder a este procedimiento de resolución de controversias en defensa de sus derechos específicos de comunicaciones electrónicas.

2. Lo establecido en el apartado anterior se entiende sin perjuicio del derecho de los usuarios finales a someter las controversias al conocimiento de las Juntas arbitrales de consumo, de acuerdo con la legislación vigente en la materia. Si las Juntas arbitrales de consumo hubieran acordado el inicio de un procedimiento, no será posible acudir al procedimiento del apartado anterior a no ser que la solicitud haya sido archivada sin entrar en el fondo del asunto o las partes hayan desistido del procedimiento arbitral.

TÍTULO IV. EQUIPOS DE TELECOMUNICACIÓN

Artículo 79. Normalización técnica.

1. Mediante real decreto se podrán establecer los supuestos y condiciones en que los operadores de redes públicas y servicios de comunicaciones electrónicas disponibles al público habrán de publicar las especificaciones técnicas precisas y adecuadas de las interfaces ofrecidas en España, con anterioridad a la posibilidad de acceso público a los servicios prestados a través de dichas interfaces.

2. Mediante real decreto se determinarán las formas de elaboración, en su caso, de las especificaciones técnicas aplicables a los equipos de telecomunicación, a efectos de garantizar el cumplimiento de los requisitos esenciales en los procedimientos de evaluación de conformidad y se fijarán los equipos exceptuados de la aplicación de dicha evaluación.

En los supuestos en que la normativa lo prevea, el Ministerio de Asuntos Económicos y Transformación Digital podrá aprobar especificaciones técnicas distintas de las anteriores para equipos de telecomunicación.

Artículo 80. Requisitos esenciales y evaluación de conformidad de equipos de telecomunicación.

1. Mediante real decreto se establecerán los requisitos esenciales que han de cumplir los equipos de telecomunicación y los procedimientos para la evaluación de su conformidad con dichos requisitos.
2. Los equipos de telecomunicación deberán evaluar su conformidad con los requisitos esenciales, ser conformes con todas las disposiciones que se establezcan e incorporar el marcado correspondiente como consecuencia de la evaluación realizada. Podrá exceptuarse de la aplicación de lo dispuesto en este título el uso de los equipos que mediante real decreto se determine, como los equipos de radioaficionados construidos por el propio usuario y no disponibles para venta en el mercado, conforme a lo dispuesto en su regulación específica.
3. El cumplimiento de todos los requisitos esenciales incluye la habilitación para la conexión de los equipos de telecomunicación destinados a conectarse a los puntos de terminación de una red pública de comunicaciones electrónicas. Dicho cumplimiento no supone autorización de uso para los equipos radioeléctricos sujetos a la obtención de autorización o concesión de dominio público radioeléctrico en los términos establecidos en esta ley.
4. Mediante real decreto se establecerán los requisitos que deben cumplir los organismos de evaluación de la conformidad, sus subcontratas y filiales y los procedimientos para su acreditación y para la evaluación y notificación a la Comisión Europea por el Ministerio de Asuntos Económicos y Transformación Digital, como Autoridad Notificante, de organismos de evaluación de la conformidad.
5. El Ministerio de Asuntos Económicos y Transformación Digital podrá promover procedimientos complementarios de certificación voluntaria para los equipos de telecomunicación que incluirán, al menos, la evaluación de la conformidad indicada en los apartados anteriores.

Artículo 81. Reconocimiento mutuo.

1. Los equipos de telecomunicación que hayan evaluado su conformidad con los requisitos esenciales en otro Estado miembro de la Unión Europea o en virtud de los acuerdos de reconocimiento mutuo celebrados por ella con terceros países, y cumplan con las demás disposiciones aplicables en la materia, tendrán

la misma consideración, en lo que se refiere a lo dispuesto en este título, que los equipos cuya conformidad se ha verificado en España y cumplan, asimismo, las demás disposiciones legales en la materia.

2. El Ministerio de Asuntos Económicos y Transformación Digital establecerá los procedimientos para el reconocimiento de la conformidad de los equipos de telecomunicación a los que se refieren los acuerdos de reconocimiento mutuo que establezca la Unión Europea con terceros países.

3. Los equipos de telecomunicación que utilicen el espectro radioeléctrico con parámetros de radio no armonizados en la Unión Europea no podrán ser puestos en el mercado mientras no hayan sido autorizados por el Ministerio de Asuntos Económicos y Transformación Digital, además de haber evaluado la conformidad con las normas aplicables a aquéllos y ser conformes con el resto de disposiciones que les sean aplicables.

Artículo 82. Importación, comercialización, puesta en servicio y uso de equipos de telecomunicación.

1. Mediante real decreto se establecerán los requisitos para la importación, comercialización, puesta en servicio y uso de equipos de telecomunicación y las obligaciones aplicables a los distintos operadores económicos.

2. Para la importación de equipos de telecomunicación desde terceros países no pertenecientes a la Unión Europea, y para la comercialización, puesta en servicio y uso de estos equipos será requisito imprescindible que el operador económico establecido en la Unión Europea o el usuario final haya verificado previamente la conformidad de los equipos con los requisitos esenciales que les sean aplicables, así como el cumplimiento de las restantes disposiciones de aplicación.

3. Los equipos o sistemas sujetos a la obtención de concesiones, permisos o licencias solo podrán ser puestos en servicio y ser utilizados por los usuarios, en general, cuando hayan obtenido las citadas habilitaciones. Además, en el caso de equipos radioeléctricos, a fin de garantizar el uso eficaz y eficiente del espectro radioeléctrico, evitar interferencias perjudiciales o perturbaciones electromagnéticas, solo se permitirá la puesta en servicio de aquellos equipos que hayan sido fabricados de acuerdo con el uso del dominio público radioeléctrico establecido en el Cuadro Nacional de Atribución de Frecuencias y de acuerdo con las interfaces de radio españolas, donde se define en cada caso, el uso del servicio, las frecuencias que pueden ser usadas y la potencia de las emisiones, así como otros parámetros radioeléctricos establecidos para la administración del dominio público radioeléctrico en España.

4. No está permitida la importación, comercialización, publicidad, cesión de forma gratuita u onerosa, instalación, tenencia, puesta en servicio o uso de cualquier equipo con funcionalidades para la generación intencionada de interferencias a equipos, redes o servicios de telecomunicaciones.

No obstante, se podrán llevar a cabo las actividades anteriores excepcionalmente por necesidades relacionadas con la seguridad pública, la defensa nacional, la seguridad nacional, la seguridad de la navegación aérea, la seguridad de la navegación marítima y la seguridad de las instituciones penitenciarias. Mediante real decreto se determinarán los mecanismos para su autorización y control.

Artículo 83. Vigilancia del mercado de equipos de telecomunicación.
1. La Secretaría de Estado de Telecomunicaciones e Infraestructuras Digitales, como órgano administrativo encargado de la vigilancia del mercado de equipos de telecomunicación, garantizará que los equipos comercializados cumplan lo dispuesto en la normativa que resulte de aplicación, obligando a que se adapte el equipo a la normativa aplicable, se retire del mercado o se prohíba o restrinja su comercialización cuando no cumplan lo establecido en dicha normativa, no se utilice conforme al fin previsto o en las condiciones que razonablemente cabría prever, cuando su instalación o su mantenimiento no sean los adecuados, o cuando pueda comprometer la salud o seguridad de los usuarios.
2. Mediante real decreto se desarrollará el procedimiento para la vigilancia del mercado de equipos de telecomunicación, atribuyendo a la Secretaría de Estado de Telecomunicaciones e Infraestructuras Digitales la realización de los controles adecuados para asegurar que los equipos puestos en el mercado cumplen los requisitos aplicables.
3. La Secretaría de Estado de Telecomunicaciones e Infraestructuras Digitales podrá requerir a los operadores económicos implicados en la comercialización de los equipos las siguientes actuaciones:
a) la provisión de manera gratuita de los equipos comercializados para poder llevar a cabo los controles correspondientes;
b) la puesta a disposición de los documentos, las especificaciones técnicas, los datos o la información pertinentes en relación con la conformidad y los aspectos técnicos del producto, lo que incluye el acceso al software incorporado, en la medida en que dicho acceso sea necesario para evaluar la conformidad del producto con la normativa aplicable. La puesta a disposición será con independencia de la forma o formato y del soporte de almacenamiento o del lugar en que dichos documentos, especificaciones técnicas, datos o información estén almacenados. La puesta a disposición incluye la posibilidad de hacer u obtener copias de los documentos, especificaciones técnicas, datos o información;
c) la provisión de la información pertinente sobre la cadena de suministro, los detalles de la red de distribución, las cantidades de equipos en el mercado y otros modelos de equipos que tengan las mismas características técnicas que el equipo en cuestión, cuando sea pertinente para el cumplimiento de la normativa aplicable;

d) la provisión de la información pertinente que se requiera con miras a determinar la titularidad de los sitios web, cuando la información en cuestión esté relacionada con el objeto de la investigación;
e) cuando no se disponga de otros medios efectivos para eliminar un riesgo grave:
1.º la supresión del contenido relativo a los productos relacionados de una interfaz en línea, o para exigir que se muestre explícitamente una advertencia a los usuarios finales cuando accedan a una interfaz en línea o
2.º cuando no se atienda a un requerimiento con arreglo al anterior inciso 1.º, se podrá exigir a los proveedores de servicios de la sociedad de la información que restrinjan el acceso a la interfaz en línea, incluso pidiendo a un tercero pertinente que aplique dichas medidas.
4. Si la Secretaría de Estado de Telecomunicaciones e Infraestructuras Digitales comprueba que un equipo de telecomunicación, a pesar de cumplir con lo establecido en la normativa que resulte de aplicación, presenta un riesgo para la salud o la seguridad de las personas o para otros aspectos de la protección del interés público, se solicitará al operador económico pertinente que adopte todas las medidas adecuadas para garantizar que el equipo de telecomunicación no presente ese riesgo cuando se introduzca en el mercado, o bien, para retirarlo del mercado o recuperarlo en el plazo de tiempo razonable, proporcional a la naturaleza del riesgo, que se determine.
5. La Secretaría de Estado de Telecomunicaciones e Infraestructuras Digitales podrá reclamar al operador económico responsable de la comercialización de los equipos la totalidad de los costes de sus actividades con respecto a casos de incumplimiento de la normativa que resulte de aplicación. Dichos costes podrán incluir los costes de los ensayos, los costes de almacenamiento y los costes de actividades relacionadas con equipos considerados no conformes.
6. Asimismo, la Secretaría de Estado de Telecomunicaciones e Infraestructuras Digitales podrá proceder a la recuperación de equipos de telecomunicación de los usuarios que los posean cuando se hubieran causado interferencias perjudiciales o cuando se considere, justificadamente, que dichos equipos pueden causar las citadas interferencias.

Artículo 84. Condiciones que deben cumplir las instalaciones e instaladores.
1. La instalación de los equipos de telecomunicación deberá ser realizada siguiendo las instrucciones proporcionadas por el operador económico, manteniendo, en cualquier caso, inalteradas las condiciones bajo las cuales se ha verificado su conformidad con los requisitos esenciales, en los términos establecidos en los artículos anteriores de este título.
2. La prestación a terceros de servicios de instalación o mantenimiento de equipos o sistemas de telecomunicación se realizará en régimen de libre competencia sin más limitaciones que las establecidas en esta ley y su normativa de desarrollo.

Podrán prestar a terceros servicios de instalación o mantenimiento de equipos o sistemas de telecomunicación las personas físicas o jurídicas nacionales de un Estado miembro de la Unión Europea o con otra nacionalidad, cuando, en el segundo caso, así esté previsto en los acuerdos internacionales que vinculen al Reino de España. Para el resto de personas físicas o jurídicas, el Gobierno podrá autorizar excepciones de carácter general o particular a la regla anterior.

Mediante real decreto se establecerán los requisitos exigibles para el ejercicio de la actividad consistente en la prestación a terceros de servicios de instalación o mantenimiento de equipos o sistemas de telecomunicación relativos a la capacidad técnica y a la cualificación profesional para el ejercicio de la actividad, medios técnicos y cobertura mínima del seguro, aval o de cualquier otra garantía financiera. Los requisitos de acceso a la actividad y su ejercicio serán proporcionados, no discriminatorios, transparentes y objetivos, y estarán clara y directamente vinculados al interés general concreto que los justifique. Estos requisitos también serán exigibles para poder instalar o mantener equipos o sistemas de telecomunicación que vayan a utilizarse para prestar servicios de comunicaciones electrónicas disponibles al público.

3. Los interesados en la prestación a terceros de servicios de instalación o mantenimiento de equipos o sistemas de telecomunicación o en la instalación o mantenimiento de equipos o sistemas de telecomunicación que vayan a utilizarse para prestar servicios de comunicaciones electrónicas disponibles al público deberán, con anterioridad al inicio de la actividad, presentar al Registro de empresas instaladoras de telecomunicación, por medios electrónicos o telemáticos, una declaración responsable sobre el cumplimiento de los requisitos exigibles para el ejercicio de la actividad.

La declaración responsable habilita para la prestación a terceros de servicios de instalación o mantenimiento de equipos o sistemas de telecomunicación o para la instalación o mantenimiento de equipos o sistemas de telecomunicación que vayan a utilizarse para prestar servicios de comunicaciones electrónicas disponibles al público en todo el territorio español y con una duración indefinida.

Cuando se constate el incumplimiento de alguno de los requisitos determinados reglamentariamente, se le dirigirá al interesado una notificación para que subsane dicho incumplimiento en el plazo de quince días hábiles. Transcurrido dicho plazo sin que la subsanación se hubiera producido, se procederá a dictar resolución privando de eficacia a la declaración y se cancelará la inscripción registral.

Cualquier hecho que suponga modificación de alguno de los datos incluidos en la declaración originaria deberá ser comunicado por el interesado por medios electrónicos o telemáticos, en el plazo máximo de un mes a partir del momento en que se produzca, a la Secretaría de Estado de Telecomunicaciones e Infraestructuras Digitales, que procederá a la inscripción de la modificación en el Registro de empresas instaladoras de telecomunicación.

Si como consecuencia de la prestación de servicios de instalación o mantenimiento de equipos o sistemas de telecomunicación se pusiera en peligro la seguridad de las personas o de las redes públicas de telecomunicaciones, la Secretaría de Estado de Telecomunicaciones e Infraestructuras Digitales podrá dictar resolución motivada por la que, previa audiencia del interesado, se adopte de forma cautelar e inmediata y por el tiempo imprescindible para ello la suspensión del ejercicio de la actividad de instalación para el interesado, sin perjuicio de que se pueda incoar el oportuno expediente sancionador de conformidad con lo establecido en el título VIII.

Será libre la prestación a terceros temporal u ocasional en el territorio español de servicios de instalación o mantenimiento de equipos o sistemas de telecomunicación por personas físicas o jurídicas legalmente establecidas en otros Estados miembros de la Unión Europea para el ejercicio de la misma actividad, sin perjuicio del cumplimiento de las obligaciones en materia de reconocimiento de cualificaciones profesionales que sean de aplicación a los profesionales que se desplacen.

4. El Registro de empresas instaladoras de telecomunicación será de carácter público y su regulación se hará mediante real decreto. En él se inscribirán de oficio los datos que se determinen mediante real decreto relativos a las personas físicas o jurídicas que hayan declarado su intención de prestar a terceros servicios de instalación o mantenimiento de equipos o sistemas de telecomunicación o de instalar o mantener equipos o sistemas de telecomunicación que vayan a utilizarse para prestar servicios de comunicaciones electrónicas disponibles al público y sus modificaciones, a partir de la información contenida en las declaraciones. Los trámites relativos a la inscripción en el mismo no podrán suponer un retraso de la habilitación para ejercer la actividad.

TÍTULO V. DOMINIO PÚBLICO RADIOELÉCTRICO

Artículo 85. De la administración del dominio público radioeléctrico.

1. El espectro radioeléctrico es un bien de dominio público, cuya titularidad y administración corresponden al Estado. Dicha administración se ejercerá de conformidad con lo dispuesto en este título y en los tratados y acuerdos internacionales en los que España sea parte, atendiendo a la normativa aplicable en la Unión Europea y a las resoluciones y recomendaciones de la Unión Internacional de Telecomunicaciones y de otros organismos internacionales.

2. La administración del dominio público radioeléctrico se llevará a cabo teniendo en cuenta su importante valor social, cultural y económico y la necesaria cooperación con otros Estados miembros de la Unión Europea y con la Comisión Europea en la planificación estratégica, la coordinación y la armonización del uso del espectro radioeléctrico en la Unión Europea.

En el marco de dicha cooperación se fomentará la coordinación de los enfoques políticos en materia de espectro radioeléctrico en la Unión Europea y, cuando proceda, la armonización de las condiciones necesarias para la creación y el funcionamiento del mercado interior de las comunicaciones electrónicas. Para ello, se tendrán en cuenta, entre otros, los aspectos económicos, de seguridad, de salud, de interés público, de libertad de expresión, de derechos de los consumidores, culturales, científicos, sociales y técnicos de las políticas de la Unión Europea, así como los diversos intereses de las comunidades de usuarios del espectro, atendiendo siempre a la necesidad de garantizar un uso eficiente y efectivo de las radiofrecuencias y a los beneficios para los consumidores, como la realización de economías de escala y la interoperabilidad de los servicios y redes.

En esa labor, la administración del dominio público radioeléctrico perseguirá, entre otras finalidades:

a) procurar la cobertura de banda ancha inalámbrica del territorio y la población en condiciones de alta calidad y velocidad, así como la cobertura de los grandes corredores de transporte;

b) facilitar el rápido desarrollo de nuevas tecnologías y aplicaciones inalámbricas al servicio de las comunicaciones, incluido, cuando sea oportuno, el enfoque intersectorial;

c) garantizar la previsibilidad y coherencia en la concesión, renovación, modificación, restricción o supresión de los derechos de utilización del dominio público radioeléctrico con miras a promover inversiones a largo plazo;

d) procurar la prevención de las interferencias perjudiciales, y adoptar a tal fin medidas apropiadas, tanto preventivas como correctoras;

e) promover el uso compartido del espectro radioeléctrico entre usos similares o diferentes de conformidad con la normativa de competencia;

f) aplicar el sistema de autorización más apropiado y menos oneroso posible, de forma que se maximice la flexibilidad, el uso compartido y el uso eficiente en el uso del dominio público radioeléctrico;

g) aplicar normas para la concesión, cesión, renovación, modificación y supresión de derechos de uso del dominio público radioeléctrico que estén definidas de forma clara y transparente de forma que se asegure la certidumbre, coherencia y previsibilidad;

h) preservar la salud de la población mediante la determinación, control e inspección de los niveles únicos de emisión radioeléctrica tolerable que no supongan un peligro para la salud pública.

3. En particular, son principios aplicables a la administración del dominio público radioeléctrico, entre otros, los siguientes:

a) garantizar un uso eficaz y eficiente de este recurso;

b) fomentar la neutralidad tecnológica y de los servicios, y el mercado secundario del espectro;

c) fomentar una mayor competencia en el mercado de las comunicaciones electrónicas.

4. La administración del dominio público radioeléctrico tiene por objetivo el establecimiento de un marco jurídico que asegure unas condiciones armonizadas para su uso y que permita su disponibilidad y uso eficiente, y abarca un conjunto de actuaciones entre las cuales se incluyen las siguientes:
a) planificación: Elaboración y aprobación de los planes de utilización;
b) gestión: Establecimiento, de acuerdo con la planificación previa, de las condiciones técnicas de explotación y otorgamiento de los derechos de uso;
c) control: Comprobación técnica de las emisiones, detección y eliminación de interferencias, inspección técnica de instalaciones, equipos radioeléctricos, así como el control de la comercialización, la puesta en servicio y el uso de éstos últimos.
Igualmente, incluye la protección del dominio público radioeléctrico, consistente, entre otras actuaciones, en la realización de emisiones sin contenidos sustantivos en aquellas frecuencias y canales radioeléctricos cuyos derechos de uso, en el ámbito territorial correspondiente, no hayan sido otorgados, con independencia de que dichas frecuencias o canales radioeléctricos sean objeto en la práctica de ocupación o uso efectivo;
d) aplicación del régimen sancionador.
5. La utilización de frecuencias radioeléctricas mediante redes de satélites se incluye dentro de la administración del dominio público radioeléctrico.
Asimismo, la utilización del dominio público radioeléctrico necesaria para la utilización de los recursos órbita-espectro en el ámbito de la soberanía española y mediante satélites de comunicaciones queda reservada al Estado. Su explotación estará sometida al derecho internacional y se realizará, en la forma que mediante real decreto se determine, mediante su gestión directa por el Estado o mediante concesión, en el que se fijará asimismo su duración. En todo caso, la gestión podrá también llevarse a cabo mediante conciertos con organismos internacionales.

> Trasposición del art. 45 de la Directiva 2018/1972. Desarrollo reglamentario en el art. 4 RD 123/2017, Reglamento sobre el uso del dominio público radioeléctrico.

Artículo 86. Facultades del Gobierno para la administración del dominio público radioeléctrico.

El Gobierno desarrollará mediante real decreto las condiciones para la adecuada administración del dominio público radioeléctrico. En dicho real decreto se regulará, como mínimo, lo siguiente:
a) el procedimiento para la elaboración de los planes de utilización del espectro radioeléctrico, que incluyen el Cuadro Nacional de Atribución de Frecuencias, los planes técnicos nacionales de radiodifusión y televisión, cuya aprobación corresponderá al Gobierno, y las necesidades de espectro radioeléctrico para la defensa nacional. Los datos relativos a esta última materia tendrán el carácter de reservados;
b) el procedimiento de determinación, control e inspección de los niveles únicos de emisión radioeléctrica tolerable y que no supongan un peligro para la

salud pública, que deberán ser respetados en todo caso y momento por las diferentes instalaciones o infraestructuras a instalar y ya instaladas que hagan uso del dominio público radioeléctrico. En la determinación de estos niveles únicos de emisión radioeléctrica tolerable se tendrá en cuenta tanto criterios técnicos en el uso del dominio público radioeléctrico, como criterios de preservación de la salud de las personas y en concordancia con lo dispuesto por las recomendaciones de la Comisión Europea. Tales límites deberán ser respetados, en todo caso, por el resto de Administraciones públicas, tanto autonómicas como locales, que no podrán modificarlos ni de manera directa, en términos de densidad de potencia o de intensidad de campo eléctrico, ni de manera indirecta mediante el establecimiento de distancias mínimas de protección radioeléctrica;

c) los procedimientos, plazos y condiciones para la habilitación del ejercicio de los derechos de uso del dominio público radioeléctrico, que revestirá la forma de autorización general, autorización individual, afectación o concesión administrativas.

En particular, se regularán los procedimientos abiertos de otorgamiento de derechos de uso del dominio público radioeléctrico, que se basarán en criterios de elegibilidad fijados de antemano, objetivos, transparentes, no discriminatorios, proporcionados y que reflejen las condiciones asociadas a tales derechos.

No obstante lo anterior, cuando resulte necesario el otorgamiento de derechos individuales de utilización de radiofrecuencias a prestadores de servicios de comunicación audiovisual radiofónicos o televisivos para lograr un objetivo de interés general establecido de conformidad con el Derecho de la Unión Europea, podrán establecerse excepciones al requisito de procedimiento abierto;

d) el procedimiento para la reasignación del uso de bandas de frecuencias con el objetivo de alcanzar un uso más eficiente del espectro radioeléctrico, en función de su idoneidad para la prestación de nuevos servicios o de la evaluación de las tecnologías, que podrá incluir el calendario de actuaciones y la evaluación de los costes asociados, en particular, los ocasionados a los titulares de derechos de uso afectados por estas actuaciones de reasignación, que podrán verse compensados a través de un fondo económico o cualquier otro mecanismo de compensación que se establezca;

e) las condiciones no discriminatorias, proporcionadas y transparentes asociadas a los títulos habilitantes para el uso del dominio público radioeléctrico, entre las que se incluirán las necesarias para garantizar el uso efectivo y eficiente de las frecuencias y los compromisos contraídos por los operadores en los procesos de licitación previstos en el artículo 89. Estas condiciones buscarán promover en todo caso la consecución de los mayores beneficios posibles para los usuarios, así como mantener los incentivos suficientes para la inversión y la innovación;

f) las condiciones de otorgamiento de títulos habilitantes para el uso del dominio público radioeléctrico para fines experimentales o eventos de corta duración;

g) la adecuada utilización del espectro radioeléctrico mediante el empleo de equipos y aparatos.

Desarrollo reglamentario en los arts. 5-9. 4 RD 123/2017.

Artículo 87. Coordinación transfronteriza del espectro radioeléctrico.

1. El Ministerio de Asuntos Económicos y Transformación Digital llevará a cabo una administración del espectro radioeléctrico de forma que no se impida a ningún otro Estado miembro de la Unión Europea permitir en su territorio el uso del espectro radioeléctrico armonizado de conformidad con la legislación de la Unión Europea, principalmente en lo relativo a evitar interferencias perjudiciales transfronterizas entre los Estados miembros, sin perjuicio del cumplimiento de la legislación internacional y de los acuerdos internacionales pertinentes, como el Reglamento de Radiocomunicaciones de la Unión Internacional de Telecomunicaciones (UIT) y los acuerdos regionales de radiocomunicaciones de la UIT.

2. Se cooperará con los Estados miembros de la Unión Europea y, cuando proceda, a través del Grupo de Política del Espectro Radioeléctrico (RSPG, en inglés), en la coordinación transfronteriza en el uso del espectro radioeléctrico al objeto de:

a) garantizar el uso del espectro radioeléctrico armonizado de conformidad con la legislación de la Unión Europea;

b) resolver cualquier problema o disputa en relación con la coordinación transfronteriza o con las interferencias perjudiciales transfronterizas entre Estados miembros o con terceros países que impiden hacer uso del espectro radioeléctrico armonizado.

3. En esta labor de coordinación transfronteriza del espectro radioeléctrico, el Ministerio de Asuntos Económicos y Transformación Digital podrá solicitar la colaboración y el apoyo del RSPG para hacer frente a cualquier problema o disputa en relación con la coordinación transfronteriza o con las interferencias perjudiciales transfronterizas. En su caso, el RSPG podrá emitir un dictamen en el que proponga una solución coordinada en relación con dicho problema o disputa.

4. El Ministerio de Asuntos Económicos y Transformación Digital podrá solicitar a las instituciones europeas apoyo jurídico, político y técnico a fin de resolver problemas de coordinación del espectro radioeléctrico con países vecinos de la Unión Europea.

5. El Ministerio de Asuntos Económicos y Transformación Digital cooperará con el fin de coordinar el uso del espectro radioeléctrico armonizado para redes y servicios de comunicaciones electrónicas en la Unión Europea. Ello puede

incluir determinar una o, cuando sea pertinente, varias fechas límite comunes para la autorización de bandas específicas del espectro radioeléctrico armonizado.

6. El Ministerio de Asuntos Económicos y Transformación Digital cooperará con los órganos competentes de otros Estados fuera de la Unión Europea para resolver de forma temprana y eficaz cualquier problema o disputa en relación con terceros países que impiden hacer uso del espectro radioeléctrico, de forma que se garantice el cumplimiento de la legislación internacional y de los acuerdos internacionales pertinentes, como el Reglamento de Radiocomunicaciones de la Unión Internacional de Telecomunicaciones (UIT) y los acuerdos regionales de radiocomunicaciones de la UIT.

Artículo 88. Títulos habilitantes para el uso del dominio público radioeléctrico.

1. El uso del dominio público radioeléctrico podrá ser común, especial o privativo.

El uso común del dominio público radioeléctrico no precisará de ningún título habilitante y se llevará a cabo en las bandas de frecuencias y con las características técnicas que se establezcan al efecto. No obstante, los operadores que hagan uso de bandas de frecuencias de uso común deberán comunicar a la Secretaría de Estado de Telecomunicaciones e Infraestructuras Digitales los siguientes datos:

a) las bandas de frecuencias de funcionamiento de sus redes que hagan un uso común del dominio público radioeléctrico;

b) los datos descriptivos de la zona de servicio de cada una de las redes del operador que hagan un uso común del dominio público radioeléctrico, incluyendo el tipo de cobertura (municipal, provincial, autonómica o estatal), así como los identificadores de cada red;

c) el número de transmisores de cada red que hagan un uso común del dominio público radioeléctrico, así como los datos técnicos actualizados de los transmisores de cada red, incluyendo sus coordenadas geográficas.

El uso especial del dominio público radioeléctrico es el que se lleve a cabo de las bandas de frecuencias habilitadas para su explotación de forma compartida, sin limitación de número de operadores o usuarios y con las condiciones técnicas y para los servicios que se establezcan en cada caso.

El uso privativo del dominio público radioeléctrico es el que se realiza mediante la explotación en exclusiva o por un número limitado de usuarios de determinadas frecuencias en un mismo ámbito físico de aplicación.

2. Para el acceso a una red pública de comunicaciones electrónicas a través de RLAN, cuando dicho acceso no forme parte de una actividad económica o sea accesorio respecto de otra actividad económica o un servicio público que no dependa del transporte de señales por esas redes, las empresas, autoridades públicas o usuarios finales que suministren el acceso no estarán sujetos a la

previa obtención de un título habilitante, sin perjuicio de que el uso del dominio público radioeléctrico deba llevarse a cabo en las bandas de frecuencias y con las características técnicas que se establezcan al efecto.

3. Los títulos habilitantes mediante los que se otorguen derechos de uso del dominio público radioeléctrico revestirán la forma de autorización general, autorización individual, afectación o concesión administrativas. El plazo para el otorgamiento de los títulos habilitantes será de seis semanas desde la entrada de la solicitud en cualquiera de los registros del órgano administrativo competente, sin perjuicio de lo establecido para los derechos de uso con limitación de número. Dicho plazo no será de aplicación cuando sea necesaria la coordinación internacional de frecuencias o afecte a reservas de posiciones orbitales.

4. El otorgamiento de derechos de uso del dominio público radioeléctrico revestirá la forma de autorización general en los supuestos de uso especial de las bandas de frecuencia habilitadas a tal efecto a través de redes públicas de comunicaciones electrónicas suministradas por operadores de comunicaciones electrónicas.

La autorización general se entenderá concedida sin más trámite que la notificación a la Secretaría de Estado de Telecomunicaciones e Infraestructuras Digitales, mediante el procedimiento y con los requisitos que se establezcan mediante orden de la persona titular del Ministerio de Asuntos Económicos y Transformación Digital, sin perjuicio de la obligación de abono de las tasas correspondientes. Cuando dicha Secretaría de Estado constate que la notificación no reúne los requisitos establecidos anteriormente, dictará resolución motivada en un plazo máximo de quince días hábiles, no teniendo por realizada aquélla.

5. El otorgamiento de derechos de uso del dominio público radioeléctrico revestirá la forma de autorización individual en los siguientes supuestos:

a) si se trata de una reserva de derecho de uso especial por radioaficionados u otros sin contenido económico en cuya regulación específica así se establezca;

b) si se otorga el derecho de uso privativo para autoprestación por el solicitante, salvo en el caso de Administraciones públicas, que requerirán de afectación demanial.

6. En el resto de los supuestos no contemplados en los apartados anteriores, el derecho al uso privativo del dominio público radioeléctrico requerirá una concesión administrativa. Para el otorgamiento de dicha concesión, será requisito previo que los solicitantes ostenten la condición de operador de comunicaciones electrónicas y que en ellos no concurra alguna de las prohibiciones de contratar reguladas en la Ley de Contratos del Sector Público, aprobado por la Ley 9/2017, de 8 de noviembre.

Las concesiones de uso privativo del dominio público radioeléctrico reservado para la prestación de servicios de comunicación audiovisual se otorgarán por la Secretaría de Estado de Telecomunicaciones e Infraestructuras Digitales aneja al título habilitante audiovisual, ya consista este título habilitante en una licencia o en la habilitación para la prestación de servicios públicos de comunicación audiovisual conforme a lo establecido en la normativa de servicios de comunicación audiovisual. La duración de estas concesiones será la del título habilitante audiovisual. En estos supuestos, el operador en cuyo favor se otorgue la concesión no tiene por qué ostentar la condición de operador de comunicaciones electrónicas sino la de prestador de servicios de comunicación audiovisual.

7. En caso de falta de demanda a nivel nacional o inferior de uso de una banda en el dominio público radioeléctrico sujeto a condiciones armonizadas, la Secretaría de Estado de Telecomunicaciones e Infraestructuras Digitales podrá permitir un uso alternativo de dicha banda o de parte de ella, incluido el uso existente, a condición de que:

a) el descubrimiento de la falta de demanda de uso de tal banda se base en una consulta pública por un plazo no inferior a treinta días naturales, incluida una evaluación prospectiva de la demanda en el mercado;

b) el citado uso alternativo no impida o entorpezca la disponibilidad del uso de la banda armonizada en otros Estados miembros, y

c) tenga debidamente en cuenta la disponibilidad o el uso a largo plazo de la banda armonizada, así como las economías de escala para los equipos que resultan del uso del espectro radioeléctrico armonizado.

La decisión que permita el uso alternativo de forma excepcional de una banda o parte de ella estará sujeta a revisión periódica, y en cualquier caso se revisará con prontitud a raíz de una petición debidamente justificada de uso de la banda de conformidad con las condiciones armonizadas.

8. Es competencia de la Secretaría de Estado de Telecomunicaciones e Infraestructuras Digitales el otorgamiento de los títulos habilitantes, salvo en los supuestos de otorgamiento por procedimiento de licitación contemplado en el artículo 89.

Las resoluciones mediante las cuales se otorguen los títulos habilitantes de dominio público radioeléctrico se dictarán en la forma y plazos que se establezcan mediante real decreto que establecerá, asimismo, la información que se hará pública sobre dichas concesiones.

9. Los operadores que resultasen seleccionados para la asignación o reserva a su favor de derechos de uso del espectro radioeléctrico efectuada por las instituciones de la Unión Europea o derivada de acuerdos internacionales, se inscribirán de oficio en el Registro de operadores. La Secretaría de Estado de Telecomunicaciones e Infraestructuras Digitales otorgará la concesión demanial a los operadores antes mencionados. En las citadas concesiones se incluirán, entre otras, las condiciones que procedan establecidas en los procedimientos de asignación o reserva, así como los compromisos adquiridos por el operador en dichos procedimientos, sin que se puedan imponer condiciones o criterios adicionales ni procedimientos que limiten, alteren o demoren la correcta aplicación de la asignación común de dicho espectro radioeléctrico.

10. El Ministerio de Asuntos Económicos y Transformación Digital, teniendo en cuenta los intereses manifestados por los agentes intervinientes en el mercado de las telecomunicaciones y previo informe de la Comisión Nacional de los Mercados y la Competencia, podrá cooperar con las autoridades competentes de otros Estados miembros de la Unión Europea y con el Grupo de Política del Espectro Radioeléctrico (RSPG) para establecer conjuntamente los aspectos comunes de un proceso de asignación de derechos de uso del dominio público radioeléctrico y, en su caso, desarrollar también conjuntamente el proceso de selección para el otorgamiento de títulos habilitantes del uso del dominio público radioeléctrico.

Al concebir el proceso de asignación conjunta, se podrá tener en cuenta los siguientes criterios:

a) los distintos procesos de asignación nacionales serán iniciados y desarrollados por las autoridades competentes de conformidad con un calendario aprobado conjuntamente;

b) dispondrá, en su caso, unas condiciones y procedimientos comunes para la selección y otorgamiento de los títulos habilitantes de uso del dominio público radioeléctrico;

c) dispondrá, si procede, unas condiciones comunes o comparables en el uso del dominio público radioeléctrico, pudiendo permitir la asignación de bloques similares de frecuencias radioeléctricas;

d) permanecerá abierto a otros Estados miembros de la Unión Europea en todo momento hasta que se haya realizado el proceso de asignación conjunta.

11. Los operadores que suministren las redes o servicios de comunicaciones electrónicas que hagan uso del dominio público radioeléctrico deberán disponer del correspondiente título habilitante de dicho uso.

Los operadores que vayan a efectuar materialmente emisiones radioeléctricas mediante el uso del dominio público radioeléctrico por encargo de otras personas o entidades deberán verificar, previamente al inicio de dichas emisiones, que las entidades a cuya disposición ponen su red ostentan el correspondiente título habilitante en materia de uso del dominio público radioeléctrico. Dichos operadores no podrán poner a disposición de las entidades referidas su red y, en consecuencia, no podrán dar el acceso a su red a dichas entidades ni podrán efectuar las mencionadas emisiones en caso de ausencia del citado título habilitante.

Los titulares de las infraestructuras físicas desde las que los operadores vayan a efectuar materialmente emisiones radioeléctricas mediante el uso del dominio público radioeléctrico, ya sea directamente o mediante acuerdos de coubicación, deberán tener identificada la titularidad de cada uno de los transmisores instalados susceptibles de producir emisiones radioeléctricas y una relación actualizada de las frecuencias utilizadas por cada transmisor.

Trasposición de los arts. 45-49 de la Directiva 2018/1972. Desarrollo reglamentario en los arts. 19-36 RD 123/2017.

Artículo 89. Títulos habilitantes otorgados mediante un procedimiento de licitación.
1. Cuando sea preciso para garantizar el uso eficaz y eficiente del dominio público radioeléctrico, teniendo debidamente en cuenta la necesidad de conseguir los máximos beneficios para los usuarios y facilitar el desarrollo de la competencia, el Ministerio de Asuntos Económicos y Transformación Digital podrá, previa consulta pública a las partes interesadas, incluidas las asociaciones de consumidores y usuarios, por un plazo de treinta días naturales y previo informe de la Comisión Nacional de los Mercados y la Competencia, limitar el número de concesiones demaniales a otorgar sobre dicho dominio para el suministro de redes públicas y la prestación de servicios de comunicaciones electrónicas. Toda decisión de limitar el otorgamiento de derechos de uso habrá de ser publicada, exponiendo los motivos de la misma. La limitación del número de títulos habilitantes será revisable por el propio Ministerio, de oficio o a instancia de parte, en la medida en que desaparezcan las causas que la motivaron.
2. Cuando, de conformidad con lo previsto en el apartado anterior, el titular del Ministerio de Asuntos Económicos y Transformación Digital limite el número de concesiones demaniales a otorgar en una determinada banda de frecuencias, se tramitará un procedimiento de licitación para el otorgamiento de las mismas que respetará en todo caso los principios de publicidad, concurrencia y no discriminación para todas las partes interesadas. Para ello se aprobará, mediante orden del titular del Ministerio de Asuntos Económicos y Transformación Digital, la convocatoria y el pliego de bases por el que se regirá la licitación, previa consulta pública por un plazo no inferior a treinta días naturales y previo informe de la Comisión Nacional de los Mercados y la Competencia.
Los objetivos que pueden perseguirse con la convocatoria de la licitación deberán limitarse a uno o varios de los siguientes:
a) fomentar la competencia;
b) promover la cobertura;
c) asegurar la calidad del servicio requerida;
d) fomentar el uso eficiente del dominio público radioeléctrico teniendo en cuenta, en particular, las condiciones asociadas a los derechos de uso y la cuantía de las tasas;
e) promover la innovación y el desarrollo de las empresas.
Antes de la convocatoria de la licitación, el Ministerio de Asuntos Económicos y Transformación Digital informará al RSPG de la próxima convocatoria y determinará si solicita al RSPG que convoque un foro de revisión por pares a fin de debatir y cambiar impresiones sobre la licitación y facilitar el intercambio de experiencias y buenas prácticas.
El procedimiento de licitación deberá resolverse mediante orden del titular del Ministerio de Asuntos Económicos y Transformación Digital en un plazo

máximo de ocho meses desde la convocatoria de la licitación.

Trasposición del art. 55 de la Directiva 2018/1972. Desarrollo reglamentario en los arts. 37-38 RD 123/2017.

Artículo 90. Competencia efectiva en la asignación y uso del dominio público radioeléctrico.

1. Se promoverá una competencia efectiva y se evitará el falseamiento de la competencia cuando se tomen decisiones referentes a la asignación o modificación de los derechos de uso del dominio público radioeléctrico.

2. A tal efecto, en el Cuadro Nacional de Atribución de Frecuencias o en los pliegos reguladores de los procedimientos de licitación para el otorgamiento de títulos habilitantes se podrán tomar las siguientes medidas, previo informe de la Comisión Nacional de los Mercados y la Competencia:

a) establecer cautelas para evitar comportamientos especulativos o acaparamiento de derechos de uso del dominio público radioeléctrico, en particular, mediante la fijación de límites en la cantidad de frecuencias a utilizar por un mismo operador o grupo empresarial o la fijación de plazos estrictos para la explotación de los derechos de uso por parte de su titular, pudiendo establecer un período de tiempo durante el cual no se pueden efectuar operaciones de mercado secundario con los títulos habilitantes o los derechos de uso del dominio público radioeléctrico;

b) imponer condiciones a la concesión de tales derechos, como podría ser el suministro de acceso al por mayor, o la itinerancia nacional o inferior, en determinadas bandas o grupos de bandas con características similares;

c) reservar, si resulta conveniente y justificado debido a una situación específica del mercado, una parte de una banda del dominio público radioeléctrico o grupo de bandas para su asignación a nuevos operadores en el mercado.

3. Asimismo, el Ministerio de Asuntos Económicos y Transformación Digital podrá adoptar las siguientes medidas, previo informe de la Comisión Nacional de los Mercados y la Competencia:

a) denegar la concesión de nuevos derechos del uso del dominio público radioeléctrico o la de nuevos usos de dicho dominio público en determinadas bandas, o imponer condiciones a la concesión de nuevos derechos de uso del dominio público radioeléctrico o a la autorización de nuevos usos de dicho dominio público, con el fin de evitar un falseamiento de la competencia por efecto de asignaciones, transferencias o acumulaciones de derechos de uso;

b) incluir condiciones que prohíban las transferencias de derechos de uso del dominio público no sujetos a la normativa de control de fusiones, o impongan condiciones a las mismas, si tales transferencias pudieran ser perjudiciales para la competencia;

c) modificar los derechos de uso del dominio público radioeléctrico si fuera necesario para poner remedio a posteriori a falseamientos de la competencia causados por la transferencia o acumulación de derechos de uso del espectro radioeléctrico.

4. La adopción por el Ministerio de Asuntos Económicos y Transformación Digital de las medidas a las que se refiere este artículo se basará en una evaluación objetiva y prospectiva de las condiciones de competencia del mercado y de si tales medidas son necesarias para lograr o mantener una competencia efectiva, y de los efectos previsibles de las mismas sobre la inversión presente y futura de los agentes del mercado, especialmente por lo que se refiere al despliegue de las redes. Al hacerlo, tendrá en cuenta el enfoque del análisis del mercado expuesto en los apartados 1 a 3 del artículo 17.

Trasposición del art. 52 de la Directiva 2018/1972.

Artículo 91. Condiciones asociadas a los títulos habilitantes para el uso del dominio público radioeléctrico.

1. Cuando se otorgue un título habilitante para el uso del dominio público radioeléctrico, se especificará su duración, sus causas de extinción y revocación y si los derechos de uso pueden ser objeto de operaciones de mercado secundario y sus condiciones.

2. En el otorgamiento de los títulos habilitantes, el Ministerio de Asuntos Económicos y Transformación Digital, previo informe de la Comisión Nacional de los Mercados y la Competencia, podrá imponer las siguientes condiciones para garantizar un uso eficaz y eficiente del dominio público radioeléctrico o reforzar la cobertura:

a) compartir infraestructuras pasivas o activas dependientes del dominio público radioeléctrico, o compartir el dominio público radioeléctrico;

b) celebrar acuerdos comerciales de acceso por itinerancia nacional o inferior;

c) desplegar conjuntamente infraestructuras para el suministro de redes o servicios que dependen del uso del dominio público radioeléctrico.

3. Los operadores de redes públicas de comunicaciones electrónicas o de servicios de comunicaciones electrónicas disponibles al público podrán permitir un acceso público a sus redes a través de RLAN que podrían estar situadas en los locales de un usuario final, siempre que se atengan a las condiciones establecidas en este título y al acuerdo previo y con conocimiento de causa del usuario final.

4. Los operadores de redes públicas de comunicaciones electrónicas o de servicios de comunicaciones electrónicas disponibles al público no podrán restringir o impedir unilateralmente la posibilidad de que los usuarios:

a) accedan a las RLAN que prefieran suministradas por terceros, o

b) permitan el acceso recíproco o más en general a las redes de tales proveedores por parte de otros usuarios finales a través de redes de área local radioeléctricas, también si se trata de iniciativas de terceros que agregan y permiten el acceso público a las RLAN de diferentes usuarios finales.

5. Se permite que los usuarios finales permitan el acceso de forma recíproca o de otra forma a sus RLAN por parte de otros usuarios finales, también si se

trata de iniciativas de terceros que agregan y permiten un acceso público a las RLAN de diferentes usuarios finales.

6. En los términos que se determinen reglamentariamente, con carácter previo a la utilización del dominio público radioeléctrico, se exigirá, preceptivamente, la aprobación del proyecto técnico o la presentación de una declaración responsable de conformidad con lo establecido en el artículo 69 de la Ley 39/2015, de 1 de octubre, del Procedimiento Común de las Administraciones públicas, así como la inspección de las instalaciones o una certificación expedida por técnico competente con el fin de comprobar que las instalaciones se ajustan a las condiciones previamente autorizadas.

En función de la naturaleza del servicio, de la banda de frecuencias empleada, de la importancia técnica de las instalaciones que se utilicen o por razones de eficacia en la gestión del espectro, se determinarán los supuestos en los que procede la exigencia de presentación o aprobación de proyecto técnico o una declaración responsable de conformidad con lo establecido en el artículo 69 de la Ley 39/2015, de 1 de octubre, del Procedimiento Administrativo Común de las Administraciones Públicas, sin perjuicio de que la Secretaría de Estado de Telecomunicaciones e Infraestructuras Digitales pueda exigir en cualquier momento la presentación del proyecto técnico. Asimismo, también se determinarán los supuestos en los que procede la inspección previa o una certificación expedida por técnico competente.

Trasposición de los arts. 13, 47 and Anexo I de la Directiva 2018/1972.

Artículo 92. Uso compartido.

1. El Ministerio de Asuntos Económicos y Transformación Digital, previo informe de la Comisión Nacional de los Mercados y la Competencia, podrá imponer a los operadores de redes públicas de comunicaciones electrónicas obligaciones en relación con la compartición de la infraestructura pasiva u obligaciones para celebrar acuerdos de acceso itinerante localizado, siempre que, en ambos casos, ello resulte directamente necesario para la prestación local de servicios que dependen de la utilización del dominio público radioeléctrico, de conformidad con lo dispuesto en la presente ley y su normativa de desarrollo, y siempre que los operadores no dispongan de medios de acceso alternativos viables y similares para los usuarios finales en el marco de unas condiciones justas y razonables.

2. El Ministerio de Asuntos Económicos y Transformación Digital podrá excepcionalmente imponer tales obligaciones únicamente si esta posibilidad se ha establecido claramente en el momento de otorgar el título habilitante de derechos de uso del dominio público y si ello está justificado por el hecho de que, en la zona sujeta a tales obligaciones, el despliegue de infraestructuras con base en el mercado para el suministro de redes o servicios que dependan del uso del dominio público radioeléctrico esté sujeto a obstáculos físicos o económicos insalvables, y el acceso a las redes o los servicios por parte de los usuarios finales sea, por consiguiente, muy deficiente o inexistente.

3. Cuando el acceso itinerante localizado y el uso compartido de la infraestructura pasiva no basten para abordar la situación, la Comisión Nacional de los Mercados y la Competencia podrá imponer obligaciones relativas al uso compartido de la infraestructura activa si esta posibilidad se ha establecido claramente en el momento de otorgar el título habilitante de derechos de uso del dominio público.

4. El Ministerio de Asuntos Económicos y Transformación Digital y la Comisión Nacional de los Mercados y la Competencia, al imponer estas obligaciones de uso compartido, tomará en consideración:

a) la necesidad de maximizar la conectividad a lo largo de los principales corredores de transporte y en áreas territoriales particulares;
b) la posibilidad de aumentar considerablemente las posibilidades de elección y una mejor calidad de servicio para los usuarios finales;
c) el uso eficiente del dominio público radioeléctrico;
d) la viabilidad técnica de la compartición y las condiciones conexas;
e) el estado de la competencia basada en las infraestructuras, así como el de la competencia basada en los servicios;
f) la innovación tecnológica;
g) la necesidad imperativa de incentivar al operador anfitrión para desplegar la infraestructura en el primer lugar.

5. En caso de resolución de conflictos, la Comisión Nacional de los Mercados y la Competencia podrá imponer al beneficiario de la obligación de compartición o acceso, entre otras, la obligación de compartir el espectro radioeléctrico con la infraestructura de acogida en la zona de que se trate.

Artículo 93. Neutralidad tecnológica y de servicios en el uso del dominio público radioeléctrico.

1. En las bandas de radiofrecuencias declaradas disponibles para los servicios de comunicaciones electrónicas en el Cuadro Nacional de Atribución de Frecuencias se podrá emplear cualquier tipo de tecnología utilizada para los servicios de comunicaciones electrónicas de conformidad con el Derecho de la Unión Europea.

Podrán, no obstante, preverse restricciones proporcionadas y no discriminatorias a los tipos de tecnología de acceso inalámbrico o red radioeléctrica utilizados para los servicios de comunicaciones electrónicas cuando sea necesario para:
a) evitar interferencias perjudiciales;
b) proteger la salud pública frente a los campos electromagnéticos;
c) asegurar la calidad técnica del servicio;
d) garantizar un uso compartido máximo de las radiofrecuencias;
e) garantizar un uso eficiente del espectro;
f) garantizar el logro de un objetivo de interés general.

2. En las bandas de radiofrecuencias declaradas disponibles para los servicios

de comunicaciones electrónicas en el Cuadro Nacional de Atribución de Frecuencias se podrá prestar cualquier tipo de servicios de comunicaciones electrónicas, de conformidad con el Derecho de la Unión Europea.

Podrán, no obstante, preverse restricciones proporcionadas y no discriminatorias a los tipos de servicios de comunicaciones electrónicas que se presten, incluido, cuando proceda, el cumplimiento de un requisito del Reglamento de Radiocomunicaciones de la Unión Internacional de Telecomunicaciones.

Las medidas que exijan que un servicio de comunicaciones electrónicas se preste en una banda específica disponible para los servicios de comunicaciones electrónicas deberán estar justificadas para garantizar el logro de objetivos de interés general definidos con arreglo al Derecho de la Unión Europea, tales como:

a) la seguridad de la vida humana;
b) la promoción de la cohesión social, regional o territorial;
c) la evitación del uso ineficiente de las radiofrecuencias;
d) la promoción de la diversidad cultural y lingüística y del pluralismo de los medios de comunicación, mediante, por ejemplo, la prestación de servicios de comunicación audiovisual televisivos y radiofónicos.

Únicamente se impondrá la atribución específica de una banda de frecuencias para la prestación de un determinado servicio de comunicaciones electrónicas cuando esté justificado por la necesidad de proteger servicios relacionados con la seguridad de la vida o, excepcionalmente, cuando sea necesario para alcanzar objetivos de interés general definidos con arreglo al Derecho de la Unión Europea.

3. Las restricciones a la utilización de bandas de frecuencias que, en su caso, se establezcan de conformidad con los apartados anteriores sólo podrán adoptarse tras haber dado a las partes interesadas la oportunidad de formular observaciones sobre la medida propuesta, en un plazo razonable.

4. Periódicamente, la Secretaría de Estado de Telecomunicaciones e Infraestructuras Digitales revisará la pertinencia de mantener las restricciones a la utilización de bandas de frecuencias que, en su caso, se establezcan de conformidad con los apartados anteriores, hará públicos los resultados de estas revisiones y elevará las propuestas correspondientes al órgano competente para su aprobación.

Artículo 94. Duración de los títulos habilitantes para el uso del dominio público radioeléctrico.

1. Los derechos de uso privativo del dominio público radioeléctrico sin limitación de número se otorgarán, con carácter general, por un período que finalizará el 31 de diciembre del año natural en que cumplan su quinto año de vigencia, renovables por períodos de cinco años en función de las disponibilidades y previsiones de la planificación de dicho dominio público. La

renovación no podrá otorgar ventajas indebidas a su titular. Mediante real decreto se determinarán los supuestos en los que podrá fijarse un período de duración distinto para los derechos de uso privativo del dominio público radioeléctrico sin limitación de número.

2. Los derechos de uso privativo con limitación de número tendrán la duración prevista en los correspondientes procedimientos de licitación. A la hora de determinar en el procedimiento de licitación la duración concreta de los derechos de uso, se tendrán en cuenta, entre otros criterios, la necesidad de garantizar la competencia, un uso eficaz y eficiente del dominio público radioeléctrico y de promover la innovación y las inversiones eficientes, incluso autorizando un período apropiado de amortización de las inversiones, las obligaciones vinculadas a los derechos de uso, como la cobertura mínima que se imponga, y las bandas de frecuencias cuyos derechos de uso se otorguen, en los términos que se concreten mediante real decreto.

3. Los derechos de uso privativo con limitación de número tendrán la duración mínima de veinte años.

En el caso de que resulte necesario para incentivar la inversión eficiente y rentable en infraestructuras, los derechos de uso privativo con limitación de número podrán ser objeto de una prórroga, por una sola vez, por una duración mínima de cinco años y una duración máxima de veinte años adicionales. La duración concreta de la prórroga se determinará en el pliego regulador de la licitación.

4. Los criterios concretos para el otorgamiento de la prórroga se determinarán en el pliego regulador de la licitación y se basarán en alguno de los siguientes criterios generales:

a) el uso eficaz y eficiente del dominio público radioeléctrico de que se trate;
b) el cumplimiento de objetivos de cobertura territorial y de población;
c) el cumplimiento de objetivos de alta calidad y velocidad;
d) el cumplimiento de objetivos de cobertura de los grandes corredores de transporte;
e) las aportaciones al desarrollo de nuevas tecnologías y aplicaciones inalámbricas;
f) el cumplimiento de objetivos de interés general de protección de la seguridad de la vida humana;
g) el cumplimiento de objetivos de interés general de protección del orden público, la seguridad pública o la seguridad nacional;
h) el cumplimiento de cualquier compromiso asumido en el procedimiento de licitación;
i) la necesidad de garantizar una competencia no falseada.

5. El Ministerio de Asuntos Económicos y Transformación Digital, antes del plazo de dos años a contar desde la fecha de finalización del período de vigencia inicial del título habilitante, realizará una evaluación objetiva de los criterios concretos para el otorgamiento de la prórroga determinados en el pliego

regulador de la licitación.

Los interesados dispondrán de un plazo de tres meses para presentar alegaciones en el expediente de prórroga del título habilitante.

Partiendo de dicha evaluación, el Ministerio de Asuntos Económicos y Transformación Digital, previo informe de la Comisión Nacional de los Mercados y la Competencia, decidirá sobre el otorgamiento de la prórroga.

6. Se podrán establecer unos plazos de duración mínimos y máximos diferentes a los previstos anteriormente cuando esté debidamente justificado en los siguientes casos:

a) en zonas geográficas limitadas en las que el acceso a redes de alta capacidad sea muy deficiente o inexistente;

b) para proyectos específicos a corto plazo;

c) para uso experimental;

d) para aquellos usos del dominio público radioeléctrico que, de conformidad con los principios de neutralidad tecnológica y de servicios, puedan coexistir con servicios de banda ancha inalámbrica;

e) para usos alternativos del espectro radioeléctrico, de conformidad con lo dispuesto en el artículo 88.7;

f) para ajustar la duración de los derechos de uso del dominio público radioeléctrico en aras de garantizar la expiración simultánea de la duración de los derechos en una o varias bandas de frecuencias.

7. Salvo que en los correspondientes procedimientos de licitación se haya previsto que no pueden ser objeto de renovación, los derechos de uso privativo con limitación de número podrán ser renovados antes del término de su duración.

En los casos en que esté permitido, el Ministerio de Asuntos Económicos y Transformación Digital evaluará la necesidad de renovar por iniciativa propia o a petición del titular de los derechos, en cuyo caso la renovación no tendrá lugar antes de los cinco años de su término.

Al analizar una eventual renovación, el Ministerio de Asuntos Económicos y Transformación Digital, llevará a cabo un procedimiento abierto, transparente y no discriminatorio, y, en particular:

a) dará a todas las partes interesadas la oportunidad de manifestar su punto de vista a través de un procedimiento público de consulta conforme con lo dispuesto en la disposición adicional décima, y

b) expondrá claramente las razones de la eventual renovación.

El Ministerio de Asuntos Económicos y Transformación Digital deberá tener en cuenta cualquier constatación en el seno del procedimiento público de consulta mencionado de que existe una demanda de mercado procedente de empresas diferentes de los titulares de los derechos de uso de la banda considerada del espectro radioeléctrico al decidir si renueva los derechos de uso u organiza un nuevo procedimiento de licitación.

Toda decisión de renovación podrá ir acompañada de una revisión de las

condiciones asociadas al título habilitante.
> Trasposición del art. 49 de la Directiva 2018/1972. Desarrollo reglamentario en el art. 89 RD 123/2017.

Artículo 95. Modificación, extinción y revocación de los títulos habilitantes para el uso del dominio público radioeléctrico.
1. Con arreglo a los principios de objetividad y de proporcionalidad, atendiendo principalmente a las necesidades de la planificación y del uso eficiente y a la disponibilidad del espectro radioeléctrico, en los términos establecidos mediante real decreto, el Ministerio de Asuntos Económicos y Transformación Digital podrá modificar los títulos habilitantes para el uso del dominio público radioeléctrico, previa audiencia del interesado.

En el caso de que se trate de títulos habilitantes que hubiesen sido otorgados por el procedimiento de licitación, y salvo cuando se trate de propuestas de modificación de escasa importancia convenidas con el titular de los derechos de uso del dominio público radioeléctrico, la propuesta de modificación deberá requerir el informe previo de la Comisión Nacional de los Mercados y la Competencia y audiencia del Consejo de Consumidores y Usuarios y, en su caso, de las asociaciones más representativas de los restantes usuarios durante un plazo suficiente, que, salvo en circunstancias excepcionales, no podrá ser inferior a cuatro semanas. En estos casos la modificación se realizará mediante orden ministerial, previo informe de la Comisión Delegada del Gobierno para Asuntos Económicos, que establecerá un plazo para que los titulares se adapten a ella.

La modificación de los títulos habilitantes para el uso del dominio público radioeléctrico, en los casos en que justificadamente haya que establecer condiciones distintas a las que existían cuando se otorgó el título, podrá consistir en prolongar la duración de derechos ya existentes, incluso más allá de las duraciones establecidas en el artículo anterior.

2. Los títulos habilitantes para el uso del dominio público se extinguirán por:
a) las causas que resulten aplicables de las reseñadas en el artículo 100 de la Ley 33/2003, de 3 de noviembre, de Patrimonio de las Administraciones públicas;
b) muerte del titular del derecho de uso del dominio público radioeléctrico o extinción de la persona jurídica titular;
c) renuncia del titular, con efectos desde su aceptación por el órgano competente del Ministerio de Asuntos Económicos y Transformación Digital;
d) pérdida de la condición de operador del titular del derecho de uso del dominio público radioeléctrico, cuando dicha condición fuera necesaria, o cualquier causa que imposibilite la prestación del servicio por su titular;
e) falta de pago de la tasa por reserva del dominio público radioeléctrico;
f) pérdida de adecuación de las características técnicas de la red al Cuadro Nacional de Atribución de Frecuencias, sin que exista posibilidad de otorgar al titular otras bandas;

g) mutuo acuerdo entre el titular y el órgano competente del Ministerio de Asuntos Económicos y Transformación Digital;

h) transcurso del tiempo para el que se otorgaron. En el caso de los derechos de uso sin limitación de número, por el transcurso del tiempo para el que se otorgaron sin que se haya efectuado su renovación;

i) por incumplimiento grave y reiterado de las obligaciones del titular contempladas como causa de revocación;

j) aquellas otras causas que se establezcan en el título habilitante, conforme a la presente ley.

3. El órgano competente del Ministerio de Asuntos Económicos y Transformación Digital, a través del procedimiento administrativo general de la Ley 39/2015, de 1 de octubre, del Procedimiento Administrativo Común de las Administraciones Públicas, podrá acordar la revocación de los títulos habilitantes para el uso del dominio público radioeléctrico por las siguientes causas:

a) el incumplimiento de las condiciones y requisitos técnicos aplicables al uso del dominio público radioeléctrico;

b) no pagar el Impuesto de Transmisiones Patrimoniales y Actos Jurídicos Documentados;

c) no efectuar un uso eficaz o eficiente del dominio público radioeléctrico;

d) la utilización de las frecuencias con fines distintos a los que motivaron su asignación o para otros diferentes de los de la prestación del servicio o el ejercicio de la actividad que haya motivado su asignación, siempre que no sean aplicables algunas de las restricciones previstas en los apartados 1 o 2 del artículo 93.

Trasposición del art.50 de la Directiva 2018/1972. Desarrollo reglamentario en el art. 90 RD 123/2017.

Artículo 96. Protección activa del dominio público radioeléctrico.
1. La Secretaría de Estado de Telecomunicaciones e Infraestructuras Digitales, en cualquier momento, podrá efectuar una protección activa del dominio público radioeléctrico mediante la realización de emisiones sin contenidos sustantivos en aquellas frecuencias y canales radioeléctricos cuyos derechos de uso, en el ámbito territorial correspondiente, no hayan sido otorgados.

Esta potestad se ejercitará sin perjuicio de las actuaciones inspectoras y sancionadoras que se puedan llevar a cabo para depurar las responsabilidades en que se hubieran podido incurrir por el uso del dominio público radioeléctrico sin disponer de título habilitante, por la producción de interferencias o por la comisión de cualquier otra infracción tipificada en el marco del régimen sancionador establecido en el título VIII.

2. Mediante real decreto se regulará el procedimiento para el ejercicio de la potestad de protección activa del dominio público radioeléctrico en el caso de que la frecuencia o canal radioeléctrico sea objeto de una ocupación o uso

efectivo sin que se disponga de título habilitante, con sujeción a las siguientes normas:
a) se constatará la ocupación o uso efectivo de la frecuencia o canal radioeléctrico sin que se disponga de título habilitante para ello;
b) se efectuará un trámite de previa audiencia a la persona física o jurídica que esté efectuando la ocupación o el uso de la frecuencia o canal radioeléctrico sin título habilitante o, en su caso, al titular de las infraestructuras, de la finca o del inmueble desde donde se produce la emisión en esa frecuencia, para que en el plazo de diez días hábiles alegue lo que estime oportuno;
c) en su caso, una vez efectuado el trámite de previa audiencia, se requerirá a la persona o titular mencionado anteriormente con el que se evacuó dicho trámite, para que en el plazo de ocho días hábiles proceda al cese de las emisiones no autorizadas;
d) en el caso de que no se proceda al cese de las emisiones no autorizadas, la Secretaría de Estado de Telecomunicaciones e Infraestructuras Digitales podrá iniciar sus emisiones en dicha frecuencia o canal radioeléctrico.

Artículo 97. Mercado secundario en el dominio público radioeléctrico.
1. Los títulos habilitantes de uso del dominio público radioeléctrico podrán ser transferidos y los derechos de uso del dominio público radioeléctrico podrán ser objeto de cesión, utilización o mutualización, ya sea de forma total o parcial, en las condiciones de autorización que se establezcan mediante real decreto.
En dicho real decreto se identificarán igualmente las bandas de frecuencia en las que no se pueden efectuar operaciones de transferencia de títulos o cesión, utilización o mutualización de derechos de uso de dominio público radioeléctrico.
2. En el caso de la cesión, utilización o mutualización, en ningún caso se eximirá al titular del derecho de uso de las obligaciones asumidas frente a la Administración. Cualquier transferencia de título habilitante o cesión, utilización o mutualización de derechos de uso del dominio público radioeléctrico deberá en todo caso respetar las condiciones técnicas de uso establecidas en el Cuadro Nacional de Atribución de Frecuencias o en los planes técnicos o las que, en su caso, estén fijadas en las medidas técnicas de aplicación de la Unión Europea.
3. Mediante dicho real decreto se establecerán también las restricciones a la transferencia, cesión, utilización o mutualización de derechos individuales de uso de radiofrecuencias cuando dichos derechos se hubieran obtenido inicialmente de forma gratuita.
Trasposición del art. 51 de la Directiva 2018/1972.

TÍTULO VI. LA ADMINISTRACIÓN DE LAS TELECOMUNICACIONES

Artículo 98. Competencias de la Administración General del Estado y de sus organismos públicos.
1. Tendrán la consideración de autoridades públicas competentes específicas en materia de telecomunicaciones:
a) los órganos superiores y directivos del Ministerio de Asuntos Económicos y Transformación Digital que, de conformidad con la estructura orgánica del departamento, asuman las competencias asignadas a este ministerio en materias reguladas por esta ley;
b) la Comisión Nacional de los Mercados y la Competencia en el ejercicio de las competencias que se le han asignado en materias reguladas por esta ley. En el ejercicio de estas competencias, tiene la consideración de autoridad nacional de reglamentación a los efectos del Código Europeo de Comunicaciones Electrónicas.
2. En el desarrollo de las competencias que tengan encomendadas, dichas autoridades cooperarán mutuamente, con los restantes órganos competentes de otros Estados miembros y con los organismos pertinentes de la Unión Europea, a fin de fomentar la aplicación coherente de la normativa comunitaria en materia de comunicaciones electrónicas y contribuir al desarrollo del mercado interior. Con tal fin, apoyarán activamente los objetivos de la Comisión y del Organismo de Reguladores Europeos de las Comunicaciones Electrónicas (ORECE) de promover una mayor coordinación, en particular, teniendo en cuenta en la medida de lo posible las recomendaciones de armonización de la Comisión Europea. Asimismo, colaborarán con ambas instituciones, a fin de determinar qué tipos de instrumentos y soluciones son los más apropiados para tratar situaciones particulares de mercado.
3. En el desarrollo de las competencias que tengan encomendadas, dichas autoridades, deberán tener en cuenta en la mayor medida posible los objetivos enunciados en el artículo 3 y aplicarán principios reguladores objetivos, transparentes, no discriminatorios y proporcionados, con arreglo a los siguientes fines y criterios:
a) promover un entorno regulador previsible, garantizando un enfoque regulador coherente en períodos de revisión apropiados;
b) fomentar la inversión eficiente orientada al mercado y la innovación en infraestructuras nuevas y mejoradas, incluso asegurando que toda obligación relativa al acceso tenga debidamente en cuenta los riesgos en que incurren las empresas inversoras, y permitir diferentes modalidades de cooperación entre los inversores y las partes que soliciten el acceso, con el fin de diversificar el riesgo de las inversiones y velar por que se respeten la competencia en el mercado y el principio de no discriminación;

c) imponer obligaciones específicas únicamente cuando no exista una competencia efectiva y sostenible, y suprimir dichas obligaciones en cuanto se constate el cumplimiento de dicha condición;

d) garantizar que, en circunstancias similares, no se dispense un trato discriminatorio a las empresas suministradoras de redes y servicios de comunicaciones electrónicas;

e) salvaguardar la competencia en beneficio de los consumidores y promover, cuando sea posible, la competencia basada en las infraestructuras, especialmente mediante la instalación y explotación de redes de alta y muy alta capacidad;

f) tener debidamente en cuenta la variedad de condiciones en cuanto a la competencia y los consumidores que existen en las distintas regiones geográficas;

g) ejercer sus responsabilidades de tal modo que se promueva la eficiencia, la competencia sostenible y el máximo beneficio para los usuarios finales.

Trasposición de los arts.5-11 de la Directiva 2018/1972.

Artículo 99. Ministerio de Asuntos Económicos y Transformación Digital.
Los órganos superiores y directivos del Ministerio de Asuntos Económicos y Transformación Digital que, de conformidad con la estructura orgánica del departamento, asuman las competencias asignadas a este ministerio, ejercerán las siguientes funciones:

a) ejecutar la política adoptada por el Gobierno en los servicios de telecomunicaciones para la seguridad nacional, la defensa nacional, la seguridad pública, la seguridad vial y la protección civil a los que se refiere el artículo 4;

b) ejercer las competencias que en materia de acceso a las redes y recursos asociados, interoperabilidad e interconexión le atribuye la presente ley y su desarrollo reglamentario, en particular, en los siguientes supuestos:

1.º en los procedimientos de licitación para la obtención de derechos de uso del dominio público radioeléctrico;

2.º cuando se haga necesario para garantizar el cumplimiento de la normativa sobre datos personales y protección de la intimidad en el sector de las comunicaciones electrónicas;

3.º cuando resulte preciso para garantizar el cumplimiento de compromisos internacionales en materia de telecomunicaciones;

c) imponer obligaciones a los operadores de comunicaciones electrónicas que controlen el acceso a los usuarios finales para que sus servicios sean interoperables, en los términos indicados en el artículo 14.6;

d) imponer obligaciones a los operadores de servicios de comunicaciones interpersonales independientes de la numeración para que sus servicios sean interoperables, cuando la conectividad de extremo a extremo entre usuarios finales esté en peligro debido a una falta de interoperabilidad entre los servicios de comunicaciones interpersonales, y en la medida en que sea necesario para garantizar la conectividad de extremo a extremo entre usuarios finales, en los términos indicados en el artículo 14.6;

e) proponer al Gobierno la aprobación de los planes nacionales de numeración y llevar a cabo la atribución de los derechos de uso de los recursos públicos regulados en dichos planes y ejercer las demás competencias que le atribuye el capítulo VII del título II;

f) proponer al Gobierno la política a seguir para facilitar el desarrollo y la evolución de las obligaciones de servicio público a las que se hace referencia en el capítulo I del título III y la desarrollará asumiendo la competencia de control y seguimiento de las obligaciones de servicio público que correspondan a los distintos operadores en la explotación de redes o la prestación de servicios de comunicaciones electrónicas;

g) proponer al Gobierno la política a seguir para reconocer y garantizar los derechos y obligaciones de carácter público en la explotación de redes y en la prestación de servicios de comunicaciones electrónicas, así como los derechos de los usuarios finales a los que se hace referencia en los capítulos II, III y IV del título III;

h) verificar el cumplimiento de los requisitos, acuerdos y las condiciones establecidas en el artículo 76 para garantizar el derecho de los usuarios finales de acceso abierto a internet y publicar el informe anual al que se refiere dicho artículo;

i) verificar el cumplimiento de los requisitos y las condiciones establecidas en el Reglamento (UE) 531/2012 del Parlamento Europeo y del Consejo, de 13 de junio de 2012, relativo a la itinerancia en las redes públicas de comunicaciones móviles en la Unión, en materia de acceso de los usuarios finales a los servicios de comunicaciones electrónicas de voz, SMS y datos en itinerancia en la Unión Europea, incluida su venta por separado, la correcta prestación de servicios regulados de itinerancia al por menor, la correcta aplicación de las tarifas al por menor de servicios regulados de itinerancia, la no inclusión de recargos y de sus condiciones y mecanismos de transparencia, así como la correcta aplicación por los operadores de itinerancia de su política de utilización razonable al consumo de servicios regulados de itinerancia al por menor, la resolución de controversias entre usuarios finales y operadores por la prestación de servicios de itinerancia y el control y supervisión de la itinerancia involuntaria en zonas fronterizas;

j) verificar la correcta aplicación de las tarifas al por menor de las comunicaciones intracomunitarias reguladas en los términos establecidos en el Reglamento (UE) 2015/2120 del Parlamento Europeo y del Consejo de 25 de noviembre de 2015, a excepción de la materia relativa a la sostenibilidad del modelo de tarificación nacional de un operador;

k) gestionar el Registro de empresas instaladoras de telecomunicación;

l) formular las propuestas para la elaboración de normativa relativa a las infraestructuras comunes de comunicaciones electrónicas en el interior de edificios y conjuntos inmobiliarios, y el seguimiento de su implantación en España;

m) ejercer las funciones en materia de acceso a infraestructuras susceptibles de alojar redes públicas de comunicaciones electrónicas, de coordinación de obras civiles y de acceso o uso de las redes de comunicaciones electrónicas titularidad de los órganos o entes gestores de infraestructuras de transporte de competencia estatal a que se refieren los artículos 52 a 54, salvo la resolución de conflictos;

n) ejercer las funciones en materia de requisitos esenciales y evaluación de conformidad de equipos de telecomunicación a las que se refiere el título IV;

ñ) ejercer las funciones en materia de administración del dominio público radioeléctrico a las que se refiere el título V. En particular, ejercerá las siguientes funciones:

1.º la propuesta de planificación, la gestión y el control del dominio público radioeléctrico, así como la tramitación y el otorgamiento de los títulos habilitantes para su utilización;

2.º el ejercicio de las funciones atribuidas a la Administración General del Estado en materia de autorización e inspección de instalaciones radioeléctricas en relación con los niveles únicos de emisión radioeléctrica permitidos a que se refiere el artículo 86.b);

3.º la gestión de un registro público de radiofrecuencias, accesible a través de internet, en el que constarán los titulares de concesiones administrativas para el uso privativo del dominio público radioeléctrico;

4.º la elaboración de proyectos y desarrollo de los planes técnicos nacionales de radiodifusión y televisión;

5.º la comprobación técnica de emisiones radioeléctricas para la identificación, localización y eliminación de interferencias perjudiciales, infracciones, irregularidades y perturbaciones de los sistemas de radiocomunicación, y la verificación del uso efectivo y eficiente del dominio público radioeléctrico por parte de los titulares de derechos de uso;

6.º la protección del dominio público radioeléctrico, para lo cual podrá, entre otras actuaciones, realizar emisiones en aquellas frecuencias y canales radioeléctricos cuyos derechos de uso, en el ámbito territorial correspondiente, no hayan sido otorgados;

7.º la gestión de la asignación de los recursos órbita-espectro para comunicaciones por satélite;

8.º la elaboración de estudios e informes y, en general, el asesoramiento de la Administración General del Estado en todo lo relativo a la administración del dominio público radioeléctrico;

9.º la participación en los organismos internacionales relacionados con la planificación, gestión y control del espectro radioeléctrico.

o) gestionar en período voluntario las tasas en materia de telecomunicaciones a que se refiere la presente ley que no correspondan a la Comisión Nacional de los Mercados y la Competencia;

p) controlar el cumplimiento de las condiciones que sobre el suministro de redes públicas y prestación de servicios de comunicaciones electrónicas en régimen de prestación a terceros por las Administraciones públicas vienen establecidas en el artículo 13;
q) realizar las funciones atribuidas de manera expresa por la normativa comunitaria, la presente ley y su normativa de desarrollo;
r) realizar cualesquiera otras funciones que le sean atribuidas por ley o por real decreto.

Artículo 100. La Comisión Nacional de los Mercados y la Competencia.
1. La naturaleza, funciones, estructura, personal, presupuesto y demás materias que configuran la Comisión Nacional de los Mercados y la Competencia están reguladas en la Ley 3/2013, de 4 de junio, de creación de la Comisión Nacional de los Mercados y la Competencia.
2. En particular, en las materias reguladas por la presente ley, la Comisión Nacional de los Mercados y la Competencia ejercerá las siguientes funciones:
a) definir y analizar los mercados de referencia relativos a redes y servicios de comunicaciones electrónicas y el ámbito geográfico de los mismos, cuyas características pueden justificar la imposición de obligaciones específicas, en los términos establecidos en los artículos 15 y 16 y su normativa de desarrollo;
b) identificar el operador u operadores que poseen un peso significativo en el mercado cuando del análisis de los mercados de referencia se constate que no se desarrollan en un entorno de competencia efectiva;
c) establecer, cuando proceda, las obligaciones específicas que correspondan a los operadores con peso significativo en mercados de referencia, incluidos los operadores exclusivamente mayoristas, en los términos establecidos en el capítulo III del título II y su normativa de desarrollo;
d) decidir la imposición, como medida excepcional, a los operadores con peso significativo en el mercado integrados verticalmente, de la obligación de separación funcional de acuerdo con los requisitos y procedimientos indicados en el artículo 25;
e) imponer obligaciones de interconexión de redes a los operadores que controlen el acceso a los usuarios finales, en la medida en que sea necesario garantizar la posibilidad de conexión de extremo a extremo, en los términos indicados en el artículo 14.7;
f) imponer obligaciones a los operadores para que faciliten acceso a los interfaces de programa de aplicaciones (API) y guías electrónicas de programación (EPG), en condiciones justas, razonables y no discriminatorias. en la medida en que sea necesario para garantizar el acceso de los usuarios finales a los servicios digitales de comunicación audiovisual televisivos y radiofónicos y los servicios complementarios conexos, en los términos indicados en el artículo 14.7;
g) adoptar decisiones por las que otorgue carácter vinculante a los

compromisos que en materia de acceso y coinversión, incluyendo las redes de muy alta capacidad, hayan sido ofrecidos por los operadores con peso significativo en el mercado, así como asumir el control y supervisión de las mismas y velar por la ejecución de los compromisos a los que haya otorgado carácter vinculante;

h) velar por la adecuación y el cumplimiento del proceso de migración desde una infraestructura heredada que quieran realizar operadores que hayan sido declarados con peso significativo en uno o varios mercados pertinentes, consistente en el desmantelamiento y cierre o sustitución de partes de la red por una infraestructura nueva;

i) evaluar y, en su caso, imponer tarifas máximas de terminación de llamadas de voz en redes fijas y en redes móviles, o ambas, así como supervisar y velar por el cumplimiento de la aplicación de las tarifas de terminación de llamadas de voz establecidas a escala europea, en los términos establecidos en el artículo 23;

j) resolver los conflictos en los mercados de comunicaciones electrónicas a los que se refieren los artículos 28 y 29 y la Ley 3/2013, de 4 de junio, de creación de la Comisión Nacional de los Mercados y la Competencia.

En particular, le corresponderá resolver conflictos entre operadores relativos a la determinación de las condiciones concretas para la puesta en práctica de la obligación impuesta por el Ministerio de Asuntos Económicos y Transformación Digital de la utilización compartida del dominio público o la propiedad privada, o de la ubicación compartida de infraestructuras y recursos asociados, de acuerdo con el procedimiento regulado en el artículo 46, así como resolver conflictos sobre el acceso a infraestructuras susceptibles de alojar redes públicas de comunicaciones electrónicas, la coordinación de obras civiles y el acceso o uso de las redes de comunicaciones electrónicas titularidad de los órganos o entes gestores de infraestructuras de transporte de competencia estatal, en los términos establecidos por los artículos 52 a 54;

k) fijar las características y condiciones para garantizar el cambio de operador y la conservación de los números, así como el cambio de proveedor de los servicios de acceso a internet, en aplicación de los aspectos técnicos y administrativos que mediante real decreto se establezcan para que ésta se lleve a cabo;

l) determinar si la obligación de la prestación del servicio universal puede implicar una carga injusta para los operadores obligados a su prestación, así como determinar la cuantía que supone el coste neto en la prestación del servicio universal, a que se refiere al artículo 42;

m) definir y revisar la metodología para determinar el coste neto del servicio universal, tanto en lo que respecta a la imputación de costes como a la atribución de ingresos, que deberá basarse en procedimientos y criterios objetivos, transparentes, no discriminatorios y proporcionales y tener carácter público;

n) establecer el procedimiento para cuantificar los beneficios no monetarios obtenidos por el operador u operadores encargados de la prestación del servicio universal;

ñ) determinar las aportaciones que correspondan a cada uno de los operadores con obligaciones de contribución a la financiación del servicio universal y la gestión del Fondo nacional del servicio universal;

o) supervisar la evolución y el nivel de la tarificación al público de los servicios incluidos en el servicio universal de telecomunicaciones y garantizar la asequibilidad del servicio universal de telecomunicaciones, en coordinación con el Ministerio de Asuntos Económicos y Transformación Digital;

p) determinar los parámetros de calidad de servicio que habrán de cuantificarse y los métodos de medición aplicables, así como el contenido y formato de la información que deberá hacerse pública, incluidos posibles mecanismos de certificación de la calidad;

q) suministrar gratuitamente a las entidades mencionadas en el artículo 72, los datos sobre números de abonados que le faciliten los operadores de comunicaciones electrónicas, así como imponer obligaciones y condiciones a las empresas que controlan el acceso a los usuarios finales para que éstos puedan acceder a los servicios de información sobre números de abonados;

r) imponer obligaciones relativas al acceso o utilización compartida del cableado y recursos asociados de los tramos finales de las redes de acceso en el interior de los edificios o hasta el primer punto de concentración o distribución, o más allá del primer punto de concentración o distribución, en los términos indicados en el artículo 55.8;

s) determinar la localización del punto de terminación de la red;

t) asesorar sobre la configuración del mercado y sobre elementos relativos a la competencia en los procesos de otorgamiento de los derechos de uso del dominio público radioeléctrico para las redes y servicios de comunicaciones electrónicas;

u) contribuir a la protección de los derechos del usuario final en el sector de las comunicaciones electrónicas, en coordinación, en su caso, con otras autoridades competentes;

v) evaluar y supervisar las cuestiones de configuración del mercado y de competencia en relación con el acceso abierto a internet;

w) verificar el cumplimiento de los requisitos y las condiciones establecidas en el Reglamento (UE) 531/2012 del Parlamento Europeo y del Consejo, de 13 de junio de 2012, relativo a la itinerancia en las redes públicas de comunicaciones móviles en la Unión, en materia de acceso mayorista a los servicios de comunicaciones electrónicas de voz, SMS y datos en itinerancia en la Unión Europea, de sostenibilidad de la supresión de los recargos por itinerancia, de la correcta aplicación de las tarifas al por mayor de servicios regulados de itinerancia, de la publicación de la información actualizada relativa a la aplicación del citado Reglamento y de la resolución de conflictos entre operadores;

x) ser consultada por el Gobierno y el Ministerio de Asuntos Económicos y Transformación Digital en materia de comunicaciones electrónicas, particularmente en aquellas materias que puedan afectar al desarrollo libre y competitivo del mercado. Igualmente podrá ser consultada en materia de comunicaciones electrónicas por las Comunidades Autónomas y las Corporaciones Locales.
En el ejercicio de esta función, participará, mediante informe, en el proceso de elaboración de normas que afecten a su ámbito de competencias en materia de comunicaciones electrónicas;
y) realizar las funciones de arbitraje, tanto de derecho como de equidad, que le sean sometidas por los operadores de comunicaciones electrónicas en aplicación de la Ley 60/2003, de 23 de diciembre, de Arbitraje;
z) realizar las funciones atribuidas de manera expresa por la normativa europea, la presente ley y su normativa de desarrollo;
aa) realizar cualesquiera otras funciones que le sean atribuidas por ley o por real decreto; ab) gestionar el Registro de operadores, conforme a lo establecido en el artículo 7;

ac) llevar a cabo la asignación de los derechos de uso de los recursos públicos regulados en los planes nacionales de numeración en los términos indicados en el capítulo VII del título II;
ad) gestionar en período voluntario las tasas en materia de telecomunicaciones a que se refiere la presente ley que no correspondan al Ministerio de Asuntos Económicos y Transformación Digital;
ae) velar por la sostenibilidad del modelo nacional de tarificación del operador y supervisar la evolución del mercado y de los precios de las comunicaciones intracomunitarias reguladas en los términos establecidos en el Reglamento (UE) 2015/2120 del Parlamento Europeo y del Consejo de 25 de noviembre de 2015.
Trasposición de los arts.5-11 de la Directiva 2018/1972. Ver Ley 3/2013, de creación de la CNMC.

TÍTULO VII. TASAS EN MATERIA DE TELECOMUNICACIONES

Artículo 101. Tasas en materia de telecomunicaciones.
1. Las tasas en materia de telecomunicaciones gestionadas por la Administración General del Estado serán las recogidas en el anexo I.
2. Dichas tasas tendrán como finalidad cubrir:
a) los gastos administrativos que ocasione el trabajo de regulación relativo a la preparación y puesta en práctica del derecho comunitario derivado y actos administrativos, como las relativas a la interconexión y acceso;
b) los gastos que ocasionen la gestión, control y ejecución del régimen establecido en esta ley;
c) los gastos que ocasionen la gestión, control y ejecución de los derechos de

ocupación del dominio público, los derechos de uso del dominio público radioeléctrico y la numeración;
d) los gastos que ocasione la gestión de las notificaciones reguladas en el artículo 6.2;
e) los gastos de cooperación internacional, armonización y normalización y el análisis de mercado.
3. Sin perjuicio de lo dispuesto en el apartado 2, las tasas establecidas por reserva del dominio público radioeléctrico, la numeración y el dominio público necesario para la instalación de redes de comunicaciones electrónicas tendrán como finalidad la necesidad de garantizar el uso óptimo de estos recursos, teniendo en cuenta el valor del bien cuyo uso se otorga y su escasez. Dichas tasas deberán ser no discriminatorias, transparentes, justificadas objetivamente y ser proporcionadas a su fin. Asimismo, deberán fomentar el cumplimiento de los objetivos y principios establecidos en el artículo 3, en los términos que se establezcan mediante real decreto.
4. Las tasas a que se refieren los apartados anteriores serán impuestas de manera objetiva, transparente y proporcional, de manera que se minimicen los costes administrativos adicionales y las cargas que se derivan de ellos.
5. La instalación de los puntos de acceso inalámbrico para pequeñas áreas no está sujeta a la exigencia de tributos por ninguna Administración Pública, excepto la tasa general de operadores.
6. La revisión en vía administrativa de los actos de aplicación, gestión y recaudación de las tasas en materia de telecomunicaciones habrá de sujetarse a lo previsto en la Ley 58/2003, de 17 de diciembre, General Tributaria y su normativa de desarrollo.
7. La Comisión Nacional de los Mercados y la Competencia respecto de las tasas a las que se refiere el apartado 1, y las Administraciones competentes que gestionen y liquiden tasas subsumibles en el apartado 2 de este artículo, publicarán un resumen anual de los gastos administrativos que justifican su imposición y del importe total de la recaudación. Asimismo, las Administraciones competentes que gestionen y liquiden tasas subsumibles en el apartado 3 de este artículo publicarán anualmente el importe total de la recaudación obtenida de los operadores de redes y servicios de comunicaciones electrónicas.

Transposición de los artículos 16, 42 y 95 de la Directiva 2018/1972.

TÍTULO VIII. INSPECCIÓN Y RÉGIMEN SANCIONADOR

Artículo 102. Funciones inspectoras.
1. La función inspectora en materia de telecomunicaciones corresponde a:
a) el Ministerio de Asuntos Económicos y Transformación Digital;
b) la Comisión Nacional de los Mercados y la Competencia.
2. Será competencia del Ministerio de Asuntos Económicos y Transformación

Digital la inspección de aquellas actuaciones sobre las que tenga atribuida competencia sancionadora de conformidad con esta ley y su normativa de desarrollo y, en particular, la inspección:
a) de los servicios y de las redes de comunicaciones electrónicas y de sus condiciones de prestación y explotación;
b) de las obligaciones de servicio público y derechos y obligaciones de carácter público en la instalación y explotación de redes y en la prestación de servicios de comunicaciones electrónicas;
c) de los equipos de telecomunicación, de las instalaciones y de los sistemas civiles;
d) del dominio público radioeléctrico;
e) de las tasas en materia de telecomunicaciones;
f) de los servicios de tarificación adicional que se soporten sobre redes y servicios de comunicaciones electrónicas.
3. Corresponderá a la Comisión Nacional de los Mercados y la Competencia, en los términos establecidos en la Ley 3/2013, de 4 de junio, de creación de la Comisión Nacional de los Mercados y la Competencia, la inspección de las actividades de los operadores de comunicaciones electrónicas respecto de las cuales tenga competencia sancionadora de conformidad con esta ley y su normativa de desarrollo.
4. Para la realización de determinadas actividades de inspección técnica, la Comisión Nacional de los Mercados y la Competencia, en materias de su competencia en el ámbito de aplicación de esta ley, podrá solicitar la actuación del Ministerio de Asuntos Económicos y Transformación Digital.

Artículo 103. Facultades de inspección.
1. Los funcionarios destinados en la Secretaría de Estado de Telecomunicaciones e Infraestructuras Digitales del Ministerio de Asuntos Económicos y Transformación Digital que tengan asignadas funciones de inspección, ya sea en servicios centrales o periféricos, y el personal funcionario de carrera de la Comisión Nacional de los Mercados y la Competencia específicamente designado para ello tienen, en el ejercicio de sus funciones inspectoras en materia de telecomunicaciones, la consideración de autoridad pública y podrán solicitar, a través de la autoridad gubernativa correspondiente, el apoyo necesario de los Cuerpos y Fuerzas de Seguridad.
2. Los operadores o quienes realicen las actividades a las que se refiere esta ley vendrán obligados a facilitar al personal que tenga asignadas funciones de inspección, en el ejercicio de sus funciones, el acceso a sus instalaciones. También deberán permitir que dicho personal lleve a cabo el control de los elementos afectos a los servicios o actividades que realicen, de las redes que suministren y de cuantos documentos están obligados a poseer o conservar.
Los titulares de fincas o bienes inmuebles en los que se ubiquen equipos, estaciones o cualquier clase de instalaciones de telecomunicaciones tendrán la

obligación de permitir el acceso a dichos bienes por parte del personal de inspección a que se refiere este artículo. A estos efectos, el acceso por el personal de inspección a las mencionadas fincas o inmuebles requerirá el consentimiento de dichos titulares o autorización judicial solo cuando sea necesario entrar en un domicilio constitucionalmente protegido o efectuar registros en el mismo. Los órganos jurisdiccionales de lo contencioso-administrativo resolverán sobre el otorgamiento de la autorización judicial en el plazo máximo de setenta y dos horas.

Igualmente, los operadores y titulares mencionados deberán facilitar al personal que tenga asignadas funciones de inspección la realización de las pruebas técnicas o actuaciones complementarias dirigidas a dilucidar el origen o las consecuencias de las presuntas actuaciones infractoras que dicho personal de inspección les requiera, ya sean dentro o fuera de las instalaciones.

3. Los operadores o quienes realicen las actividades a las que se refiere esta ley quedan obligados a poner a disposición del personal de inspección cuantos libros, registros y documentos, sea cual fuere su forma y soporte, y medios técnicos este considere precisos, incluidos el software, los programas informáticos y los archivos magnéticos, ópticos o de cualquier otra clase, pudiendo al efecto el personal de inspección hacer u obtener copias de ellos.

Asimismo, deberán facilitarles, a su petición, cualquier tipo de documentación que el personal de la inspección les exija para la determinación de la titularidad de los equipos o la autoría de emisiones, actividades o de los contenidos o servicios que se presten a través de las redes de comunicaciones electrónicas.

4. Las obligaciones establecidas en los dos apartados anteriores serán exigibles a los operadores o quienes realicen las actividades a las que se refiere esta ley y su normativa de desarrollo y que sean directamente responsables del suministro de la red, la prestación del servicio o la realización de la actividad regulada por esta ley, y también serán exigibles a quienes den soporte a las actuaciones anteriores, a los titulares de las fincas o los inmuebles en donde se ubiquen equipos o instalaciones de telecomunicaciones, a las asociaciones de empresas y a los administradores y otros miembros del personal de todas ellas.

5. Los operadores o quienes realicen las actividades a las que se refiere esta ley y su normativa de desarrollo están obligados a someterse a las inspecciones que efectúe el personal de inspección. La negativa u obstrucción al acceso a las instalaciones, fincas o bienes inmuebles, a comparecer a los actos de inspección a los cuales haya sido citados, a la realización de las pruebas técnicas o actuaciones complementarias requeridas o a facilitar la información o documentación requerida será sancionada, conforme a los artículos siguientes de este título, como obstrucción a la labor inspectora.

6. En particular, el personal de inspección tendrá las siguientes facultades:

a) precintar todos los locales, instalaciones, equipos, libros o documentos y demás bienes de la empresa durante el tiempo y en la medida en que sea necesario para la inspección;

b) realizar comprobaciones, mediciones, obtener fotografías, vídeos, y grabaciones de imagen o sonido.

7. Las actuaciones de inspección, comprobación o investigación llevadas a cabo por el personal de inspección podrán desarrollarse, a su elección:

a) en cualquier despacho, oficina o dependencia de la persona o entidad inspeccionada o de quien las represente;

b) en los propios locales de la autoridad de inspección;

c) en cualquier despacho, oficina, dependencia o lugar en los que existan pruebas de los hechos objeto de inspección.

8. El personal de inspección, a los efectos del cumplimiento de las funciones previstas en este artículo, tendrá acceso gratuito a todo registro público, en particular, en los Registros de la Propiedad y Mercantiles. El acceso a la información registral se realizará por medios electrónicos, en la forma determinada en su normativa reguladora.

9. El personal de inspección, en el ejercicio de sus funciones de control y supervisión del adecuado uso del dominio público radioeléctrico, podrá colaborar con el de otros Estados. En particular, el personal de inspección deberá tramitar las solicitudes que se presenten y remitir la documentación oportuna a los órganos competentes en los supuestos de emisiones de estaciones radioeléctricas ubicadas en territorio español que produzcan interferencias en las redes y servicios de otros Estados. En estos supuestos, los documentos procedentes de las autoridades competentes de otros Estados, emitidos conforme a los tratados internacionales de que España sea parte acreditarán la producción de las interferencias.

Artículo 104. Responsabilidad por las infracciones en materia de telecomunicaciones.

La responsabilidad administrativa por las infracciones de las normas reguladoras de las telecomunicaciones será exigible:

a) en el caso de incumplimiento de las condiciones establecidas para la instalación o explotación de redes o la prestación de servicios de comunicaciones electrónicas, a la persona física o jurídica que desarrolle la actividad;

b) en las cometidas con motivo del suministro de redes o la prestación de servicios de comunicaciones electrónicas sin haber efectuado la notificación a que se refiere el artículo 6.2 o sin disponer de título habilitante para el uso del dominio público radioeléctrico cuando dicho título sea necesario, a la persona física o jurídica que realice la actividad.

Para identificar a la persona física o jurídica que realiza la actividad, se puede solicitar colaboración a la persona física o jurídica que tenga la disponibilidad de los equipos e instalaciones por cualquier título jurídico válido en derecho o careciendo de éste o a la persona física o jurídica titular de la finca o inmueble en donde se ubican los equipos e instalaciones. Si, practicada la notificación del requerimiento de colaboración conforme a lo establecido en la Ley 39/2015, de

1 de octubre, no se presta la citada colaboración, se considerará que la misma es responsable de las infracciones cometidas por quien realiza la actividad. Esta responsabilidad es solidaria de la exigible a la persona física o jurídica que realiza la actividad;

c) en las cometidas por los usuarios, por las empresas instaladoras de telecomunicación, por los operadores económicos relacionados con equipos de telecomunicación o por otras personas que, sin estar comprendidas en los párrafos anteriores, realicen actividades reguladas en la normativa sobre telecomunicaciones, a la persona física o jurídica cuya actuación se halle tipificada por el precepto infringido o a la que las normas correspondientes atribuyen específicamente la responsabilidad;

d) en el caso de infracciones cometidas en materia de evaluación de la conformidad y puesta en el mercado de equipos de telecomunicación, será compatible la exigencia de responsabilidad de distintos agentes por los mismos hechos, en función de las obligaciones establecidas a cada uno de ellos por la legislación de armonización de la Unión Europea en materia de equipos de telecomunicación, esta ley y su normativa de desarrollo.

Artículo 105. Clasificación de las infracciones.
Las infracciones de las normas reguladoras de las telecomunicaciones se clasifican en muy graves, graves y leves.

Artículo 106. Infracciones muy graves.
Se consideran infracciones muy graves:
1. La realización de actividades sin disponer de la habilitación oportuna en las materias reguladas por esta ley, cuando legalmente sea necesaria.
2. El incumplimiento de los requisitos exigibles para el suministro de las redes y prestación de los servicios de comunicaciones electrónicas establecidos en el artículo 6.1.
3. El incumplimiento de la obligación de notificación al Registro de operadores establecida en los artículos 6.2.
4. La utilización del dominio público radioeléctrico, frecuencias o canales radioeléctricos sin disponer de la concesión de uso privativo del dominio público radioeléctrico a que se refiere el artículo 88, cuando legalmente sea necesario.
5. La utilización del dominio público radioeléctrico, frecuencias o canales radioeléctricos no adecuada al correspondiente plan de utilización del espectro radioeléctrico o al Cuadro Nacional de Atribución de Frecuencias.
6. La realización de emisiones radioeléctricas no autorizadas que vulneren o perjudiquen el desarrollo o implantación de lo establecido en los planes de utilización del dominio público radioeléctrico o en el Cuadro Nacional de Atribución de Frecuencias.

7. La producción deliberada, en España o en los países vecinos, de interferencias a redes o servicios autorizados, incluidas las causadas por estaciones radioeléctricas que estén instaladas o en funcionamiento a bordo de un buque, de una aeronave o de cualquier otro objeto flotante o aerotransportado que transmita emisiones desde fuera del territorio español para su posible recepción total o parcial en este.

8. No atender el requerimiento de cesación formulado por la Secretaría de Estado de Telecomunicaciones e Infraestructuras Digitales, en los supuestos de producción de interferencias.

9. La importación, comercialización, publicidad, cesión de forma gratuita u onerosa, instalación, tenencia, puesta en servicio o uso de cualquier equipo con funcionalidades para la generación intencionada de interferencias a equipos, redes o servicios de telecomunicaciones, salvo cuando estas actividades estén amparadas por la excepción prevista en el artículo 82.4.

10. El incumplimiento grave de las obligaciones en materia de interconexión e interoperabilidad de los servicios, incluyendo los compromisos convertidos en vinculantes para los operadores relativos a las condiciones de acceso o de coinversión.

11. El incumplimiento grave de las características y condiciones establecidas para la conservación de los números.

12. El incumplimiento por los operadores y otros agentes que intervienen en el mercado de las telecomunicaciones de las resoluciones firmes en vía administrativa dictadas en las controversias a que se refiere el artículo 78.

13. El incumplimiento de las resoluciones firmes en vía administrativa o de las medidas previas al procedimiento sancionador o de las medidas cautelares acordadas dentro de éste a que se refieren los artículos 111 y 112 dictadas por el Ministerio de Asuntos Económicos y Transformación Digital en el ejercicio de sus funciones atribuidas por esta ley.

14. El incumplimiento de las resoluciones firmes en vía administrativa o de las medidas cautelares a que se refieren los artículos 111 y 112 dictadas por la Comisión Nacional de los Mercados y la Competencia en el ejercicio de sus funciones en materia de comunicaciones electrónicas, con excepción de las que se lleven a cabo en el procedimiento arbitral previo sometimiento voluntario de las partes.

15. La interceptación, sin autorización, de telecomunicaciones no destinadas al público en general, así como la divulgación del contenido.

16. El incumplimiento reiterado mediante infracciones tipificadas como graves en lostérminos expresados en el artículo 109.6.

Artículo 107. Infracciones graves.
Se consideran infracciones graves:
1. La instalación de estaciones radioeléctricas sin autorización, cuando, de acuerdo con lo dispuesto en la normativa reguladora de las telecomunicaciones,

sea necesaria.

2. La instalación de estaciones radioeléctricas con características distintas a las autorizadas o, en su caso, a las contenidas en el proyecto técnico aprobado, incluyendo las estaciones radioeléctricas a bordo de un buque, de una aeronave o de cualquier otro objeto flotante o aerotransportado, que, en el mar o fuera de él, posibilite la transmisión de emisiones desde el exterior para su posible recepción total o parcial en territorio nacional.

3. El uso del dominio público radioeléctrico en condiciones distintas a las previstas en la concesión para el uso privativo del dominio público radioeléctrico a que se refiere el artículo 88, o, en su caso, distintas de las aprobadas en el proyecto técnico de las instalaciones, entre ellas utilizando parámetros técnicos distintos de los propios de la concesión o potencias de emisión superiores a las autorizadas.

4. El emplazamiento de estaciones radioeléctricas en ubicaciones diferentes de las aprobadas.

5. La utilización del dominio público radioeléctrico, frecuencias o canales radioeléctricos sin disponer de la autorización general, autorización individual o afectación demanial para el uso privativo del dominio público radioeléctrico, cuando legalmente sea necesario.

6. La mera producción, en España o en los países vecinos, de interferencias a redes o servicios autorizados que no se encuentren comprendidas en el artículo anterior.

7. Efectuar emisiones radioeléctricas que incumplan los límites de exposición establecidos en la normativa de desarrollo del artículo 86 o incumplir las demás medidas de seguridad establecidas en ella, incluidas las obligaciones de señalización o vallado de las instalaciones radioeléctricas. Asimismo, contribuir, mediante emisiones no autorizadas, a que se incumplan dichos límites.

8. La realización de operaciones de mercado secundario de títulos habilitantes o derechos de uso del dominio público radioeléctrico, sin cumplir con los requisitos establecidos a tal efecto por la normativa de desarrollo de esta ley.

9. La puesta a disposición de redes públicas de comunicaciones electrónicas o de cualquier elemento de red que contribuya a la transmisión de la señal a favor de entidades para que se realicen emisiones radioeléctricas cuando no se ostente el correspondiente título habilitante para el uso del dominio público radioeléctrico.

10. La presentación de declaraciones responsables sustitutivas de aprobación de proyectos técnicos de radiocomunicaciones, de certificaciones sustitutivas de la inspección previa de instalaciones radioeléctricas o de certificaciones de cumplimiento de los niveles de emisión radioeléctrica tolerable que no concuerden con la realidad o relativas a estaciones radioeléctricas respecto de las cuales, con posterioridad, se constaten incumplimientos de la normativa de telecomunicaciones que hubieran debido ser detectados en ellas.

11. El incumplimiento de las obligaciones que se deriven de las designaciones o acreditaciones que realice la Administración de telecomunicaciones en materia de evaluación de la conformidad de equipos de telecomunicación, de conformidad con la normativa europea y nacional que les sean de aplicación.

12. La importación o comercialización de equipos de telecomunicación cuya conformidad con los requisitos esenciales aplicables no haya sido evaluada de acuerdo con lo dispuesto en el título IV y su normativa de desarrollo, o con las disposiciones, los acuerdos o convenios internacionales que obliguen al Estado español.

13. La instalación, puesta en servicio o utilización de equipos de telecomunicación cuya conformidad con los requisitos esenciales aplicables no haya sido evaluada de acuerdo con lo dispuesto en el título IV y su normativa de desarrollo.

14. El ejercicio de la actividad de instalación y mantenimiento de equipos y sistemas de telecomunicación sin haber efectuado la declaración responsable o sin cumplir los requisitos a los que se refiere el artículo 84.

15. La instalación de infraestructuras comunes de telecomunicación en el interior de edificios y conjuntos inmobiliarios que sean causa de daños en las redes públicas de comunicaciones electrónicas.

16. La alteración, la manipulación o la omisión de las características técnicas en la documentación de las instalaciones comunes de telecomunicación en el interior de edificios y conjuntos inmobiliarios que se presente a la Administración o a los propietarios.

17. El incumplimiento de las condiciones para el suministro de redes o la prestación de servicios de comunicaciones electrónicas establecidas en esta ley y su normativa de desarrollo.

18. El incumplimiento por los operadores controlados directa o indirectamente por Administraciones públicas de las obligaciones establecidas en el artículo 13.

19. El incumplimiento de las condiciones establecidas en los planes nacionales de numeración o sus disposiciones de desarrollo o en las atribuciones y asignaciones de los derechos de uso de los recursos de numeración incluidos en los planes de numeración.

20. El incumplimiento de las condiciones asociadas al uso de numeración atribuida a los servicios de tarificación adicional.

21. El incumplimiento de las obligaciones relacionadas con la utilización de normas o especificaciones técnicas declaradas obligatorias por la Comisión Europea.

22. El incumplimiento de las obligaciones relativas a la integridad y seguridad en la prestación de servicios o el suministro de redes de comunicaciones electrónicas.

23. El incumplimiento de las obligaciones establecidas para la utilización compartida del dominio público o la propiedad privada en que se van a

establecer las redes públicas de comunicaciones electrónicas o el uso compartido de las infraestructuras y recursos asociados.

24. El incumplimiento de las obligaciones establecidas para la utilización compartida de los tramos finales de las redes de acceso.

25. El incumplimiento de las obligaciones en materia de acceso a redes, de acceso a infraestructuras físicas susceptibles de alojar redes públicas de comunicaciones electrónicas y obras civiles y su coordinación, de las obligaciones de transparencia o información mínima respecto de las mismas, así como en materia de interconexión e interoperabilidad de los servicios, incluyendo los compromisos convertidos en vinculantes para los operadores relativos a las condiciones de acceso o de coinversión.

26. Cursar tráfico no permitido o tráfico irregular con fines fraudulentos en las redes públicas y servicios de comunicaciones electrónicas disponibles al público.

27. El incumplimiento de las características y condiciones establecidas para el cambio de operador y la conservación de los números, así como para el cambio de proveedor de los servicios de acceso a internet.

28. El incumplimiento de la normativa en materia de itinerancia en la Unión Europea e internacional.

29. El incumplimiento de las obligaciones de servicio público según lo establecido en el título III y su normativa de desarrollo.

30. La vulneración de los derechos de los consumidores y usuarios finales, según lo establecido en el título III y su normativa de desarrollo, incluidos los derechos de conservación de número, de itinerancia en la Unión Europea e internacional, en materia de comunicaciones intracomunitarias reguladas y acceso abierto a internet.

31. El cumplimiento tardío o defectuoso por los operadores y otros agentes que intervienen en el mercado de las telecomunicaciones de las resoluciones firmes en vía administrativa dictadas en las controversias a que se refieren el artículo 78.

32. Proporcionar información engañosa, errónea o incompleta a sabiendas o con negligencia grave para la elaboración de los estudios geográficos a que se refiere el artículo 48.

33. El incumplimiento, por causas imputables al operador, del compromiso en firme de desplegar, extender o mejorar redes de banda ancha en los términos indicados en el artículo 48, que produzca un perjuicio al interés público en el diseño de planes nacionales de banda ancha, en la determinación de obligaciones de cobertura ligadas a los derechos de uso del espectro radioeléctrico o en la verificación de la disponibilidad de servicios en el marco de la obligación de servicio universal, o bien un perjuicio a otro operador.

34. No facilitar, cuando resulte exigible conforme a lo previsto por la normativa reguladora de las comunicaciones electrónicas, los datos requeridos por la Administración de telecomunicaciones una vez transcurridos un mes a

contar desde la finalización del plazo otorgado en el requerimiento de información o una vez finalizado el plazo otorgado en el segundo requerimiento de la misma información, así como aportar información inexacta o falsa en cualquier dato, manifestación o documento que se presente a la Administración de telecomunicaciones.

35. La falta de notificación a la Administración por el titular de una red de comunicaciones electrónicas de los servicios que se estén prestando a través de ella cuando esta información sea exigible de acuerdo con la normativa aplicable.

36. La negativa o la obstrucción a ser inspeccionado, la no colaboración con la inspección cuando esta sea requerida y la no identificación por la persona física o jurídica que tenga la disponibilidad de los equipos e instalaciones o sea titular de la finca o inmueble en donde se ubican los equipos e instalaciones de la persona física o jurídica que suministre redes o preste servicios.

37. El cumplimiento tardío o defectuoso de las resoluciones firmes en vía administrativa o de las medidas previas y medidas cautelares a que se refieren los artículos 111 y 112 dictadas por el Ministerio de Asuntos Económicos y Transformación Digital en el ejercicio de sus funciones en materia de comunicaciones electrónicas.

38. El cumplimiento tardío o defectuoso de las resoluciones firmes en vía administrativa o de las medidas previas y medidas cautelares a que se refieren los artículos 111 y 112 dictadas por la Comisión Nacional de los Mercados y la Competencia en el ejercicio de sus funciones en materia de comunicaciones electrónicas, con excepción de las que se lleve a cabo en el procedimiento arbitral previo sometimiento voluntario de las partes.

39. El incumplimiento grave de las obligaciones en materia de calidad de servicio establecidas en esta ley y su normativa de desarrollo,

40. El incumplimiento de las obligaciones establecidas en el artículo 76 y su normativa de desarrollo, así como en el Reglamento (UE) 2015/2120 del Parlamento Europeo y del Consejo, de 25 de noviembre de 2015.

41. El incumplimiento de la normativa en materia de comunicaciones intracomunitarias reguladas.

42. El incumplimiento por los titulares de las infraestructuras físicas desde las que los operadores efectúen materialmente emisiones radioeléctricas mediante el uso del dominio público radioeléctrico de tener identificada la titularidad de cada uno de los transmisores instalados susceptibles de producir emisiones radioeléctricas o de tener una relación actualizada de las frecuencias utilizadas por cada transmisor.

43. El incumplimiento de las obligaciones en materia de interceptación legal de comunicaciones impuestas en desarrollo del artículo 58.

44. El incumplimiento reiterado mediante infracciones tipificadas como leves en los términos expresados en el artículo 109.6.

Artículo 108. Infracciones leves.
Se consideran infracciones leves:
1. La producción de cualquier tipo de emisión radioeléctrica no autorizada, salvo que deba ser considerada como infracción grave o muy grave.
2. El establecimiento de comunicaciones utilizando estaciones no autorizadas, salvo que deba ser considerada como infracción grave.
3. La utilización del dominio público radioeléctrico, frecuencias o canales radioeléctricos sin disponer de la autorización para el uso especial del dominio público radioeléctrico, cuando legalmente sea necesario.
4. La instalación de estaciones radioeléctricas de radioaficionado careciendo de autorización.
5. El incumplimiento por los titulares de autorizaciones generales, autorizaciones individuales o afectaciones demaniales para el uso del dominio público radioeléctrico de las condiciones autorizadas o que se les impongan por el Ministerio de Asuntos Económicos y Transformación Digital.
6. El suministro de redes o la prestación de servicios de comunicaciones electrónicas sin cumplir los requisitos exigibles para realizar tales actividades establecidos en esta ley y su normativa de desarrollo, distintos de los previstos en los artículos 6.1 y 6.2.
7. El incumplimiento de las obligaciones que tiene el fabricante, el representante autorizado de un fabricante, el importador, el prestador de servicios logísticos o el distribuidor de equipos de telecomunicación, según lo dispuesto en el título IV y su normativa de desarrollo, salvo que deba ser considerado como infracción grave o muy grave.
8. El incumplimiento de las obligaciones relacionadas con la puesta en servicio y utilización de equipos de telecomunicación, según lo dispuesto en el título IV y su normativa de desarrollo, salvo que deba ser considerado como infracción grave o muy grave.
9. La no presentación de la documentación de las instalaciones comunes de telecomunicaciones a la administración o a la propiedad, cuando normativamente sea obligatoria dicha presentación, o el incumplimiento de los requisitos en la presentación de la documentación o en la ejecución de las instalaciones comunes de telecomunicaciones.
10. La instalación de infraestructuras de telecomunicaciones sin cumplir los requisitos establecidos en la presente ley, salvo que deba ser considerada como infracción grave o muy grave.
11. El incumplimiento de las obligaciones de carácter público, según lo establecido en el título III y su normativa de desarrollo.
12. No facilitar los datos requeridos por la Administración de telecomunicaciones o retrasar injustificadamente su aportación cuando resulte exigible conforme a lo previsto por la normativa reguladora de las comunicaciones electrónicas.

13. La expedición de declaraciones responsables sustitutivas de aprobación de proyectos técnicos de radiocomunicaciones, de certificaciones sustitutivas de la inspección previa de instalaciones radioeléctricas o de certificaciones de cumplimiento de los niveles de emisión radioeléctrica tolerable que no concuerden con la realidad o relativas a estaciones radioeléctricas respecto de las cuales, con posterioridad, se constaten incumplimientos de la normativa de telecomunicaciones que hubieran debido ser detectados en ellas.

Artículo 109. Sanciones.
1. Por la comisión de las infracciones tipificadas en los artículos anteriores se impondrán las siguientes sanciones:
a) por la comisión de infracciones muy graves se impondrá al infractor multa por importe de hasta veinte millones de euros.
Por la comisión de infracciones muy graves tipificadas en las que la Comisión Nacional de los Mercados y la Competencia tenga competencias sancionadoras se impondrá al infractor multa por importe no inferior al tanto, ni superior al quíntuplo, del beneficio bruto obtenido como consecuencia de los actos u omisiones en que consista la infracción. En caso de que no resulte posible aplicar este criterio, el límite máximo de la sanción será el dos por ciento del volumen de negocios total obtenido por la entidad infractora en el último ejercicio;
b) las infracciones muy graves, en función de sus circunstancias, podrán dar lugar a la inhabilitación hasta de cinco años del operador para el suministro de redes o la prestación de servicios de comunicaciones electrónicas. También podrá dar lugar a la inhabilitación hasta cinco años para el ejercicio de la actividad de instalador;
c) por la comisión de infracciones graves se impondrá al infractor multa por importe de hasta dos millones de euros.
Por la comisión de infracciones graves tipificadas en las que la Comisión Nacional de los Mercados y la Competencia tenga competencias sancionadoras se impondrá al infractor multa por importe de hasta el duplo del beneficio bruto obtenido como consecuencia de los actos u omisiones que constituyan aquellas o, en caso de que no resulte aplicable este criterio, el límite máximo de la sanción será el uno por ciento del volumen de negocios total obtenido por la entidad infractora en el último ejercicio;
d) por la comisión de infracciones leves se impondrá al infractor una multa por importe de hasta
100.000 euros.
2. Las sanciones impuestas por cualquiera de las infracciones comprendidas en los artículos 106, 107 y 108 podrán llevar aparejada, como sanción accesoria, en tanto no se disponga del título habilitante que resulte necesario para el ejercicio de la actividad realizada por el infractor, o teniendo dicho título, mientras se efectúen emisiones radioeléctricas con parámetros o características técnicas distintas a las autorizadas:

a) el cese inmediato de emisiones radioeléctricas no autorizadas, ya sea por carecer de título habilitante o por efectuarse con parámetros o características técnicas distintas a las autorizadas;
b) el ajuste de las emisiones radioeléctricas a los parámetros y características técnicas autorizadas;
c) el precintado o la incautación de los equipos de telecomunicación;
d) la clausura de las instalaciones.
3. Las sanciones impuestas por cualquiera de las infracciones comprendidas en los artículos 106, 107 y 108 podrán llevar aparejada, en caso de equipos de telecomunicación que no cumplan los requisitos para su comercialización, la retirada o recuperación del mercado de los mismos o la prohibición o restricción de su comercialización, hasta que se produzca el cumplimiento de dichos requisitos.
4. Las sanciones impuestas por vulneración de las condiciones establecidas para la utilización de la numeración podrán llevar aparejada orden de imposibilidad de uso del número o números a través de los cuales se ha producido el incumplimiento, por un período máximo de dos años.
5. Además de la sanción que corresponda imponer a los infractores, cuando se trate de una persona jurídica, se podrá imponer una multa de hasta 5.000 euros en el caso de las infracciones leves, hasta 30.000 euros en el caso de las infracciones graves y hasta 60.000 euros en el caso de las infracciones muy graves a sus representantes legales o a las personas que integran los órganos directivos o los órganos colegiados de administración que hayan intervenido en el acuerdo o decisión.
Quedan excluidas de la sanción aquellas personas que, formando parte de órganos directivos o de los órganos colegiados de administración, no hubieran asistido a las reuniones o hubieran votado en contra o salvando su voto.
6. A los efectos de lo establecido en esta ley, tendrá la consideración de incumplimiento reiterado la sanción firme en vía administrativa por la comisión de dos o más infracciones del mismo tipo infractor en un período de tres años.

Artículo 110. Criterios para la determinación de la cuantía de la sanción.
1. La cuantía de la sanción que se imponga, dentro de los límites indicados, se graduará teniendo en cuenta, además de lo previsto en el artículo 29 de la Ley 40/2015, de 1 de octubre, de Régimen Jurídico del Sector Público, lo siguiente:
a) la gravedad de las infracciones cometidas anteriormente por el sujeto al que se sanciona;
b) el daño causado, como la producción de interferencias a terceros autorizados, y su reparación;
c) el cumplimiento voluntario de las medidas cautelares que, en su caso, se impongan en el procedimiento sancionador;
d) la negativa u obstrucción al acceso a las instalaciones o a facilitar la información o documentación requerida;

e) el cese de la actividad infractora, previamente o durante la tramitación del expediente sancionador;

f) la afectación a bienes jurídicos protegidos relativos al uso del dominio público radioeléctrico, el orden público, la seguridad pública y la seguridad nacional o los derechos de los usuarios;

g) la colaboración activa y efectiva con la autoridad competente en la detección o prueba de la actividad infractora.

2. En el caso de la infracción consistente en proporcionar información engañosa, errónea o incompleta a sabiendas o con negligencia grave para la elaboración de los estudios geográficos a que se refiere el artículo 48 tipificada en el artículo 107.32, en la fijación de la cuantía de la sanción se tendrá en cuenta, entre otros criterios, si el comportamiento de la empresa o autoridad pública ha tenido un efecto negativo sobre la competencia y, en particular, si, contrariamente a la información proporcionada originalmente o a cualquier actualización de la misma, la empresa o autoridad pública ha desplegado, extendido o mejorado una red o no ha desplegado una red y ha incumplido su obligación de presentar una justificación objetiva para este cambio de planes.

3. El infractor vendrá obligado, en su caso, al pago de las tasas que hubiera debido satisfacer en el supuesto de haber realizado la notificación a que se refiere el artículo 6.2 o de haber disfrutado de título para la utilización del dominio público radioeléctrico.

Artículo 111. Medidas previas al procedimiento sancionador.

1. Previamente al inicio del procedimiento sancionador, podrá ordenarse por el órgano competente del Ministerio de Asuntos Económicos y Transformación Digital o de la Comisión Nacional de los Mercados y la Competencia, mediante resolución motivada sin audiencia previa, el cese de la presunta actividad infractora cuando existan razones de imperiosa urgencia basada en alguno de los siguientes supuestos:

a) cuando exista una amenaza inmediata y grave para el orden público, la seguridad pública o la seguridad nacional;

b) cuando exista una amenaza inmediata y grave para la salud pública;cuando de la supuesta actividad infractora puedan producirse perjuicios graves al funcionamiento de los servicios de seguridad pública, protección civil y de emergencias;

c) cuando se interfiera gravemente a otros servicios o redes de comunicaciones electrónicas;

d) cuando cree graves problemas económicos u operativos a otros proveedores o usuarios de redes o servicios de comunicaciones electrónicas o demás usuarios del dominio público radioeléctrico.

2. Esta orden de cese irá dirigida a cualquier sujeto que se encuentre en disposición de ejecutar tal cese, sin perjuicio de la posterior delimitación de responsabilidades en el correspondiente procedimiento sancionador. Para su

ejecución forzosa, la resolución podrá disponer que, a través de la autoridad gubernativa, se facilite apoyo por los Cuerpos y Fuerzas de Seguridad.
3. En la resolución se determinará el ámbito objetivo y temporal de la medida, sin que pueda exceder del plazo de quince días hábiles.
La resolución a la que se refiere este apartado será directamente recurrible ante el orden jurisdiccional contencioso-administrativo.
4. En los supuestos en los que la imposición de la medida previa y excepcional de cese de actividad pudiera afectar a una señal radioeléctrica, redes de comunicaciones electrónicas o sitio web, tal medida deberá en todo caso ser conocida por los usuarios de dichos servicios afectados debiendo quedar reflejado al acceder a la señal radioeléctrica mediante imagen visualizada o anuncio sonoro, o al acceder al sitio web, en el que se informe que el mismo ha sido bloqueado y la información relevante sobre dicha circunstancia, información que deberá incluir la base legal para el bloqueo, la fecha y el número de la decisión de bloqueo, el organismo emisor, así como el texto de la decisión de bloqueo, incluyendo las razones de la misma, y las vías de recurso, debiendo quedar reflejada esta información por espacio temporal de un mes.
5. En el plazo de quince días hábiles siguientes a su adopción y previa audiencia del interesado para que pueda proponer soluciones debe confirmarse, modificarse o levantarse la orden de cese, lo que se efectuará en el acuerdo de iniciación del procedimiento sancionador.
6. En todo caso, será de aplicación con carácter supletorio lo dispuesto en el artículo 56 de la Ley 39/2015, de 1 de octubre, del Procedimiento Administrativo Común de las Administraciones Públicas.

Artículo 112. Medidas cautelares en el procedimiento sancionador.
1. Una vez incoado el procedimiento sancionador, las infracciones a las que se refieren los artículos 106, 107 y 108, de conformidad con el artículo 56 de la Ley 39/2015, de 1 de octubre, del Procedimiento Administrativo Común de las Administraciones Públicas, podrán dar lugar a la adopción de las siguientes medidas cautelares:
a) ordenar el cese inmediato de emisiones radioeléctricas no autorizadas;
b) ordenar el cese inmediato de cualquier otra actividad presuntamente infractora. Entre ellas:
1.º poner fin a la prestación de un servicio o de una serie de servicios, o aplazarla cuando dicha prestación pudiera tener como resultado perjudicar seriamente la competencia, hasta que se cumplan las obligaciones específicas impuestas a raíz de un análisis de mercado con arreglo al artículo 18. Esta medida, junto con las razones en que se basa, se comunicará al operador afectado sin demora, fijando un plazo razonable para que la empresa cumpla con la misma;
2.º impedir que un operador siga suministrando redes o servicios de comunicaciones electrónicas o suspender o retirarle sus derechos de uso, en caso de incumplimiento grave y reiterado de las condiciones establecidas para la

prestación de servicios o el suministro de redes o para el otorgamiento de derechos de uso o de las obligaciones específicas que se hubieran impuesto, cuando hubieran fracasado las medidas destinadas a exigir el cese de la infracción;

3.º confirmar o modificar las medidas provisionales de urgencia adoptadas conforme a lo dispuesto en el artículo anterior. Estas medidas provisionales serán válidas durante tres meses como máximo, prorrogables por otro período de hasta tres meses;

c) ordenar el ajuste y la adecuación de las emisiones a los parámetros y condiciones técnicas autorizadas;

d) ordenar el precintado de los equipos o instalaciones que hubiera empleado el infractor, siendo, en su caso, aplicable el régimen de ejecución subsidiaria previsto en el artículo 102 de la Ley 39/2015, de 1 de octubre, del Procedimiento Administrativo Común de las Administraciones Públicas;

e) ordenar la retirada o su recuperación del mercado de los equipos de telecomunicación que presuntamente no hayan evaluado su conformidad de acuerdo con la normativa aplicable;

f) la suspensión provisional de la eficacia del título y la clausura provisional de las instalaciones, por un plazo máximo de seis meses.

2. Cuando el presunto infractor carezca de título habilitante para la ocupación o uso del dominio público radioeléctrico, vulnere o condicione la adecuada ejecución de los planes técnicos de uso del dominio público radioeléctrico, produzca interferencias a servicios legalmente autorizados o si con la infracción se superan los niveles de emisiones radioeléctricas establecidos en la normativa de desarrollo del artículo 86, la medida cautelar prevista en la letra a) y, en su caso, en la letra c) del apartado anterior será obligatoriamente incluida en el acuerdo de iniciación de expediente sancionador, con objeto de salvaguardar el correcto uso de dicho dominio público.

3. Sin perjuicio de los supuestos en los que este precepto fija un plazo máximo de duración, las medidas cautelares podrán mantenerse hasta la resolución del procedimiento sancionador, siempre que se considere necesario para asegurar la eficacia de la resolución final que pudiera recaer. Como excepción, la medida cautelar de retirada o su recuperación del mercado de los equipos de telecomunicación cuya conformidad no haya sido evaluada presuntamente de acuerdo con la normativa aplicable deberá levantarse cuando se acredite la realización de la evaluación de la conformidad de los equipos de telecomunicación afectados.

Artículo 113. Prescripción.

1. Las infracciones muy graves prescribirán a los tres años, las graves a los dos años y las leves al año.

El plazo de prescripción de las infracciones comenzará a computarse desde el día en que se hubieran cometido. Interrumpirá la prescripción la iniciación, con conocimiento del interesado, del procedimiento sancionador. El plazo de prescripción volverá a correr si el expediente sancionador estuviera paralizado durante más de un mes por causa no imputable al presunto responsable.

En el supuesto de infracción continuada, la fecha inicial del cómputo será aquella en que deje de realizarse la actividad infractora o la del último acto con que la infracción se consume. No obstante, se entenderá que persiste la infracción en tanto los equipos de telecomunicación o instalaciones objeto del expediente no se encuentren a disposición de la Administración o quede constancia fehaciente de su imposibilidad de uso.

2. Las sanciones impuestas por faltas muy graves prescribirán a los tres años; las impuestas por faltas graves, a los dos años, y las impuestas por faltas leves, al año. El plazo de prescripción de las sanciones comenzará a computarse desde el día siguiente a aquel en que sea ejecutable la resolución por la que se impone la sanción o haya transcurrido el plazo para recurrirla. Interrumpirá la prescripción la iniciación, con conocimiento del interesado, del procedimiento de ejecución, volviendo a correr el plazo si aquél está paralizado durante más de un mes por causa no imputable al infractor.

Artículo 114. Competencias y procedimiento sancionador.

1. La competencia sancionadora corresponderá:

a) a la Comisión Nacional de los Mercados y la Competencia, en el ámbito material de su actuación, cuando se trate de infracciones muy graves tipificadas en los apartados 3, 10, 11 y 14 del artículo 106, infracciones graves tipificadas en los apartados 19, 20, 24, 25, 27, 28, 34, 35, 36, 38, 39 y 41 del artículo 107 e infracciones leves tipificadas en los apartados 6 y 12 del artículo 108;

b) a la Agencia Española de Protección de Datos, en el caso de que se trate de las infracciones graves del artículo 107 tipificadas en el apartado 30 y de las infracciones leves del artículo 108 tipificadas en el apartado 11 cuando se vulneren los derechos de los usuarios finales sobre protección de datos y privacidad reconocidos en el artículo 66;

c) a la persona titular de la Secretaría de Estado de Telecomunicaciones e Infraestructuras Digitales, el resto de los casos y en los supuestos de imposición de sanciones por la comisión de las infracciones señaladas en las letras a) y b) cuando se trate de su ámbito material de actuación.

2. En el ejercicio de la potestad sancionadora será de aplicación el procedimiento administrativo común establecido en la Ley 39/2015, de 1 de octubre, si bien el plazo de resolución del mismo será de un año y el plazo de alegaciones será como mínimo de quince días hábiles.

Disposición adicional primera. Significado de los términos empleados por esta ley.

A los efectos de esta ley, los términos definidos en el anexo II tendrán el significado que allí se les asigna.

Disposición adicional segunda. Limitaciones y servidumbres.
1. Las limitaciones a la propiedad y las servidumbres a las que hace referencia el artículo 47.1 podrán afectar:
a) a la altura máxima de los edificios;
b) a la distancia mínima a la que podrán ubicarse industrias que produzcan emisiones radioeléctricas e instalaciones eléctricas de alta tensión y líneas férreas electrificadas no soterradas;
c) a la distancia mínima a la que podrán instalarse transmisores radioeléctricos.
2. Con la excepción de la normativa legal vigente aplicable a la defensa nacional, a la navegación aérea y a la radioastronomía, no podrán establecerse, por vía reglamentaria, limitaciones a la propiedad ni servidumbres que contengan condiciones más gravosas que las siguientes:
a) para distancias inferiores a 1.000 metros, el ángulo sobre la horizontal con el que se observe, desde la parte superior de las antenas receptoras de menor altura de la estación, el punto más elevado de un edificio será como máximo de tres grados;
b) la máxima limitación exigible de separación entre una industria que produzca emisiones radioeléctricas o una línea de tendido eléctrico de alta tensión o líneas de ferrocarril no soterradas y cualquiera de las antenas receptoras de la estación será de 1.000 metros.
La instalación de transmisores radioeléctricos en las proximidades de la estación se realizará con las siguientes limitaciones:

Gama de frecuencias	Potencia radiada aparente del transmisor en dirección a la instalación a proteger - Kilovatios	Máxima limitación exigible de separación entre instalaciones a proteger y antena del transmisor - Kilómetros
f <= 30 MHz	0,01 < P <= 1	2
	1 < P <= 10	10
	P > 10	20
f > 30 MHz	0,01 < P <= 1	1
	1 < P <= 10	2
	P > 10	5

3. Las limitaciones de intensidad de campo eléctrico se exigirán para aquellas instalaciones cuyos equipos tengan una alta sensibilidad. Se entiende que utilizan equipos de alta sensibilidad las instalaciones dedicadas a la investigación:

a) las estaciones dedicadas a la observación radioastronómica, estas limitaciones serán las siguientes:

Niveles máximos admisibles de densidad espectral de flujo de potencia en las estaciones de observación de Radioastronomía (1)(2)			
Frecuencia central (MHz)	Anchura de banda de canal (kHz)	Densidad espectral de flujo de potencia (dB(W/(m2 · Hz)))	Observaciones radioastronómicas
13,385	50	-248	Continuo.
25,61	120	-249	Continuo.
73,8	1600	-258	Continuo.
151,525	2950	-259	Continuo.
325,3	6600	-258	Continuo.
327	10	-244	Rayas espectrales.
408,05	3900	-255	Continuo.
611	6000	-253	Continuo.
1413,5	27000	-255	Continuo.
1420	20	-239	Rayas espectrales.
1612	20	-238	Rayas espectrales.
1665	20	-237	Rayas espectrales.
1665	10000	-251	Continuo.
2695	10000	-247	Continuo.
4830	50	-230	Rayas espectrales.
4995	10000	-241	Continuo.
10650	100000	-240	Continuo.
14488	150	-221	Rayas espectrales.
15375	50000	-233	Continuo.
22200	250	-216	Rayas espectrales.
22355	290000	-231	Continuo.
23700	250	-215	Rayas espectrales.
23800	400000	-233	Continuo.

31550	500000	-228	Continuo.
43000	500	-210	Rayas espectrales.
43000	1000000	-227	Continuo.
48000	500	-209	Rayas espectrales.
76750	8000000	-229	Continuo.
82500	8000000	-228	Continuo.
88600	1000	-208	Rayas espectrales.
89000	8000000	-228	Continuo.
105050	8000000	-223	Continuo.
132000	8000000	-223	Continuo.
147250	8000000	-223	Continuo.
150000	8000000	-223	Continuo.
150000	1000	-204	Rayas espectrales.
165500	8000000	-222	Continuo.
183500	8000000	-220	Continuo.
215750	8000000	-218	Continuo.
220000	1000	-199	Rayas espectrales.
224000	8000000	-218	Continuo.
244500	8000000	-217	Continuo.
265000	1000	-197	Rayas espectrales.
270000	8000000	-216	Continuo.

(1) Los valores anteriores corresponden a una ganancia supuesta de la antena receptora de radioastronomía de 0 dBi.
(2) Para sistemas interferentes con condiciones de propagación variables en el tiempo los niveles dados no podrán ser excedidos en la medida en que la pérdida de datos supere el 2 %.

b) para la protección de las instalaciones de observatorios de astrofísica, la limitación de la intensidad de campo eléctrico, en cualquier frecuencia, será de 88,8 dB (µV/m) en la ubicación del observatorio.

4. Para un mejor aprovechamiento del dominio público radioeléctrico, el Ministerio de Asuntos Económicos y Transformación Digital podrá imponer la utilización en las instalaciones de aquellos elementos técnicos que mejoren la compatibilidad radioeléctrica entre estaciones.

Disposición adicional tercera. Aplicación de la legislación reguladora de las infraestructuras comunes en los edificios.

Las infraestructuras comunes de telecomunicaciones en el interior de los edificios se regulan por lo establecido en la presente ley, por el Real Decreto-ley 1/1998, de 27 de febrero, sobre infraestructuras comunes en los edificios para el acceso a los servicios de telecomunicación y sus desarrollos reglamentarios.

Disposición adicional cuarta. Información confidencial.
Las personas físicas o jurídicas que aporten a alguna de las autoridades públicas competentes específicas en materia de telecomunicaciones datos o informaciones de cualquier tipo, con ocasión del desempeño de sus funciones y respetando la legislación vigente en materia de protección de datos y privacidad, podrán indicar, de forma justificada, qué parte de lo aportado consideran confidencial, cuya difusión podría perjudicarles, a los efectos de que sea declarada su confidencialidad. Cada autoridad pública competente específica en materia de telecomunicaciones decidirá, de forma motivada y a través de las resoluciones oportunas, sobre la información que, según la legislación vigente, resulte o no amparada por la confidencialidad.

Disposición adicional quinta. Referencia a servicios de comunicaciones electrónicas en otras normas.
Las referencias a los servicios de comunicaciones electrónicas efectuadas en otras normas previas a la vigencia del Código Europeo de Comunicaciones Electrónicas se entenderán realizadas a las distintas clases de servicios de comunicaciones electrónicas que establece el citado Código (servicio de acceso a internet, servicio de comunicaciones interpersonales basado en la numeración, servicio de comunicaciones interpersonales independiente de la numeración y servicios consistentes, en su totalidad o principalmente, en el transporte de señales). En función de la naturaleza y características de cada servicio en concreto y de la finalidad que persiga dicha normativa, se tendrán en cuenta al efecto los derechos y obligaciones que el mencionado Código Europeo y la presente ley asocian a cada clase de servicio de comunicaciones electrónicas.

Disposición adicional sexta. Multas coercitivas.
Para asegurar el cumplimiento de las resoluciones o requerimientos de información que dicten el Ministerio de Asuntos Económicos y Transformación Digital o la Comisión Nacional de los Mercados y la Competencia podrán imponer multas coercitivas por importe diario de 125 hasta
30.000 euros, en los términos previstos en la Ley 39/2015, de 1 de octubre, del Procedimiento Administrativo Común de las Administraciones Públicas.
Las multas coercitivas serán independientes de las sanciones que puedan imponerse y compatibles con ellas.
El importe de las multas coercitivas previstas en esta disposición se ingresará en el Tesoro Público.

Disposición adicional séptima. Obligaciones en materia de acceso condicional, acceso a determinados servicios de comunicación audiovisual televisivos y radiofónicos y obligaciones de transmisión.

1. En el acceso condicional a los servicios digitales de comunicación audiovisual televisivos y radiofónicos difundidos a los telespectadores y oyentes, deberán cumplirse los requisitos siguientes, con independencia del medio de transmisión utilizado:

a) con independencia de los medios de transmisión, todas las empresas proveedoras de servicios de acceso condicional que prestan servicios de acceso a los servicios digitales de comunicación audiovisual televisivos y radiofónicos y de cuyos servicios de acceso dependen los prestadores del servicio de comunicación audiovisual para llegar a cualquier grupo de telespectadores u oyentes potenciales estarán obligados a:

1.º proponer a todos los prestadores del servicio de comunicación audiovisual, en condiciones equitativas, razonables y no discriminatorias que resulten compatibles con el Derecho de la competencia, servicios técnicos que permitan que sus servicios digitales de comunicación audiovisual televisivos y radiofónicos sean recibidos por los telespectadores u oyentes autorizados, mediante descodificadores gestionados por los operadores de servicios, así como a respetar el Derecho de la competencia;

2.º llevar una contabilidad financiera separada en lo que se refiere a su actividad de suministro de servicios de acceso condicional;

b) cuando concedan licencias a los fabricantes de equipos de consumo, los titulares de los derechos de propiedad industrial relativos a los sistemas y productos de acceso condicional, deberán hacerlo en condiciones equitativas, razonables y no discriminatorias. La concesión de licencias, que tendrá en cuenta los factores técnicos y comerciales, no podrá estar subordinada por los propietarios de los derechos a condiciones que prohíban, disuadan o desalienten la inclusión en el mismo producto de:

1.º bien una interfaz común que permita la conexión con varios sistemas de acceso;

2.º bien medios específicos de otro sistema de acceso, siempre que el beneficiario de la licencia respete las condiciones razonables y apropiadas que garanticen, por lo que a él se refiere, la seguridad de las transacciones de los operadores de sistemas de acceso condicional.

2. En el caso de que en el mercado involucrado en el acceso condicional a los servicios digitales de comunicación audiovisual televisivos y radiofónicos no se hubiera designado operador con peso significativo en el mercado, la Comisión Nacional de los Mercados y la Competencia podrá modificar o suprimir las condiciones con respecto a los operadores de dicho mercado, siempre y cuando:

a) dicha modificación o supresión no incida negativamente en el acceso de los usuarios finales a las emisiones de los servicios de comunicación audiovisual televisivos y radiofónicos, y

b) dicha modificación o supresión no incida negativamente en las perspectivas de competencia efectiva en los siguientes mercados:

1.º los mercados de servicios de comunicación audiovisual al por menor de radio y televisión digital;

2.º los mercados de sistemas de acceso condicional y otros recursos asociados.

3. Mediante orden de la persona titular del Ministerio de Asuntos Económicos y Transformación Digital se podrá imponer exigencias razonables de transmisión de determinados canales de servicios de comunicación audiovisual televisivos y radiofónicos, así como exigencias de transmisión de servicios complementarios para posibilitar el acceso adecuado de los usuarios con discapacidad, a los operadores que exploten redes de comunicaciones electrónicas utilizadas para la distribución de servicios de comunicación audiovisual al público, si un número significativo de usuarios finales de dichas redes las utiliza como medio principal de recepción de programas de servicios de comunicación audiovisual, cuando resulte necesario para alcanzar objetivos de interés general claramente definidos y de forma proporcionada, transparente y periódicamente revisable.

Asimismo, podrán establecerse mediante real decreto condiciones a los proveedores de servicios y equipos de televisión digital, para que cooperen en la prestación de servicios de comunicación audiovisual televisiva interoperables para los usuarios finales con discapacidad.

4. Mediante orden de la persona titular del Ministerio de Asuntos Económicos y Transformación Digital se regulará el establecimiento de las obligaciones y requisitos para los gestores de múltiples digitales de la televisión digital terrestre y la creación y regulación del Registro de parámetros de información de los servicios de televisión digital terrestre. La gestión, asignación y control de los parámetros de información de los servicios de televisión digital terrestre y la llevanza de dicho Registro corresponde a la Comisión Nacional de los Mercados y la Competencia.

Disposición adicional octava. Interoperabilidad de receptores de servicios de comunicación audiovisual radiofónicos para automóviles, de receptores de servicios de comunicación audiovisual radiofónicos de consumo y equipos de consumo utilizados para la televisión digital.

1. Los equipos receptores de servicios de comunicación audiovisual radiofónicos para automóviles y los equipos de consumo utilizados para la televisión digital deben ser interoperables de conformidad con las siguientes reglas:

a) algoritmo de cifrado común y recepción de libre acceso. Todos los equipos de consumo para la recepción de señales de televisión digital, ya sea por emisión terrestre, por cable o por satélite, que se comercialicen para la venta, en alquiler o en cualquier otra fórmula comercial con capacidad para descifrar señales de televisión digital deberán incluir las siguientes funciones:

i) descifrado de señales de conformidad con un algoritmo de cifrado común europeo gestionado por una organización europea de normalización reconocida;
ii) visualización de señales transmitidas en abierto, a condición de que, en los casos en que el equipo se suministre en alquiler, el arrendatario se halle en situación de cumplimiento del contrato correspondiente;
b) interoperabilidad de aparatos de televisión digitales. Todo aparato digital de televisión dotado de una pantalla de visualización integral de una diagonal visible superior a 30 centímetros comercializado para su venta o alquiler deberá estar provisto de, al menos, una conexión de interfaz abierta normalizada por una organización europea de normalización reconocida, conforme con la norma adoptada por ésta, o conforme con las especificaciones adoptadas por la industria, que permita la conexión sencilla de periféricos, y poder transferir todos los elementos pertinentes de una señal de televisión digital, incluida la información relativa a servicios interactivos y de acceso condicional;
c) interoperabilidad de los receptores de servicios de radio para automóviles. Todo receptor de servicios de radio integrado en un vehículo nuevo de la categoría M introducido en el mercado para su venta o alquiler deberá incluir un receptor capaz de recepción y reproducción de, al menos, los servicios de radiodifusión ofrecidos a través de la radiodifusión digital terrestre.
Lo establecido en el presente apartado podrá ser objeto de modificación mediante real decreto, de conformidad con lo que dispongan las normas y actos emanados de las instituciones europeas.
2. Mediante real decreto se podrán adoptar medidas para garantizar la interoperabilidad de otros receptores de servicios de radio de consumo, para lo cual deberá tenerse en cuenta el impacto en el mercado de los receptores de radiodifusión de valor reducido y garantizar que dichas medidas no se apliquen a los productos en los que el receptor de servicios de radio tenga un carácter puramente auxiliar, como los teléfonos móviles multifunción, ni a los equipos utilizados por radioaficionados.
3. Los usuarios finales, en el momento de la resolución de su contrato, tendrán la posibilidad de devolver los equipos terminales de televisión digital de forma gratuita y sencilla, a menos que el proveedor demuestre la completa interoperabilidad del equipo con los servicios de televisión digital de otros proveedores, entre ellos aquel al que se haya cambiado el usuario final.
Mediante real decreto se podrán adoptar medidas para que los equipos terminales de televisión digital que los prestadores de servicios digitales de televisión suministren a sus usuarios finales sean interoperables a fin de que, cuando ello sea técnicamente posible, estos puedan reutilizarse con otros prestadores de servicios digitales de televisión. En todo caso, se considerará que los equipos terminales de televisión digital que sean conformes a las normas armonizadas cuyas referencias hayan sido publicadas en el «Diario Oficial de la Unión Europea», o a partes de estas, cumplen el requisito de interoperabilidad establecido en este párrafo.

Disposición adicional novena. Mecanismo de notificación.
Las medidas adoptadas por la Comisión Nacional de los Mercados y la Competencia de acuerdo con los capítulos III, IV y V del título II, artículo 55.8 y disposición adicional séptima de esta ley, y su normativa de desarrollo, que puedan tener repercusiones en los intercambios entre Estados miembros, se someterán a los mecanismos de notificación a que se refieren los artículos 32, 33 y 34 del Código Europeo de Comunicaciones Electrónicas y las normas dictadas al efecto en desarrollo de los mismos por la Unión Europea.

Disposición adicional décima. Mecanismo de consulta.
Las autoridades públicas competentes específicas en materia de telecomunicaciones que tengan la intención de adoptar medidas conforme a lo establecido en la presente ley y su normativa de desarrollo que incidan significativamente en el mercado pertinente así como medidas de restricción a la neutralidad tecnológica y de servicios en el uso del dominio público radioeléctrico regulada en el artículo 93, deberán dar a los interesados la oportunidad de formular observaciones sobre la medida propuesta en un plazo razonable, según la complejidad del asunto, pero en cualquier caso no inferior a treinta días naturales, excepto en circunstancias excepcionales, en los términos y con las condiciones establecidas en el artículo 23 del Código Europeo de Comunicaciones Electrónicas y las normas dictadas al efecto en desarrollo del mismo por la Unión Europea.

Disposición adicional undécima. Informe sobre las obligaciones a imponer a operadores de redes públicas o de servicios de comunicaciones electrónicas disponibles al público.
Cualquier medida normativa que vaya a aprobarse con posterioridad a la entrada en vigor de la presente ley o acto administrativo en ejecución de dicha medida normativa que tramite cualquier Administración Pública y que persiga imponer con carácter generalizado a los operadores de redes públicas o de servicios de comunicaciones electrónicas disponibles al público o a un grupo específico de los mismos obligaciones de servicio público distintas de las previstas en el artículo 43, obligaciones de supervisión de la información tratada o gestionada en dichas redes o servicios o de colaboración con los agentes facultados respecto al tráfico gestionado, requerirá el informe preceptivo del Ministerio de Asuntos Económicos y Transformación Digital.
Dicha medida normativa o acto administrativo deberá contemplar de manera expresa los mecanismos de financiación de los costes derivados de las obligaciones de servicio público distintas de las previstas en el artículo 43, obligaciones de carácter público o cualquier otra carga administrativa que se imponga, que no podrá ser a cargo de los operadores de redes públicas o de servicios de comunicaciones electrónicas disponibles al público cuando se traten

de obligaciones o cargas que no deriven directamente del marco normativo de las comunicaciones electrónicas sino que respondan a otras razones de políticas públicas, salvo que concurran motivos de interés público que lleven a la conclusión de que dichos operadores deban asumir dichos costes, aun cuando sea parcialmente.

La solicitud del preceptivo informe del Ministerio de Asuntos Económicos y Transformación Digital se considera un requisito esencial en la tramitación de la norma o acto administrativo.

Disposición adicional duodécima. Creación de la Comisión sobre radiofrecuencias y salud. Mediante real decreto se regulará la composición, organización y funciones de la Comisión sobre radiofrecuencias y salud, cuya misión es la de asesorar e informar a la ciudadanía, al conjunto de las Administraciones públicas y a los diversos agentes de la industria sobre las restricciones establecidas a las emisiones radioeléctricas, las medidas de protección sanitaria aprobadas frente a emisiones radioeléctricas y los múltiples y periódicos controles a que son sometidas las instalaciones generadoras de emisiones radioeléctricas, en particular, las relativas a las radiocomunicaciones. Asimismo, dicha Comisión realizará y divulgará estudios e investigaciones sobre las emisiones radioeléctricas y sus efectos y cómo las restricciones a las emisiones, las medidas de protección sanitaria y los controles establecidos preservan la salud de las personas, así como, a la vista de dichos estudios e investigaciones, realizará propuestas y sugerirá líneas de mejora en las medidas y controles a realizar.

De la Comisión formarán parte en todo caso el Ministerio de Asuntos Económicos y Transformación Digital, el Ministerio de Sanidad y el Instituto de Salud Carlos III y una representación de las Comunidades Autónomas.

Dicha Comisión contará con un grupo asesor o colaborador en materia de radiofrecuencias y salud, con participación de Comunidades Autónomas, de la asociación de entidades locales de ámbito estatal con mayor implantación y un grupo de expertos independientes, sociedades científicas y representantes de los ciudadanos, para hacer evaluación y seguimiento periódico de la prevención y protección de la salud de la población en relación con las emisiones radioeléctricas, proponiendo estudios de investigación, medidas consensuadas de identificación, elaboración de registros y protocolos de atención al ciudadano.

La creación y el funcionamiento tanto de la Comisión como del grupo asesor se atenderán con los medios personales, técnicos y presupuestarios actuales asignados a los Ministerios y demás Administraciones participantes, sin incremento en el gasto público.

Disposición adicional decimotercera. Parámetros y requerimientos técnicos esenciales para garantizar el funcionamiento de las distintas redes y servicios de comunicaciones electrónicas.

Los parámetros y requerimientos técnicos esenciales que son indispensables para garantizar el funcionamiento de las redes y servicios de comunicaciones electrónicas se establecerán mediante real decreto aprobado en Consejo de Ministros.

Disposición adicional decimocuarta. Cooperación en la promoción de contenidos lícitos en redes y servicios de comunicaciones electrónicas.

Las autoridades competentes podrán promover la cooperación entre los operadores de redes o servicios de comunicaciones electrónicas y los sectores interesados en la promoción de contenidos lícitos en dichas redes y servicios.

Disposición adicional decimoquinta. Garantía de los derechos digitales.

Lo dispuesto en esta ley será sin perjuicio de la aplicación de las medidas que en materia de garantía de los derechos digitales se establecen en el Reglamento (UE) 2016/679, del Parlamento Europeo y del Consejo, de 27 de abril de 2016 y en el título X de la Ley Orgánica 3/2018, de 5 de diciembre, de Protección de Datos Personales y garantía de los derechos digitales.

Disposición adicional decimosexta. Políticas de impulso de los derechos digitales.

El Gobierno, en colaboración con las Comunidades Autónomas, elaborará un Plan de Acceso a Internet con los siguientes objetivos:

a) superar las brechas digitales y garantizar el acceso a internet de los colectivos vulnerables o con necesidades especiales y de entornos familiares y sociales económicamente desfavorecidos;
b) impulsar la existencia de espacios de conexión de acceso público y
c) fomentar medidas educativas que promuevan la formación en competencias y habilidades digitales básicas de las personas y colectivos en riesgo de exclusión digital y la capacidad de todas las personas para realizar un uso autónomo y responsable de internet y de las tecnologías digitales.

Disposición adicional decimoséptima. Coordinación de las ayudas públicas a la banda ancha y al desarrollo de la economía y empleo digitales y nuevos servicios digitales.

Por real decreto se identificarán los órganos competentes y se establecerán los procedimientos de coordinación entre Administraciones y Organismos públicos, en relación con las ayudas públicas a la banda ancha, cuya convocatoria y otorgamiento deberá respetar en todo caso el marco comunitario y los objetivos estipulados en el artículo 3 y en relación con el fomento de la I + D + I y a las actuaciones para el desarrollo de la economía, el empleo digital y todos los nuevos servicios digitales que las nuevas redes de alta y muy alta capacidad permiten, garantizando la cohesión social y territorial.

Disposición adicional decimoctava. Publicación de actos.
Los actos que formen parte de las distintas fases de los procedimientos que tramite el Ministerio de Asuntos Económicos y Transformación Digital y la Comisión Nacional de los Mercados y la Competencia en el ejercicio de las competencias y funciones asignadas en las materias a que se refiere la presente ley se podrán publicar en el «Boletín Oficial del Estado», de conformidad con lo previsto en el artículo 45 y disposición adicional tercera de la Ley 39/2015, de 1 de octubre, del Procedimiento Administrativo Común de las Administraciones Públicas. En particular, todas aquellas resoluciones, actos administrativos o actos de trámite dictados por el Ministerio de Asuntos Económicos y Transformación Digital y la Comisión Nacional de los Mercados y la Competencia en el ejercicio de las competencias y funciones asignadas en las materias a que se refiere la presente ley y que pudieran tener por destinatario a una pluralidad indeterminada de personas o cuando estime que la notificación efectuada a un solo interesado es insuficiente para garantizar la notificación a todos, deberán ser publicados en el «Boletín Oficial del Estado», de conformidad con lo previsto en el artículo 45.1.a) de la Ley 39/2015, de 1 de octubre.

Disposición adicional decimonovena. Estaciones radioeléctricas de radioaficionado.
En la instalación de estaciones radioeléctricas de radioaficionado se aplicará lo establecido en el primer párrafo del artículo 49.9, sin perjuicio de la aplicación de la Ley 19/1983, de 16 de noviembre, sobre regulación del derecho a instalar en el exterior de los inmuebles las antenas de las estaciones radioeléctricas de aficionados, y su normativa de desarrollo.

Disposición adicional vigésima. Prestación de determinados servicios a los que se refiere el artículo 43.
La Dirección General de la Marina Mercante asume la prestación de los servicios de seguridad de la vida humana en el mar subsumibles bajo el artículo 43.1.

Disposición adicional vigésima primera. Comunicación al Registro de operadores de los prestadores del servicio de comunicaciones electrónicas interpersonales independientes de la numeración disponible al público.
Los operadores que estén prestando el servicio de comunicaciones electrónicas interpersonales independientes de la numeración disponible al público dispondrán del plazo de dos meses a contar desde la entrada en vigor de esta ley para efectuar la comunicación al Registro de operadores a que se refiere el

artículo 6.6.

En la comunicación se deberá proporcionar la siguiente información mínima:

a) nombre y apellidos o, en su caso, denominación o razón social y nacionalidad del operador;

b) datos de inscripción en el registro mercantil u otro registro público similar en el que figure el operador y número de identificación fiscal;

c) domicilio social y el señalado a los efectos de notificaciones;

d) el sitio web del proveedor, de haberlo, asociado al suministro de servicios de comunicaciones electrónicas;

e) nombre, apellidos, número de documento nacional de identidad o pasaporte de su representante y de la persona responsable a los efectos de notificaciones, incluyendo, respecto a esta última, la dirección de correo electrónico y número de teléfono móvil para poder recibir los avisos de puesta a disposición de las notificaciones que le sean enviadas;

f) una exposición sucinta de los servicios que suministra.

Disposición adicional vigésima segunda. Comunicación al Ministerio de Asuntos Económicos y Transformación Digital de los puntos de intercambio de internet (IXP).

Los titulares y gestores de los puntos de intercambio de internet (IXP) ubicados en territorio español dispondrán del plazo de dos meses a contar desde la entrada en vigor de esta ley para efectuar la comunicación al Ministerio de Asuntos Económicos y Transformación Digital a que se refiere el artículo 6.8.

En la comunicación se deberá proporcionar la siguiente información mínima:

a) nombre y apellidos o, en su caso, denominación o razón social y nacionalidad del titular y del gestor del punto de intercambio de internet (IXP);

b) datos de inscripción en el registro mercantil u otro registro público similar en el que figure el titular y el gestor del punto de intercambio de internet (IXP) y número de identificación fiscal;

c) domicilio social y el señalado a los efectos de notificaciones;

d) el sitio web del titular y del gestor del punto de intercambio de internet (IXP), de haberlo;

e) nombre, apellidos, número de documento nacional de identidad o pasaporte de su representante y de la persona responsable a los efectos de notificaciones, incluyendo, respecto a esta última la dirección de correo electrónico y número de teléfono móvil para poder recibir los avisos de puesta a disposición de las notificaciones que le sean enviadas;

f) ubicación de cada uno de los puntos de intercambio de internet (IXP) de los que sea titular o gestor y una exposición sucinta de sus principales características técnicas.

Disposición adicional vigésima tercera. Comunicación al Ministerio de Asuntos Económicos y Transformación Digital de los cables submarinos.
Los titulares y gestores de cables submarinos cuyo enganche, acceso o interconexión a redes de comunicaciones electrónicas se produce en territorio español, dispondrán del plazo de dos meses a contar desde la entrada en vigor de esta ley para efectuar la comunicación a que se refiere el artículo 6.9.
En la comunicación se deberá proporcionar la siguiente información mínima:
a) nombre y apellidos o, en su caso, denominación o razón social y nacionalidad del titular y del gestor del cable submarino;
b) datos de inscripción en el registro mercantil u otro registro público similar en el que figure el titular y el gestor del cable submarino y número de identificación fiscal;
c) domicilio social y el señalado a los efectos de notificaciones;
d) el sitio web del titular y del gestor del cable submarino, de haberlo;
e) nombre, apellidos, número de documento nacional de identidad o pasaporte de su representante y de la persona responsable a los efectos de notificaciones, incluyendo, respecto a esta última, la dirección de correo electrónico y número de teléfono móvil para poder recibir los avisos de puesta a disposición de las notificaciones que le sean enviadas;
f) una exposición sucinta del trazado del cable submarino y de sus principales características técnicas y, en particular, del lugar en el que se produce el enganche, acceso o interconexión a redes de comunicaciones electrónicas ubicadas en territorio español.

Disposición adicional vigésima cuarta. Reconversión de la infraestructura de los teléfonos públicos de pago.
Las infraestructuras de los teléfonos públicos de pago se podrán reconvertir o utilizar como puntos de conectividad para la prestación, entre otros, de los siguientes servicios:
a) puntos de conexión a internet;
b) teléfono de emergencias;
c) punto de envío y recogida de paquetería.

Disposición adicional vigésima quinta. Datos del Registro de operadores puestos a disposición del ORECE.
Los datos correspondientes a las notificaciones efectuadas al Registro de operadores que hayan sido inscritos entre el 21 de diciembre de 2020 y la entrada en vigor de esta ley deberán ponerse a disposición del ORECE a la mayor brevedad posible.

Disposición adicional vigésima sexta. Reasignación de recursos.
Los órganos y organismos de la Administración General del Estado podrán ejercer las funciones que en la presente ley se les atribuyen con sus recursos

disponibles sin necesidad de requerir dotaciones presupuestarias adicionales.

Disposición adicional vigésima séptima. Adaptación de la contratación con los usuarios finales por los operadores de comunicaciones electrónicas.
1. Los operadores de comunicaciones electrónicas dispondrán de un plazo de dos meses a contar desde la entrada en vigor de esta ley para adaptar su operativa y el contenido de los contratos a formalizar con los usuarios finales a lo establecido en el capítulo IV del título III y demás disposiciones de esta ley.
2. Los operadores de comunicaciones electrónicas dispondrán de un plazo de cuatro meses a contar desde la entrada en vigor de esta ley para modificar los contratos formalizados con los usuarios finales para adaptarlos a lo establecido en el capítulo IV del título III y demás disposiciones de esta ley o, en su caso, y a petición expresa de los usuarios, proceder a su rescisión en los términos indicados en el artículo 67.8.

Disposición adicional vigésima octava. Creación de la Comisión interministerial para la agilización de los mecanismos de colaboración entre administraciones públicas para la instalación y explotación de las redes públicas de comunicaciones electrónicas.
Mediante real decreto se regulará la composición, organización y funciones de la Comisión Interministerial para la agilización de los mecanismos de colaboración entre Administraciones públicas para la instalación y explotación de las redes públicas de comunicaciones electrónicas, cuya misión es el impulso de la resolución ágil y eficiente de las solicitudes de ocupación del dominio público y la propiedad privada presentadas por los operadores ante las diferentes Administraciones públicas al amparo del artículo 49 de la presente ley, garantizando el cumplimiento de los plazos legalmente establecidos y minimizando los retrasos y las incidencias asociadas a la tramitación y resolución de dichas solicitudes de ocupación. De la Comisión Interministerial formarán parte en todo caso el Ministerio de Asuntos Económicos y Transformación Digital, el Ministerio de Transportes, Movilidad y Agenda Urbana y el Ministerio para la Transición Ecológica y el Reto Demográfico.

Disposición adicional vigésima novena. Beneficios fiscales aplicables al evento «Año Santo Jubilar San Isidro Labrador».
1. La celebración del «Año Santo Jubilar San Isidro Labrador» tendrá la consideración de acontecimiento excepcional de interés público a los efectos de lo dispuesto en el artículo 27 de la Ley 49/2002, de 23 de diciembre, de régimen fiscal de las entidades sin fines lucrativos y de los incentivos fiscales al mecenazgo.
2. La duración del programa de apoyo a este acontecimiento abarcará desde la entrada en vigor de la presente ley al 15 de mayo de 2023.
3. La certificación de la adecuación de los gastos realizados a los objetivos y

planes del programa se efectuará de conformidad con lo dispuesto en la citada Ley 49/2002, de 23 de diciembre.
4. Las actuaciones a realizar serán las que aseguren el adecuado desarrollo del acontecimiento. El desarrollo y concreción en planes y programas de actividades específicas se realizarán por el órgano competente de conformidad con lo dispuesto en el citada Ley 49/2002, de 23 de diciembre.
5. Los beneficios fiscales de este programa serán los máximos establecidos en el artículo 27.3 de la citada Ley 49/2002, de 23 de diciembre.

Disposición adicional trigésima. Universalización del acceso a internet a una velocidad mínima de 100 Mbit por segundo.
El Gobierno desarrollará las medidas adecuadas que tengan como objetivo lograr en el plazo de un año a contar desde la entrada en vigor de esta ley la universalización del acceso a internet de banda ancha a una velocidad mínima de 100 Mbit por segundo en sentido descendente y, adicionalmente, que dicho acceso se produzca a unos precios asequibles para los ciudadanos, con independencia de su localización geográfica, en aras de impulsar la cohesión social y territorial mediante el despliegue de las más modernas redes de telecomunicaciones que posibilite el acceso de los ciudadanos a los más diversos y necesarios servicios, cada vez más básicos y esenciales, que se prestan a través de estas redes, como el teletrabajo, la telemedicina o la enseñanza online, y con ello fortalecer la vertebración social y territorial, coadyuvando al objetivo de afrontar el reto demográfico y de ayudar a la fijación de la población en el territorio, combatiendo la despoblación rural.

Disposición transitoria primera. Normativa anterior a la entrada en vigor de esta ley. Las normas reglamentarias en materia de telecomunicaciones vigentes con anterioridad a la entrada en vigor de la presente ley o dictadas en desarrollo de la Ley 32/2003, de 3 de noviembre, General de Telecomunicaciones o de la Ley 9/2014, de 9 de mayo, General de Telecomunicaciones, continuarán vigentes en lo que no se opongan a esta ley, hasta que se apruebe su normativa de desarrollo.

Disposición transitoria segunda. Adaptación de los títulos habilitantes del uso del dominio público radioeléctrico.
1. Los títulos habilitantes del uso del dominio público radioeléctrico otorgados con anterioridad a la entrada en vigor de la presente ley quedan automáticamente adaptados al régimen jurídico establecido en ésta, a excepción de su duración, que será la establecida en el título original o sus modificaciones.
2. Los títulos habilitantes del uso privativo del dominio público radioeléctrico con limitación de número otorgados mediante procedimientos de licitación y cuyo otorgamiento siga siendo con limitación de número podrán ver ampliada su duración hasta un plazo total de cuarenta años, incluidas prórrogas y

modificaciones, si bien la ampliación de plazo no podrá en ningún caso ser superior a los diez años adicionales a la duración actual del título habilitante, incluidas prórrogas y modificaciones. Asimismo, estos títulos habilitantes podrán ser objeto de renovación en los términos indicados en el artículo 94.7.

Esta adaptación en los plazos de duración y en la posible renovación de los títulos habilitantes mencionados se aprobará mediante orden de la persona titular del Ministerio de Asuntos Económicos y Transformación Digital, en la que se tendrán en cuenta las circunstancias particulares de cada banda de frecuencias y de cada título habilitante, incluidas sus modificaciones, previa solicitud del titular del título habilitante, que deberá ser presentada en el plazo de dos meses a contar desde la entrada en vigor de esta ley.

En la tramitación de la orden ministerial se evacuará un trámite de audiencia con el titular solicitante y se dará a todas las partes interesadas la oportunidad de manifestar su punto de vista a través de un procedimiento público de consulta conforme con lo dispuesto en la disposición adicional décima. Asimismo, se solicitará el informe previo de la Comisión Nacional de los Mercados y la Competencia e informe de la Abogacía del Estado.

Disposición transitoria tercera. Condiciones ligadas a las concesiones de uso de dominio público radioeléctrico.

Las condiciones ligadas a los títulos habilitantes para la explotación de redes o prestación de servicios de telecomunicaciones que implicaran el uso del dominio público radioeléctrico y que se hubieran otorgado con anterioridad a la entrada en vigor de la presente ley a través de procedimientos de licitación pública, ya estuvieran previstas en los pliegos reguladores de las licitaciones o en la oferta del operador, pasan a estar ligadas a las concesiones de uso privativo de dominio público radioeléctrico.

Disposición transitoria cuarta. Registro de operadores.

El Registro de operadores regulado en el artículo 7 mantiene su continuidad respecto del Registro de operadores regulado en el artículo 7 de la Ley 9/2014, de 9 de mayo, General de Telecomunicaciones, de manera que los datos inscritos en este pasarán a formar parte del registro regulado en esta ley.

Disposición transitoria quinta. Prestación transitoria del servicio universal.

Telefónica de España, S.A.U. seguirá encargándose de la prestación de los elementos de servicio universal relativos al suministro de la conexión a la red pública de comunicaciones electrónicas y a la prestación del servicio telefónico disponible al público en las mismas condiciones establecidas en la Orden ECE/1280/2019, de 26 de diciembre, por la que se designa a dicho operador como encargado de la prestación citada, hasta que finalice el plazo para el que fue designado o se proceda a efectuar una nueva designación de operador u operadores encargados de la prestación de los servicios incluidos en el servicio universal conforme al régimen jurídico instaurado por la presente ley y su normativa de desarrollo.

Disposición transitoria sexta. Planes de precios del servicio universal.
En tanto no se determine reglamentariamente, el abono social a los servicios de comunicaciones vocales a través de una conexión subyacente en una ubicación fija, el plan de precios aplicable a abonados invidentes o con graves dificultades visuales y el plan de precios aplicable a usuarios sordos o con graves dificultades auditivas estarán definidos por los supuestos, requisitos y condiciones establecidos en el apartado 4 del anexo del Acuerdo de la Comisión Delegada del Gobierno para Asuntos Económicos de 25 de enero de 2007, publicado por Orden PRE/531/2007, de 5 de marzo, por el que se aprueban las condiciones para garantizar la asequibilidad de las ofertas aplicables a los servicios incluidos en el servicio universal, y el Acuerdo de la Comisión Delegada del Gobierno para Asuntos Económicos de 13 de mayo de 2010, por el que se modifica el umbral de renta familiar que da acceso al abono social, publicado por la Orden PRE/1619/2010, de 14 de junio.

Disposición transitoria séptima. Régimen transitorio para la fijación de las tasas establecidas en el anexo I de esta ley.
Hasta que por la Ley de Presupuestos Generales del Estado se fijen las cuantías de la tasa prevista en el apartado 4 del anexo I, se aplicarán las siguientes:
a) por la expedición de certificaciones registrales, 43,80 euros;
b) por la expedición de certificaciones de presentación a la administración de las telecomunicaciones del proyecto técnico de infraestructuras comunes de telecomunicaciones, el acta de replanteo, el boletín de instalación y el protocolo de pruebas y, en su caso, el certificado de fin de obra y sus anexos, 43,80 euros;
c) por la expedición de certificaciones de cumplimiento de especificaciones técnicas de equipos de telecomunicación, 345,65 euros;
d) por cada acto de inspección previa o comprobación técnica efectuado, 363,42 euros;
e) por la presentación de cada certificación expedida por técnico competente sustitutiva del acto de inspección previa, 90,67 euros;
f) por la tramitación de concesión demanial o autorización para el uso privativo o de autorización general para el uso especial del dominio público radioeléctrico, 70,53 euros;
g) por la tramitación de la autorización individual para el uso especial del dominio público radioeléctrico, 114,36 euros;
h) por la presentación a los exámenes de capacitación para operar estaciones de radioaficionado, 23,67 euros;
i) por inscripción en el registro de empresas instaladoras de telecomunicación, 107,72;
j) por la solicitud y emisión del dictamen técnico de evaluación de la

conformidad de equipos de telecomunicación, 356,30 euros.

Disposición derogatoria única. Derogación normativa.
Sin perjuicio de lo dispuesto en las disposiciones transitorias, quedan derogadas las siguientes disposiciones:
a) la Ley 9/2014, de 9 mayo, General de Telecomunicaciones, a excepción de su disposición adicional decimosexta y las disposiciones transitorias séptima, novena y duodécima. No obstante, la derogación de las disposiciones finales primera, segunda, tercera, cuarta, quinta y séptima de la Ley 9/2014, de 9 de mayo, no afectará a los contenidos de las normas legales modificadas por las mismas, que se mantienen en sus términos actualmente vigentes;
b) la disposición adicional tercera de la Ley 12/2012, de 26 de diciembre, de medidas urgentes de liberalización del comercio y de determinados servicios;
c) igualmente, quedan derogadas cuantas otras disposiciones de igual o inferior rango se opongan a lo dispuesto en esta ley.

Disposición final primera. Modificación de la Ley 39/2015, de 1 de octubre, del Procedimiento Administrativo Común de las Administraciones Públicas.
Se introducen las siguientes modificaciones en la Ley 39/2015, de 1 de octubre, del Procedimiento Administrativo Común de las Administraciones Públicas:
Uno.   El artículo 9.2.c) queda redactado como sigue:
«c) Cualquier otro sistema que las Administraciones públicas consideren válido en los términos y condiciones que se establezca, siempre que cuenten con un registro previo como usuario que permita garantizar su identidad y previa comunicación a la Secretaría General de Administración Digital del Ministerio de Asuntos Económicos y Transformación Digital. Esta comunicación vendrá acompañada de una declaración responsable de que se cumple con todos los requisitos establecidos en la normativa vigente. De forma previa a la eficacia jurídica del sistema, habrán de transcurrir dos meses desde dicha comunicación, durante los cuales el órgano estatal competente por motivos de seguridad pública podrá acudir a la vía jurisdiccional, previo informe vinculante de la Secretaría de Estado de Seguridad, que deberá emitir en el plazo de diez días desde su solicitud.»
Dos. El artículo 10.2.c) queda redactado como sigue:
«c) Cualquier otro sistema que las Administraciones públicas consideren válido en los términos y condiciones que se establezca, siempre que cuenten con un registro previo como usuario que permita garantizar su identidad y previa

comunicación a la Secretaría General de Administración Digital del Ministerio de Asuntos Económicos y Transformación Digital. Esta comunicación vendrá acompañada de una declaración responsable de que se cumple con todos los requisitos establecidos en la normativa vigente. De forma previa a la eficacia jurídica del sistema, habrán de transcurrir dos meses desde dicha comunicación, durante los cuales el órgano estatal competente por motivos de seguridad pública podrá acudir a la vía jurisdiccional, previo informe vinculante de la Secretaría de Estado de Seguridad, que deberá emitir en el plazo de diez días desde su solicitud.»

Tres. Se añade una nueva disposición adicional séptima que queda redactada como sigue:

«Disposición adicional séptima.

La Secretaría General de Administración Digital del Ministerio de Asuntos Económicos y Transformación Digital informará a la Conferencia Sectorial para asuntos de Seguridad Nacional de las resoluciones denegatorias de la autorización prevista en los artículos 9.2.c) y 10.2.c) de esta ley, que, en su caso, se hayan dictado en el plazo máximo de tres meses desde la adopción de la citada resolución.»

Disposición final segunda. Títulos competenciales.

Esta ley se dicta al amparo de la competencia exclusiva estatal en materia de telecomunicaciones, prevista en el artículo 149.1.21.ª de la Constitución. Asimismo, las disposiciones de la ley dirigidas a garantizar la unidad de mercado en el sector de las telecomunicaciones, se dictan al amparo del artículo 149.1.1.ª de la Constitución, sobre regulación de las condiciones básicas que garanticen la igualdad de todos los españoles en el ejercicio de los derechos y en el cumplimiento de los deberes constitucionales y del artículo 149.1.13.ª de la Constitución, sobre bases y coordinación de la planificación general de la actividad económica. Por último, las disposiciones del título VIII se dictan al amparo de la competencia exclusiva estatal en materia de hacienda general, prevista en el artículo 149.1.14.ª de la Constitución.

Disposición final tercera. Regulación de las condiciones en que los órganos o entes gestores de infraestructuras de transporte de competencia estatal permitirán la ocupación del dominio público que gestionan y de la propiedad privada de que son titulares.

A los efectos de lo previsto en los artículos 44 y 45, mediante real decreto acordado en Consejo de Ministros, a propuesta conjunta del Ministerio de Asuntos Económicos y Transformación Digital y del Ministerio de Transportes, Movilidad y Agenda Urbana, se determinarán las condiciones en que los órganos o entes gestores de infraestructuras de transporte de competencia estatal deben permitir el ejercicio del derecho de ocupación del dominio público que gestionan y de la propiedad privada de que son titulares, por los operadores de redes públicas y servicios de comunicaciones electrónicas disponibles al público bajo los principios del acceso efectivo a dichos bienes, la reducción de cargas, y la simplificación administrativa, en condiciones equitativas, no discriminatorias, objetivas y neutrales.

Disposición final cuarta. Incorporación de derecho de la Unión Europea.
1. Mediante esta ley se incorporan al derecho español las siguientes Directivas:
a) Directiva 2018/1972, de 11 de diciembre de 2018, del Parlamento Europeo y del Consejo, por la que se establece el Código Europeo de las Comunicaciones Electrónicas.
b) Directiva 2014/61/UE, del Parlamento Europeo y del Consejo, de 15 de mayo de 2014, relativa a medidas para reducir el coste del despliegue de las redes de comunicaciones electrónicas de alta velocidad.
c) Directiva 2014/53/UE, del Parlamento Europeo y del Consejo, de 16 de abril de 2014, relativa a la armonización de las legislaciones de los Estados miembros sobre la comercialización de equipos radioeléctricos, y por la que se deroga la Directiva 1999/5/CE.
d) Directiva 2014/30/UE, del Parlamento Europeo y del Consejo, de 26 de febrero de 2014, sobre la armonización de las legislaciones de los Estados miembros en materia de compatibilidad electromagnética.
e) Directiva 2002/58/CE, del Parlamento Europeo y del Consejo, de 12 de julio de 2002, relativa al tratamiento de los datos personales y a la protección de la intimidad en el sector de las comunicaciones electrónicas (Directiva sobre la privacidad y las comunicaciones electrónicas).
2. Mediante esta ley se adoptan medidas para la ejecución o aplicación de los siguientes Reglamentos:
a) Reglamento (UE) 531/2012, del Parlamento Europeo y del Consejo, de 13 de junio de 2012, relativo a la itinerancia en las redes públicas de comunicaciones móviles en la Unión.
b) Reglamento (UE) 2015/2120, del Parlamento Europeo y del Consejo, de 25 de noviembre de 2015, por el que se establecen medidas en relación con el acceso a una internet abierta y tarifas al por menor para comunicaciones intracomunitarias reguladas y se modifican la Directiva 2002/22/CE y el Reglamento (UE) 531/2012.

Disposición final quinta. Habilitación para el desarrollo reglamentario.
Se habilita al Gobierno y a la persona titular del Ministerio de Asuntos Económicos y Transformación Digital, en el ámbito de sus respectivas competencias, para el desarrollo y ejecución de lo dispuesto en esta ley.

Disposición final sexta. Entrada en vigor.
1. La presente ley entrará en vigor el día siguiente al de su publicación en el «Boletín Oficial del Estado», salvo lo dispuesto en el apartado siguiente.
2. El derecho de los usuarios finales a no recibir llamadas no deseadas con fines de comunicación comercial contemplado en el artículo 66.1.b) entrará en vigor en el plazo de un año a contar desde la publicación de la presente ley en el «Boletín Oficial del Estado». Hasta ese momento, los usuarios finales de los servicios de comunicaciones interpersonales disponibles al público basados en la numeración podrán seguir ejercitando el derecho a oponerse a recibir llamadas no deseadas con fines de comunicación comercial que se efectúen mediante sistemas distintos de los establecidos en el artículo 66.1.a) y a ser informados de este derecho.

Por tanto,

Mando a todos los españoles, particulares y autoridades, que guarden y hagan guardar esta ley. Madrid, 28 de junio de 2022.

FELIPE R.
El Presidente del Gobierno,
PEDRO SÁNCHEZ PÉREZ-CASTEJÓN

ANEXO I. TASAS EN MATERIA DE TELECOMUNICACIONES. COEFICIENTE

1. Tasa general de operadores

1. Hecho imponible. Constituye el hecho imponible de la tasa general de operadores la prestación de servicios y realización de actividades por la Secretaría de Estado de Telecomunicaciones e Infraestructuras Digitales y por la Comisión Nacional de los Mercados y la Competencia en aplicación del régimen jurídico establecido en esta ley.
2. Sujetos pasivos. Tendrán la consideración de sujetos pasivos de la tasa los operadores inscritos en el Registro general de operadores a que se refiere el artículo 7 obligados a satisfacer la tasa anual de acuerdo con lo establecido en el apartado 6.
3. Base imponible. Constituye la base imponible de la tasa los ingresos brutos de explotación que obtenga el operador obligado derivados del suministro de las redes y la prestación de los servicios de comunicaciones electrónicas incluidos en el ámbito de aplicación de esta ley. A tales efectos, no se considerarán como ingresos brutos los correspondientes a servicios prestados por un operador cuyo importe recaude de los usuarios con el fin de remunerar los servicios de operadores que suministren redes o presten servicios de comunicaciones electrónicas.

4. Tipo impositivo. El tipo impositivo no podrá exceder el 1 por mil de los ingresos brutos de explotación de los operadores obligados al pago.
5. Devengo. La tasa se devengará el 31 de diciembre de cada año. No obstante, si por causa imputable al operador, este perdiera la habilitación para actuar como tal en fecha anterior al 31 de diciembre, la tasa se devengará en la fecha en que esta circunstancia se produzca.
Los operadores de comunicaciones electrónicas obligados a satisfacer la tasa anual de acuerdo con lo establecido en el apartado 6 estarán obligados a presentar una declaración anual de sus ingresos brutos de explotación, en el plazo de seis meses desde la fecha de devengo de la tasa.
6. Obligados al pago de la tasa. Los operadores que obtengan por el suministro de redes o la prestación de servicios de comunicaciones electrónicas unos ingresos brutos de explotación anuales superiores a 1 millón de euros estarán obligados a satisfacer la tasa general de operadores, cuyo importe no podrá exceder el 1 por mil de sus ingresos brutos de explotación, como se señala en el apartado 4.
7. Objeto de la tasa. Los gastos a sufragar son los que se generen, incluidos los de gestión, control y ejecución, por la aplicación del régimen jurídico establecido en esta ley, por las autoridades públicas competentes específicas en materia de telecomunicaciones a que se refiere el artículo 98. En concreto, los gastos a sufragar serán los gastos de personal y gastos corrientes en que incurran la Secretaría de Estado de Telecomunicaciones e Infraestructuras Digitales y la Comisión Nacional de los Mercados y la Competencia en el ejercicio de sus funciones directamente relacionadas con la aplicación del régimen jurídico establecido en esta ley, y en especial las funciones de regulación, supervisión, resolución de litigios e imposición de sanciones.
8. Mecanismo para el cálculo de la tasa. El importe de esta tasa anual no podrá exceder de los gastos que se generen, incluidos los de gestión, control y ejecución, por la aplicación del régimen jurídico establecido en esta ley, anteriormente referidos.
A tal efecto, la Comisión Nacional de los Mercados y la Competencia hará pública antes del 30 de abril de cada año una memoria que contenga los gastos de personal y gastos corrientes en que han incurrido la Secretaría de Estado de Telecomunicaciones e Infraestructuras Digitales y la Comisión Nacional de los Mercados y la Competencia en el ejercicio anterior por la aplicación del régimen jurídico establecido en esta ley.
La memoria contemplará, de forma separada, los gastos de personal y gastos corrientes en los que haya incurrido la Comisión Nacional de los Mercados y la Competencia por la aplicación del régimen jurídico establecido en esta ley, que servirán de base para fijar la asignación anual de la Comisión con cargo a los Presupuestos Generales del Estado y garantizar la suficiencia de recursos financieros de la Comisión para la aplicación de esta ley.
El importe de la tasa resultará de aplicar al importe de los gastos en que han

incurrido en el ejercicio anterior las autoridades públicas mencionadas que figura en la citada memoria, el porcentaje que individualmente representan los ingresos brutos de explotación de cada uno de los operadores de comunicaciones electrónicas obligados en el ejercicio anterior sobre el total de los ingresos brutos de explotación obtenidos en ese mismo ejercicio por los operadores de comunicaciones electrónicas.

9. Desarrollo reglamentario. Mediante real decreto se determinará el sistema para calcular los gastos de personal y gastos corrientes en que han incurrido la Secretaría de Estado de Telecomunicaciones e Infraestructuras Digitales y la Comisión Nacional de los Mercados y la Competencia en el ejercicio de sus funciones directamente relacionadas con la aplicación del régimen jurídico establecido en esta ley, el sistema de gestión para la liquidación de esta tasa y los plazos y requisitos que los operadores de comunicaciones electrónicas obligados a satisfacer la tasa anual de acuerdo con lo establecido en el apartado 1 deben cumplir para declarar a la Comisión Nacional de los Mercados y la Competencia el importe de sus ingresos brutos de explotación, con el objeto de que esta calcule el importe de la tasa que corresponde satisfacer a cada uno de los operadores de comunicaciones electrónicas.

Si la referida declaración de ingresos no se presentase en plazo, se formulará al sujeto pasivo requerimiento notificado con carácter fehaciente, a fin de que en el plazo de diez días hábiles presente la declaración. Si no lo hiciera, el órgano gestor le girará una liquidación provisional sobre los ingresos brutos de explotación determinados en régimen de estimación indirecta, conforme a lo dispuesto en el artículo 53 de la Ley 58/2003, de 17 de diciembre, General Tributaria, incluyendo, el importe de la sanción y los intereses de demora que procedan. Respecto de la imposición de la sanción se estará a lo dispuesto en la citada Ley General Tributaria.

2. Tasas por numeración

1. Constituye el hecho imponible de la tasa el otorgamiento de derechos de uso de números. Serán sujetos pasivos de la tasa las personas físicas o jurídicas beneficiarias de derechos de uso.

La tasa se devengará el 1 de enero de cada año, excepto la del período inicial, que se devengará en la fecha que se produzca el otorgamiento de los derechos de uso.

El procedimiento para su exacción se establecerá por real decreto. El importe de dicha exacción será el resultado de multiplicar la cantidad de números cuyos derechos de uso se hayan otorgado por el valor de cada uno de ellos, que podrá ser diferente en función de los servicios y planes correspondientes.

Con carácter general, el valor de cada número del Plan nacional de numeración para la fijación de la tasa por numeración, incluyendo a estos efectos los números empleados exclusivamente para la prestación de servicios de mensajes sobre redes telefónicas, será de 0,041 euros. A este valor se le aplicarán los coeficientes que se especifican en la siguiente tabla, para los rangos y servicios que se indican:

Coeficiente	Servicio	Rango (NXYA)	Longitud (cifras)
0	Servicios de interés social.	0XY, 112, 10YA	3 y 4
0	Servicios armonizados europeos de valor social.	116 A (A = 0 y 1)	6
0	Uso interno en el ámbito de cada operador.	12YA (YA= 00 - 19) 22YA	Indefinida
2	Mensajes sobre redes telefónicas.	2XYA (X != 2) 3XYA 79YA 99YA	5 y 6
3	Numeración corta y prefijos.	1XYA (X!=1) 50YA	4, 5 y 6
1	Numeración geográfica.	9XYA (X!=0) 8XYA (X!=0)	9
1	Numeración móvil.	6XYA 7XYA (X=1, 2, 3, 4)	9
1	Numeración nómada no geográfica.	5XYA (X=1)	9
1	Numeración de acceso a internet.	908A 909A	9
10	Tarifas especiales.	80YA (Y=0, 3, 6, 7) 90YA (Y=0, 1, 2, 5, 7)	9
10	Numeración personal.	70YA	9
30	Consulta telefónica sobre números de abonado.	118 A (A= 1 - 9)	5
2	Comunicaciones máquina a máquina.	590 A	13

Nota: En la columna correspondiente a la identificación de rango, las cifras NXYA representan las primeras 4 cifras del número marcado. Las cifras X, Y, A pueden tomar todos los valores entre 0 y 9, excepto en los casos que se indique otra cosa. El guion indica que las cifras referenciadas pueden tomar cualquier valor comprendido entre los mostrados a cada lado del mismo (estos incluidos).

El Plan nacional de numeración y sus disposiciones de desarrollo podrán introducir coeficientes a aplicar para los recursos de numeración que se atribuyan con posterioridad a la entrada en vigor de esta ley, siempre que aquellos no sobrepasen el valor de 30, exceptuando los supuestos en que se otorguen derechos de uso de números de 9 cifras a usuarios finales, en cuyo caso el valor máximo resultante de la tasa no podrá superar los 100 euros.

A los efectos del cálculo de esta tasa, se entenderá que todos los números del Plan nacional de numeración, y los empleados exclusivamente para la prestación de servicios de mensajes sobre redes telefónicas públicas, están formados por nueve dígitos. Cuando se otorguen derechos de uso de un número con menos dígitos, se considerará que se están otorgando derechos de uso para la totalidad de los números de nueve dígitos que se puedan formar manteniendo como parte inicial de éstos el número cuyos derechos de uso se otorgan. Cuando se otorguen derechos de uso de números de mayor longitud, se considerará que se están otorgando para la totalidad de los números de nueve dígitos que se puedan formar con las nueve primeras cifras de aquellos.

Asimismo, se establecen las siguientes tasas por numeración:

Tipo de número	Norma de referencia	Valor de cada código (euros)
Código de punto de señalización internacional (CPSI).	Recomendación UIT-T Q.708.	1.000
Código de punto de señalización nacional (CPSN).	Recomendación UIT-T Q.704.	10
Indicativo de red de datos (CIRD).	Recomendación UIT-T X.121.	1.000
Indicativo de red móvil Tetra (IRM).	Recomendación UIT-T E.218.	1.000
Código de operador de portabilidad (NRN).	Especificaciones técnicas de portabilidad.	1.000
Indicativo de red móvil (IRM).	Recomendación UIT-T E.212.	1.000

El valor de la tasa por numeración se fijará anualmente en la Ley de Presupuestos Generales del Estado.

2. No obstante lo dispuesto en el epígrafe anterior, en la fijación del importe a satisfacer por esta tasa se podrá tomar en consideración el valor de mercado del uso de los números cuyos derechos de uso se otorguen y la rentabilidad que de ellos pudiera obtener la persona o entidad beneficiaria, conforme a lo dispuesto en el artículo 30.

En este caso, en los supuestos de carácter excepcional en que así esté previsto en los planes nacionales o sus disposiciones de desarrollo y en los términos que en éstos se fijen, la cuantía anual de la tasa podrá sustituirse por la que resulte de un procedimiento de licitación en el que se fijará un valor inicial de referencia y el tiempo de duración del otorgamiento del derecho de uso. Si el valor de adjudicación de la licitación resultase superior a dicho valor de referencia, aquél constituirá el importe de la tasa.

3. Procederá la devolución del importe de la tasa por numeración que proporcionalmente corresponda, cuando se produzca la cancelación de la asignación de recursos de numeración a petición del interesado, durante el ejercicio anual que corresponda. Para ello, se seguirá el procedimiento establecido mediante real decreto.

4. El importe de los ingresos obtenidos por esta tasa se ingresará en el Tesoro Público y se destinará a la financiación de los gastos que soporte la Administración General del Estado en la gestión, control y ejecución del régimen jurídico establecido en esta ley.

3. Tasa por reserva del dominio público radioeléctrico

1. La reserva para uso privativo o para uso especial por operadores de cualquier frecuencia del dominio público radioeléctrico a favor de una o varias personas o entidades se gravará con una tasa anual, en los términos que se establecen en este apartado.

Para la fijación del importe a satisfacer en concepto de esta tasa por los sujetos obligados, se tendrá en cuenta el valor de mercado del uso de la frecuencia reservada y la rentabilidad que de él pudiera obtener el beneficiario.

Para la determinación del citado valor de mercado y de la posible rentabilidad obtenida por el beneficiario de la reserva se tomarán en consideración, entre otros, los siguientes parámetros:

a) el grado de utilización y congestión de las distintas bandas y en las distintas zonas geográficas;
b) el tipo de servicio para el que se pretende utilizar la reserva y, en particular, si este lleva aparejadas las obligaciones de servicio público recogidas en los artículos 40 y 43;
c) la banda o sub-banda del espectro que se reserve;
d) los equipos y tecnología que se empleen;
e) el valor económico derivado del uso o aprovechamiento del dominio público reservado.

2. El importe a satisfacer en concepto de esta tasa será el resultado de multiplicar la cantidad de unidades de reserva radioeléctrica del dominio público reservado por el valor en euros que se asigne a la unidad. En los territorios insulares, la superficie a aplicar para el cálculo de las unidades radioeléctricas que se utilicen para la determinación de la tasa correspondiente se calculará excluyendo la cobertura no solicitada que se extienda sobre la zona marítima. A los efectos de lo dispuesto en este apartado, se entiende por unidad de reserva radioeléctrica un patrón convencional de medida, referido a la ocupación potencial o real, durante el período de un año, de un ancho de banda de un kilohercio sobre un territorio de un kilómetro cuadrado.

3. La cuantificación de los parámetros anteriores se determinará por la Ley de Presupuestos Generales del Estado. La reducción del parámetro indicado en el párrafo b) del epígrafe 1 de este apartado de la tasa por reserva de dominio público radioeléctrico, que se determinará en la Ley de Presupuestos Generales del Estado, será de hasta el 75 por 100 del valor de dicho coeficiente para las redes y servicios de comunicaciones electrónicas que lleven aparejadas obligaciones de servicio público de los artículos 40 y 43, o para el dominio público destinado a la prestación de servicios públicos en gestión directa o indirecta mediante concesión administrativa.

Asimismo, en la ley a que se refiere el párrafo anterior se fijará:

a) la fórmula para el cálculo del número de unidades de reserva radioeléctrica de los distintos servicios radioeléctricos;
b) los tipos de servicios radioeléctricos;
c) el importe mínimo a ingresar en concepto de tasa por reserva del dominio público radioeléctrico.

4. El pago de la tasa deberá realizarse por el titular de la reserva de dominio público radioeléctrico. Las estaciones meramente receptoras que no dispongan de reserva radioeléctrica estarán excluidas del pago de la tasa. El importe de la exacción será ingresado en el Tesoro Público.

5. El importe de la tasa habrá de ser satisfecho anualmente. Se devengará inicialmente el día del otorgamiento del título habilitante para el uso del demanio y, posteriormente, el día 1 de enero de cada año.

6. El procedimiento de exacción se establecerá mediante real decreto.

Las notificaciones efectuadas para la gestión, liquidación y exacción de la tasa por reserva del dominio público radioeléctrico a los titulares de la reserva podrán practicarse por comparecencia electrónica, en los términos del artículo 43 de la Ley 39/2015, de 1 de octubre, de Procedimiento Administrativo Común de las Administraciones Públicas.

El impago del importe de la tasa podrá motivar la suspensión o la pérdida del derecho a la ocupación del dominio público radioeléctrico, salvo cuando, en el procedimiento de impugnación en vía administrativa o contencioso-administrativa interpuesto contra la liquidación de la tasa, se hubiese acordado la suspensión del pago.

7. Las Administraciones públicas estarán exentas del pago de esta tasa en los supuestos de reserva de dominio público radioeléctrico para la prestación de servicios obligatorios de interés general que tenga exclusivamente por objeto la seguridad nacional, la defensa nacional, la seguridad pública y las emergencias, así como cualesquiera otros servicios obligatorios de interés general sin contrapartida económica directa o indirecta, como tasas, precios públicos o privados, ni otros ingresos derivados de dicha prestación, tales como los ingresos en concepto de publicidad. A tal efecto, deberán solicitar, fundamentadamente, dicha exención al Ministerio de Asuntos Económicos y Transformación Digital. Asimismo, no estarán sujetos al pago los enlaces descendentes de comunicación audiovisual por satélite, tanto radiofónica como televisiva.

4. Tasas de telecomunicaciones

1. La gestión precisa para el otorgamiento de determinadas concesiones y autorizaciones, inscripciones registrales, emisión de certificaciones, realización de actuaciones obligatorias de inspección, emisión de dictámenes técnicos y la realización de exámenes darán derecho a la exacción de las tasas compensatorias del coste de los trámites y actuaciones necesarias, con arreglo a lo que se dispone en los párrafos siguientes.

2. Constituye el hecho imponible de la tasa la gestión precisa por la Administración para la expedición de certificaciones registrales; para la expedición de certificaciones de presentación a la administración de las telecomunicaciones del proyecto técnico de infraestructuras comunes de telecomunicaciones, el acta de replanteo, el boletín de instalación y el protocolo de pruebas y, en su caso, el certificado de fin de obra y sus anexos; para la expedición de certificaciones de cumplimiento de especificaciones técnicas de equipos de telecomunicación; la emisión de dictámenes técnicos de evaluación de la conformidad de equipos de telecomunicación; las inscripciones en el registro de empresas instaladoras de telecomunicación; las actuaciones inspectoras o de comprobación técnica que, con carácter obligatorio, vengan establecidas en esta ley o en otras disposiciones con rango legal; la presentación de certificaciones expedidas por técnico competente sustitutivas de dichas actuaciones inspectoras o de comprobación; la tramitación de concesiones demaniales o autorizaciones para el uso privativo del dominio público radioeléctrico; la tramitación de autorizaciones generales o individuales para el uso especial de dicho dominio y la realización de los exámenes de capacitación para operar estaciones de radioaficionado.

3. Serán sujetos pasivos de la tasa, según los supuestos, la persona natural o jurídica que solicite la correspondiente certificación registral; la que solicite la expedición de certificaciones de presentación a la administración de las telecomunicaciones del proyecto técnico de infraestructuras comunes de telecomunicaciones, el acta de replanteo, el boletín de instalación y el protocolo de pruebas y, en su caso, el certificado de fin de obra y sus anexos; la que solicite la emisión de dictámenes técnicos de evaluación de la conformidad de equipos de

telecomunicación; la que presente al registro de empresas instaladoras de telecomunicación la correspondiente declaración responsable; aquella a la que proceda practicar las actuaciones inspectoras de carácter obligatorio; la que presente certificaciones expedidas por técnico competente sustitutivas de dichas actuaciones inspectoras o de comprobación de carácter obligatorio; la que solicite la tramitación de concesiones demaniales o autorizaciones para el uso privativo del dominio público radioeléctrico o la tramitación de autorizaciones, generales o individuales, de uso especial del dominio público radioeléctrico; o la que se presente a los exámenes para la obtención del título de operador de estaciones de radioaficionado.

4. La cuantía de la tasa se establecerá en la Ley de Presupuestos Generales del Estado. La tasa se devengará en el momento de la solicitud correspondiente. El rendimiento de la tasa se ingresará en el Tesoro Público. Mediante real decreto se establecerá la forma de liquidación de la tasa.

La realización de pruebas o ensayos para comprobar el cumplimiento de especificaciones técnicas tendrá la consideración de precio público cuando aquellas puedan efectuarse por el interesado, opcionalmente, en centros dependientes de la Administración de cualquier Estado miembro de la Unión Europea, de la Administración española o en centros privados o ajenos a aquellas, cuando dichas pruebas sean solicitadas por el interesado voluntariamente sin que venga obligado a ello por la normativa en vigor.

5. Estarán exentos del pago de la tasa de tramitación de autorizaciones individuales para el uso especial de dominio público radioeléctrico por radioaficionados aquellos solicitantes de dichas autorizaciones que cumplan sesenta y cinco años en el año en que efectúen la solicitud, o que los hayan cumplido con anterioridad, así como los beneficiarios de una pensión pública o que tengan reconocido un grado de minusvalía igual o superior al 33 por 100.

5. Gestión y recaudación en período voluntario de las tasas

La Comisión Nacional de los Mercados y la Competencia gestionará y recaudará en período voluntario las tasas que se regulan en los apartados 1 y 2 de este anexo, así como las del apartado 4 que se recauden por la prestación de servicios que tenga encomendados la Comisión Nacional de los Mercados y la Competencia en el ámbito de las comunicaciones electrónicas, de acuerdo con lo previsto en esta ley.

Para el resto de supuestos, la gestión en periodo voluntario de las tasas corresponderá al Ministerio de Asuntos Económicos y Transformación Digital.

ANEXO II. DEFINICIONES

1. Abonado: cualquier persona física o jurídica que haya celebrado un contrato con un proveedor de servicios de comunicaciones electrónicas disponibles para el público para la prestación de dichos servicios.

2. Acceso: la puesta a disposición de otra empresa, en condiciones definidas y sobre una base exclusiva o no exclusiva, de recursos o servicios con fines de

prestación de servicios de comunicaciones electrónicas, incluyendo cuando se utilicen para el suministro de servicios de la sociedad de información o de servicios de contenidos de radiodifusión; incluye, entre otras cosas, el acceso a elementos de redes y recursos asociados que pueden requerir la conexión de equipos por medios fijos y no fijos (en particular, esto incluye el acceso al bucle local y a recursos y servicios necesarios para facilitar servicios a través del bucle local); el acceso a infraestructuras físicas, como edificios, conductos y mástiles; el acceso a sistemas informáticos pertinentes, incluidos los sistemas de apoyo operativos; el acceso a sistemas de información o bases de datos para prepedidos, suministros, pedidos, solicitudes de mantenimiento y reparación, y facturación; el acceso a la conversión del número de llamada o a sistemas con una funcionalidad equivalente; el acceso a redes fijas y móviles, en particular con fines de itinerancia; el acceso a sistemas de acceso condicional para servicios de televisión digital y el acceso a servicios de redes virtuales.

3. Acreditación en materia de equipos de telecomunicación: declaración por un organismo nacional de acreditación de que un organismo de evaluación de la conformidad cumple los requisitos fijados con arreglo a normas armonizadas y, cuando proceda, otros requisitos adicionales, incluidos los establecidos en los esquemas sectoriales pertinentes, para ejercer actividades específicas de evaluación de la conformidad.

4. Asignación de frecuencias: Autorización administrativa para que una estación radioeléctrica utilice una frecuencia o un canal radioeléctrico determinado en condiciones especificadas.

5. Atribución de frecuencias: la designación de una banda del espectro radioeléctrico para su uso por uno o más tipos de servicios de radiocomunicación, cuando proceda, en las condiciones que se especifiquen.

6. Bucle local o bucle de abonado de la red pública de comunicaciones electrónicas fija: el circuito físico que conecta el punto de terminación de la red a un dispositivo de distribución o instalación equivalente de la red pública de comunicaciones electrónicas fija.

7. Centro de proceso de datos (CPD): estructuras, o grupos de estructuras, dedicado al alojamiento, la interconexión y el funcionamiento centralizados de tecnologías de la información y equipos de red que proporcionan servicios de almacenamiento, procesamiento y transporte de datos junto con todas las instalaciones e infraestructuras para la distribución de energía y control ambiental.

8. Comercialización de equipos de telecomunicación: todo suministro de un equipo para su distribución, consumo o utilización en el mercado de la Unión en el transcurso de una actividad comercial, ya sea a cambio de pago o a título gratuito

9. Comunicación de emergencia: la emitida a través de los servicios de comunicación interpersonal entre un usuario final y el PSAP con el objeto de pedir y recibir ayuda de emergencia de los servicios de emergencia.

10. Comunicaciones intracomunitarias reguladas: cualquier servicio de comunicaciones interpersonales basadas en números que tenga su origen en el Estado miembro del operador nacional del consumidor y que termine en cualquier número fijo o móvil del plan nacional de numeración de otro Estado miembro, y que se cobre total o parcialmente en función del consumo real.

11. Consumidor: cualquier persona física que utilice o solicite un servicio de comunicaciones electrónicas disponible para el público para fines no profesionales, económicos o comerciales.

12. Dirección: cadena o combinación de cifras y símbolos que identifica los puntos de terminación específicos de una conexión y que se utiliza para encaminamiento.

13. Empresa instaladora de telecomunicación: persona física o jurídica que realice la instalación o el mantenimiento de equipos o sistemas de telecomunicación y que ha presentado la declaración responsable al Registro de empresas instaladoras de telecomunicación para el inicio de la actividad o está inscrita en el Registro de empresas instaladoras de telecomunicación.

14. Equipo avanzado de televisión digital: decodificadores para la conexión a televisores o televisores digitales integrados capaces de recibir servicios de televisión digital interactiva.

15. Equipo de telecomunicación: cualquier aparato o instalación fija que se utilice para la transmisión, emisión o recepción a distancia de signos, señales, escritos, imágenes, sonidos o informaciones de cualquier naturaleza por hilo, radioelectricidad, medios ópticos u otros sistemas electromagnéticos.

16. Equipo que presenta un riesgo: equipo que puede afectar negativamente a la salud y la seguridad de las personas en general, a la salud y la seguridad en el trabajo, a la protección de los consumidores, al medio ambiente, a la seguridad pública o a otros intereses públicos protegidos por la legislación de armonización de la Unión aplicable, en un grado que vaya más allá de lo que se considere razonable y aceptable en relación con su finalidad prevista o en las condiciones de uso normales o razonablemente previsibles del equipo en cuestión, incluida la duración de su utilización y, en su caso, los requisitos de su puesta en servicio, instalación y mantenimiento.

17. Equipo que presenta un riesgo grave: un equipo que presenta un riesgo para el que, sobre la base de una evaluación del riesgo y teniendo en cuenta el uso normal y previsible del equipo, se considere que la combinación de la probabilidad de que se produzca un peligro que cause un daño o perjuicio y su gravedad requiera una rápida intervención de las autoridades de vigilancia del mercado, incluidos los casos en que el riesgo no tenga efectos inmediatos.

18. Equipo radioeléctrico: cualquier aparato de telecomunicación que emite o recibe intencionadamente ondas radioeléctricas para fines de radiocomunicación o radiodeterminación, o el producto eléctrico o electrónico que debe ser completado con un accesorio, como una antena, para emitir o recibir intencionadamente ondas radioeléctricas para fines de radiocomunicación o

radiodeterminación.

19. Equipo terminal: el equipo conectado directa o indirectamente a la interfaz de una red pública de telecomunicaciones para transmitir, procesar o recibir información. En ambos casos (conexión directa o indirecta), la conexión podrá realizarse por cable, fibra óptica o vía electromagnética. La conexión será indirecta si se interpone un aparato entre el equipo terminal y la interfaz de la red pública. También se considerarán como equipos terminales los equipos de las estaciones terrenas de comunicación por satélite.

20. Especificación técnica: la especificación que figura en un documento que define las características necesarias de un producto, tales como los niveles de calidad o las propiedades de su uso, la seguridad, las dimensiones, los símbolos, las pruebas y los métodos de prueba, el empaquetado, el marcado y el etiquetado. Se incluyen dentro de la citada categoría las normas aplicables al producto en lo que se refiere a la terminología.

21. Espectro radioeléctrico: ondas electromagnéticas, cuya frecuencia se fija convencionalmente por debajo de 3.000 GHz, que se propagan por el espacio sin guía artificial.

22. Espectro radioeléctrico armonizado: el espectro radioeléctrico cuyas condiciones de disponibilidad y uso eficiente se han armonizado a través de una medida técnica de aplicación de conformidad con el artículo 4 de la Decisión 676/2002/CE.

23. Evaluación de la conformidad: proceso por el que se evalúa si un equipo de telecomunicación satisface los requisitos esenciales aplicables.

24. Incidente de seguridad: un hecho que tenga efectos adversos reales en la seguridad de las redes o servicios de comunicaciones electrónicas.

25. Infraestructura física: cualquier elemento de una red pensado para albergar otros elementos de una red sin llegar a ser un elemento activo de ella, como tuberías, mástiles, conductos, cámaras de acceso, bocas de inspección, distribuidores, edificios o entradas a edificios, instalaciones de antenas, torres y postes. Los cables, incluida la fibra oscura, así como los elementos de redes utilizados para el transporte de agua destinada al consumo humano, no son infraestructura física.

26. Información sobre la localización del llamante: en una red pública de telefonía móvil, los datos procesados, procedentes tanto de la infraestructura de la red como del terminal, que indican la posición geográfica del equipo terminal móvil de un usuario final y, en una red pública de telefonía fija, los datos sobre la dirección física del punto de terminación de la red.

27. Interconexión: un tipo particular de acceso entre operadores de redes públicas mediante la conexión física y lógica de las redes públicas de comunicaciones electrónicas utilizadas por una misma empresa o por otra distinta, de manera que los usuarios de una empresa puedan comunicarse con los usuarios de la misma empresa o de otra distinta, o acceder a los servicios prestados por otra empresa, donde dichos servicios se prestan por las partes

interesadas o por terceros que tengan acceso a la red.

28. Interfaz de programa de aplicación (API): la interfaz de software entre las aplicaciones externas, puesta a disposición por los radiodifusores o proveedores de servicios, y los recursos del equipo avanzado de televisión digital para los servicios de radio y televisión digital.

29. Interfaz en línea: todo programa informático, incluidos los sitios web, partes de sitios web o aplicaciones, explotado por un operador económico en materia de equipos de telecomunicación
o en su nombre, y que sirve para proporcionar a los consumidores acceso a los productos de dicho operador económico.

30. Interfaz radioeléctrica: Especificación del uso regulado del espectro radioeléctrico.

31. Interferencia perjudicial: una interferencia que suponga un riesgo para el funcionamiento de un servicio de radionavegación o de otros servicios de seguridad o que degrade gravemente, obstruya o interrumpa reiteradamente un servicio de radiocomunicación que funcione de conformidad con la normativa internacional, de la Unión Europea o nacional aplicable.

32. Introducción en el mercado de un equipo de telecomunicación: primera comercialización de un equipo en el mercado de la Unión Europea.

33. Itinerancia en la Unión Europea: el uso por un cliente itinerante de un dispositivo móvil para efectuar o recibir llamadas dentro de la Unión, o para enviar o recibir mensajes SMS dentro de la Unión o para usar comunicaciones de datos por conmutación de paquetes, cuando se encuentra en un Estado miembro distinto de aquel en que está ubicada la red del proveedor nacional, en virtud de acuerdos celebrados entre el operador de la red de origen y el operador de la red visitada.

34. Legislación de armonización de la Unión Europea en materia de equipos de telecomunicación: toda legislación de la Unión Europea que armonice las condiciones para la comercialización de los productos en su territorio.

35. Llamada: una conexión establecida por medio de un servicio de comunicaciones interpersonales disponible para el público que permita la comunicación de voz bidireccional.

36. Mercados transnacionales: los mercados que abarcan toda la Unión Europea o una parte importante de la misma situada en más de un Estado miembro.

37. Microempresa: empresa definida en los términos establecidos en el artículo 2 del anexo I del Reglamento (UE) n.º 651/2014 de la Comisión, de 17 de junio de 2014, por el que se declaran determinadas categorías de ayudas compatibles con el mercado interior en aplicación de los artículos 107 y 108 del Tratado.

38. Pequeña empresa: empresa definida en los términos establecidos en el artículo 2 del anexo I del Reglamento (UE) n.º 651/2014 de la Comisión, de 17 de junio de 2014, por el que se declaran determinadas categorías de ayudas

compatibles con el mercado interior en aplicación de los artículos 107 y 108 del Tratado.

39. Nombre: combinación de caracteres (cifras decimales, letras o símbolos) que se utiliza para identificar abonados, usuarios u otras entidades tales como elementos de red.

40. Número: cadena de cifras decimales que, entre otros, pueden representar un nombre o una dirección.

41. Número geográfico: el número identificado en un plan nacional de numeración que contiene en parte de su estructura un significado geográfico utilizado para el encaminamiento de las llamadas hacia la ubicación física del punto de terminación de la red.

42. Número no geográfico: el número identificado en un plan nacional de numeración que no sea número geográfico, tales como los números de teléfonos móviles, los de llamada gratuita y los de tarificación adicional.

43. Obras civiles: cada uno de los resultados de las obras de construcción o de ingeniería civil tomadas en conjunto que se basta para desempeñar una función económica o técnica e implica uno o más elementos de una infraestructura física.

44. Ondas radioeléctricas: Ondas electromagnéticas, cuya frecuencia se fija convencionalmente por debajo de 3.000 GHz, que se propagan por el espacio sin guía artificial.

45. Operador: persona física o jurídica que suministra redes públicas de comunicaciones electrónicas o presta servicios de comunicaciones electrónicas disponibles al público y ha notificado al Registro de operadores el inicio de su actividad o está inscrita en el Registro de operadores.

46. Operador con peso significativo en el mercado: operador que, individual o conjuntamente con otros, disfruta de una posición equivalente a una posición dominante, esto es, una posición de fuerza económica que permite que su comportamiento sea, en medida apreciable, independiente de los competidores, los clientes y, en última instancia, los consumidores.

47. Operador económico en materia de equipos de telecomunicación: el fabricante, el representante autorizado, el importador, el distribuidor, el prestador de servicios logísticos o cualquier otra persona física o jurídica sujeta a obligaciones en relación con la fabricación de productos, su comercialización o su puesta en servicio de conformidad con la legislación de armonización de la Unión Europea aplicable.

a) Distribuidor: toda persona física o jurídica de la cadena de suministro distinta del fabricante o el importador que comercializa un producto.

b) Fabricante: toda persona física o jurídica que fabrica un producto, o que manda diseñar o fabricar un producto y lo comercializa con su nombre o marca.

c) Importador: toda persona física o jurídica establecida en la Unión Europea que introduce un producto de un tercer país en el mercado de la Unión.

d) Prestador de servicios logísticos: toda persona física o jurídica que ofrezca, en el curso de su actividad comercial, al menos dos de los siguientes servicios:

almacenar, embalar, dirigir y despachar, sin tener la propiedad de los productos en cuestión y excluidos los servicios postales tal como se definen en el artículo 2, apartado 1, de la Directiva 97/67/CE del Parlamento Europeo y del Consejo, servicios de paquetería, tal como se definen en el artículo 2, apartado 2, del Reglamento UE) 2018/644 del Parlamento Europeo y del Consejo, y cualquier otro servicio postal o servicio de transporte de mercancías

e) Representante autorizado: toda persona física o jurídica establecida en la Unión Europea que ha recibido un mandato por escrito de un fabricante para actuar en su nombre en relación con tareas específicas relativas a obligaciones del fabricante conforme a la legislación aplicable.

48. Organismo de evaluación de la conformidad: organismo que desempeña actividades de evaluación de la conformidad.

49. Organismo nacional de acreditación en materia de equipos de telecomunicación: único organismo de un Estado miembro de la Unión Europea, designado de acuerdo a lo establecido en el Reglamento (UE) 765/2008, del Parlamento y del Consejo, de 9 de julio de 2008, por el que se establecen los requisitos de acreditación y vigilancia del mercado relativos a la comercialización de los productos y por el que se deroga el Reglamento (CEE) n.º 339/93, con potestad pública para llevar a cabo acreditaciones.

50. Organismo notificado: organismo de evaluación de la conformidad notificado a la Comisión Europea y a los demás Estados miembros, por las Autoridades Notificantes.

51. Puesta en servicio de un equipo de telecomunicación: primera utilización del equipo por parte del usuario final.

52. Punto de acceso inalámbrico para pequeñas áreas: un equipo de acceso a una red inalámbrica de baja potencia con un tamaño reducido y corto alcance, utilizando un espectro bajo licencia o una combinación de espectro bajo licencia y exento de licencia que puede formar parte de una red pública de comunicaciones electrónicas, que puede estar dotado de una o más antenas de bajo impacto visual, y que permite el acceso inalámbrico de los usuarios a redes de comunicaciones electrónicas con independencia de la topología de la red subyacente, sea móvil o fija.

53. Punto de intercambio de internet (IXP, por sus siglas en inglés de Internet Exchange Point): una instalación de la red que permite interconectar más de dos sistemas autónomos independientes, principalmente para facilitar el intercambio de tráfico de internet; un IXP solo permite interconectar sistemas autónomos; un IXP no requiere que el tráfico de Internet que pasa entre cualquier par de sistemas autónomos participantes pase por un tercer sistema autónomo, ni modifica ni interfiere de otra forma en dicho tráfico.

54. Punto de respuesta de seguridad pública (PSAP): ubicación física en la que se reciben inicialmente las comunicaciones de emergencia y que está bajo la responsabilidad de una autoridad pública o de una organización privada reconocida por el Estado miembro.

55. Punto de terminación de la red: el punto físico en el que el usuario final accede a una red pública de comunicaciones electrónicas. Cuando se trate de redes en las que se produzcan operaciones de conmutación o encaminamiento, el punto de terminación de la red estará identificado mediante una dirección de red específica, la cual podrá estar vinculada a un número o a un nombre de usuario final.
56. Radiocomunicación: toda telecomunicación transmitida por medio de ondas radioeléctricas.
57. Radiodeterminación: Determinación de la posición, velocidad u otras características de un objeto, u obtención de información relativa a estos parámetros, mediante las propiedades de propagación de las ondas radioeléctricas.
58. Recuperación de un equipo de telecomunicación: Cualquier medida destinada a obtener la devolución de un equipo que ya haya sido puesto a disposición del usuario final.
59. Recursos asociados: los servicios asociados, las infraestructuras físicas y otros recursos o elementos asociados con una red de comunicaciones electrónicas o con un servicio de comunicaciones electrónicas que permitan o apoyen el suministro de servicios a través de dicha red o servicio o tengan potencial para ello, e incluyan edificios o entradas de edificios, el cableado de edificios, antenas, torres y otras construcciones de soporte, conductos, mástiles, bocas de acceso y distribuidores.
60. Red de área local radioeléctrica (RLAN): sistema de acceso inalámbrico de baja potencia y corto alcance, con bajo riesgo de interferencia con otros sistemas del mismo tipo desplegados por otros usuarios en las proximidades, que utiliza de forma no exclusiva un espectro radioeléctrico armonizado.
61. Red de comunicaciones electrónicas: los sistemas de transmisión, se basen o no en una infraestructura permanente o en una capacidad de administración centralizada, y, cuando proceda, los equipos de conmutación o encaminamiento y demás recursos, incluidos los elementos de red que no son activos, que permitan el transporte de señales mediante cables, ondas hertzianas, medios ópticos u otros medios electromagnéticos con inclusión de las redes de satélites, redes fijas (de conmutación de circuitos y de paquetes, incluido internet) y móviles, sistemas de tendido eléctrico, en la medida en que se utilicen para la transmisión de señales, redes utilizadas para la radiodifusión sonora y televisiva y redes de televisión por cable, con independencia del tipo de información transportada.
62. Red de comunicaciones electrónicas de alta capacidad: red de comunicaciones electrónicas capaz de prestar servicios de acceso de banda ancha a velocidades de al menos 30 Mbps.
63. Red de comunicaciones electrónicas de muy alta capacidad: bien una red de comunicaciones electrónicas que se compone totalmente de elementos de fibra óptica, al menos hasta el punto de distribución de la localización donde se presta

el servicio o una red de comunicaciones electrónicas capaz de ofrecer un rendimiento de red similar en condiciones usuales de máxima demanda, en términos de ancho de banda disponible para los enlaces ascendente y descendente, resiliencia, parámetros relacionados con los errores, latencia y su variación. El rendimiento de la red puede considerarse similar independientemente de si la experiencia del usuario final varía debido a las características intrínsecamente diferentes del medio a través del cual, en última instancia, la red se conecta al punto de terminación de la red.

64. Red pública de comunicaciones electrónicas: una red de comunicaciones electrónicas que se utiliza, en su totalidad o principalmente, para la prestación de servicios de comunicaciones electrónicas disponibles para el público y que soporta la transferencia de información entre puntos de terminación de la red.

65. Reserva de frecuencias: Porción de espectro radioeléctrico cuyos derechos de uso se otorgan por la Administración a una persona física o jurídica en condiciones especificadas.

66. Retirada de un equipo de telecomunicación: Cualquier medida destinada a impedir la comercialización de un equipo que se encuentra en la cadena de suministro.

67. Seguridad de las redes o servicios: la capacidad de las redes y servicios de comunicaciones electrónicas de resistir, con un determinado nivel de confianza, cualquier acción que comprometa la disponibilidad, autenticidad, integridad y confidencialidad de dichas redes y servicios, de los datos almacenados, procesados o transmitidos y la seguridad de los servicios conexos que dichas redes y servicios de comunicaciones electrónicas ofrecen o hacen accesibles.

68. Servicios asociados: aquellos servicios asociados con una red de comunicaciones electrónicas o con un servicio de comunicaciones electrónicas que permitan o apoyen el suministro, la autoprestación o la prestación de servicios automatizada a través de dicha red o servicio o tengan potencial para ello e incluyen la traducción de números o sistemas con una funcionalidad equivalente, los sistemas de acceso condicional y las guías electrónicas de programas, así como otros servicios tales como el servicio de identidad, localización y presencia.

69. Servicio de acceso a internet: servicio de comunicaciones electrónicas a disposición del público que proporciona acceso a internet y, por ende, conectividad entre prácticamente todos los puntos extremos conectados a internet, con independencia de la tecnología de red y del equipo terminal utilizados.

70. Servicio de comunicaciones electrónicas: el prestado por lo general a cambio de una remuneración a través de redes de comunicaciones electrónicas, que incluye, con la excepción de los servicios que suministren contenidos transmitidos mediante redes y servicios de comunicaciones electrónicas o ejerzan control editorial sobre ellos, los siguientes tipos de servicios:
a) el servicio de acceso a internet

b) el servicio de comunicaciones interpersonales, y

c) servicios consistentes, en su totalidad o principalmente, en el transporte de señales, como son los servicios de transmisión utilizados para la prestación de servicios máquina a máquina y para la radiodifusión.

71. Servicio de comunicaciones interpersonales: el prestado por lo general a cambio de una remuneración que permite un intercambio de información directo, interpersonal e interactivo a través de redes de comunicaciones electrónicas entre un número finito de personas, en el que el iniciador de la comunicación o participante en ella determina el receptor o receptores y no incluye servicios que permiten la comunicación interpersonal e interactiva como una mera posibilidad secundaria que va intrínsecamente unida a otro servicio.

72. Servicio de comunicaciones interpersonales basados en numeración: servicio de comunicaciones interpersonales que bien conecta o permite comunicaciones con recursos de numeración pública asignados, es decir, de un número o números de los planes de numeración nacional o internacional, o permite la comunicación con un número o números de los planes de numeración nacional o internacional.

73. Servicio de comunicaciones interpersonales independiente de la numeración: servicio de comunicaciones interpersonales que no conecta a través de recursos de numeración pública asignados, es decir, de un número o números de los planes de numeración nacional o internacional, o no permite la comunicación con un número o números de los planes de numeración nacional o internacional.

74. Servicio de comunicaciones vocales: un servicio de comunicaciones electrónicas disponible para el público a través de uno o más números de un plan nacional o internacional de numeración telefónica, para efectuar y recibir, directa o indirectamente, llamadas nacionales o nacionales e internacionales.

75. Servicios de conversación total: un servicio de conversación multimedia en tiempo real que proporciona transferencia bidireccional simétrica en tiempo real de vídeo en movimiento, texto en tiempo real y voz entre usuarios de dos o más ubicaciones.

76. Servicio de emergencia: un servicio mediante el que se proporciona asistencia rápida e inmediata en situaciones en que exista, en particular, un riesgo directo para la vida o la integridad física de las personas, para la salud y seguridad públicas o individuales, o para la propiedad pública o privada o el medio ambiente, de conformidad con la normativa nacional.

77. Sistema de acceso condicional: toda medida técnica, sistema de autenticación o mecanismo técnico que condicione el acceso en forma inteligible a un servicio protegido de radiodifusión sonora o televisiva al pago de una cuota u otra forma de autorización individual previa.

78. Suministro de una red de comunicación electrónica: la instalación, la explotación, el control o la puesta a disposición de dicha red.

79. Telecomunicaciones: toda transmisión, emisión o recepción de signos,

señales, escritos, imágenes, sonidos o informaciones de cualquier naturaleza por hilo, radioelectricidad, medios ópticos u otros sistemas electromagnéticos.

80. Teléfono público de pago: un teléfono accesible al público en general y para cuya utilización pueden emplearse como medios de pago monedas, tarjetas de crédito/débito o tarjetas de prepago, incluidas las tarjetas que utilizan códigos de marcación.

81. Uso compartido del dominio radioeléctrico: el acceso por parte de dos o más usuarios a las mismas bandas del espectro radioeléctrico con arreglo a un sistema determinado de uso compartido, incluidos los enfoques reguladores tales como el acceso compartido bajo título habilitante tendentes a facilitar el uso compartido de una banda del espectro radioeléctrico, sobre la base de un acuerdo vinculante para todas las partes interesadas y con arreglo a normas de uso compartido vinculadas a los derechos de uso del espectro radioeléctrico, a fin de garantizar a todos los usuarios unas condiciones fiables y previsibles, y sin perjuicio de la aplicación del Derecho de la competencia.

82. Usuario: una persona física o jurídica que utiliza o solicita un servicio de comunicaciones electrónicas disponible para el público.

83. Usuario final: el usuario que no suministra redes públicas de comunicaciones electrónicas o servicios de comunicaciones electrónicas disponibles para el público, ni tampoco los comercializa.

84.

ANEXO III.

Conjunto mínimo de los servicios que deberá soportar el servicio de acceso adecuado a internet de banda ancha a que se refiere el artículo 37.1.a):

1.º) correo electrónico;
2.º) motores de búsqueda que permitan la búsqueda y obtención de información de todo tipo; 3.º) herramientas básicas de formación y educación en línea;
4.º) prensa o noticias en línea;
5.º) adquisición o encargo de bienes o servicios en línea;
6.º) búsqueda de empleo y herramientas para la búsqueda de empleo; 7.º) establecimiento de redes profesionales;
8.º) banca por internet;
9.º) utilización de servicios de administración electrónica; 10.º)
redes sociales y mensajería instantánea;
11.º) llamadas telefónicas y videollamadas (calidad estándar).

ÍNDICE ANALÍTICO

Abonado: punto 1 del Anexo II. Acceso a red:
    Conflictos: arts. 29 y 30;
    Obligaciones: arts. 14 y 18;
    Definición: punto 2 del Anexo II;
    Oferta de referencia: art. 18; Precios: arts. 18;
Acceso abierto a Internet: art. 76. Administraciones públicas: art. 13. Alertas públicas: art. 75.
Autoprestación: arts. 6 y 88.
Bucle local: art. 18 y puntos 2 y 6 del Anexo II.
Cable submarino: art. 6.9 y Disp. adicional 23º.
Calidad del servicio: art. 69. CEI: art. 10.
CENELEC: art. 10.
Centros de proceso de datos: art. 9. CEPT: art. 10.
Cifrado: art. 62.
Coinversión: arts.3, 18-20, 100, 106 y 107.
Comisión Nacional de los Mercados y la Competencia:
    Competencias en materia de derechos de los usuarios: 67, 69, 70, 72, 76.
    Competencias en materia de infraestructuras: 53-55;
    Competencias en materia de notificaciones previas y Registro de operadores: arts.6 y 7;
    Competencias en materia de obligaciones de servicio público: arts. 35, 38, 42 y 43;
    Competencias en materia de obligaciones ex ante: arts. 15-26;
    Competencias en materia de servicios prestados por Administraciones públicas: art. 13;
    Competencias en materia de tasas: art. 101.
    Servicio universal: art. 42.
Comparación de condiciones: art. 68.
Competencia efectiva: art. 3 Comunicación audiovisual: art. 1 Comunicaciones de emergencia: art. 74.
Comunicaciones electrónicas interpersonales independientes de la numeración: arts. 6, 58, 64, 67, 99, Disp adicional 21ª, punto 73 del Anexo II.
Conflictos: arts. 28-29
Conservación de datos: art. 61.
Conservación del número: arts. 33 y 70. Contenidos audiovisuales: art 1 Contratos: arts. 67 y 71.
Coordinación de obras civiles: art. 53.
Defensa: arts. 4, 43, 52, 53, 82, 86, 99 y Disp. adicional 2ª.
Derechos de los consumidores y usuarios: arts. 64-78.
Dominio público radioeléctrico:
    Administración: art. 85 y 86:
    Competencia: art. 90; Coordinación transfronteriza: art. 87;
    Duración: art. 94;
    Mercado secundario: art. 97; Protección: art. 96;
    Títulos habilitante: arts. 88 y 89; Uso compartido: art. 92;
Empresa instaladora: punto 13 del Anexo II.
ETSI: art. 10
Fondo de servicio universal: ver Servicio universal.
Guías de abonado: arts. 66 y 72. Incidente de seguridad: art. 63.
Infracciones: arts. 106-108.
Infraestructuras comunes: art. 55. Inspección: arts.

102-103.
Interceptación de comunicaciones: art.
59. Interconexión: arts. 6, 7, 11, 12, 14,
18, 28,
32, 33, 55, 99, 100, 106, 107 y puntos 7 y
27 del Anexo II.
Inversión eficiente: art. 3.g, 14.5,
94.3 y 98.3
ISO: art. 10.
Itinerancia: art. 77 y punto 33 del Anexo
II. Medidas cautelares: arts. 111-112.
Nombres de dominio: art.
30. Normas técnicas: art.
10.
Notificación previa: arts. 6,7, 11 y
12. Numeración:
  Definición: puntos 40, 41
  y 42 Anexo II.
  Números armonizados
  europeos: art. 34.
  Otorgamiento: art. 30;
  Planes nacionales de
  Numeración: art. 30;
  Principios generales: art.
30; Ocupación de dominio privado:
art. 44. Ocupación de dominio
público: art. 45. Oferta de referencia:
art. 18.
Operador: punto 45 del Anexo II.
ORECE: arts. 6, 9, 14, 15, 16, 29, 55,
69,
76, 98, Disp. Adicional 25ª.

Peso significativo de mercado: arts. 9,
15- 27, 35, 100 y punto 46 del Anexo II.
Portabildiad del número: art. 33.
Punto de intercambio de Internet (IXP):
arts. 6.8, 9, Disp. Adicional 22ª y punto
53 del Anexo II.
Registro de operadores: arts. 6, 7, 13, 88,
100, 106, Disp. Adicional 21ª, 25ª y
punto 45 del Anexo II.
Requerimiento de información: art. 9.
RLAN: art. 6.5, 13, 14, 64, 88, 91 y
punto
60 del Anexo II.
Sanciones: art. 109-110.
Secreto de las comunicaciones: art.
58. Separación de cuentas: arts. 13
y 18.
Separación funcional: arts. 25-26.
Servicio de comunicaciones
electrónicas: punto 70 del Anexo II.
Servicio de comunicaciones
interpersonales independiente de la
numeración: punto 73 del Anexo II.
Servicio de comunicaciones
interpersonales: punto 71 del
Anexo II.
Servicio público: arts. 2.2, 4
y 43. Servicio universal:
  Accesibilidad: art. 39;
  Ámbito: art. 37;
  Asequibilidad: art. 38;
  Concepto: art. 37;
  Coste: art. 42;
  Fondo de servicio universal:
  art.46; Operador encargado:
  art. 40;
Servicios de intercambio de vídeos a
través de plataforma: art. 1.
Servicios de interés general: art. 2.1
Servicios de la Sociedad de la
Información: art 1.
Tasas:
  Tasa general de operadores:
  Anexo I.1;
  Tasa por numeración: Anexo I.2;
  Tasa por reserva del dominio
  público radioeléctrico:
  Anexo I.3;
  Tasas de
  telecomunicaciones:
  Anexo I.4.
UIT: arts. 10 y 87